当代税收名家丛书

税改双轮驱动

——税收法定与税制改革

汤贡亮 ◎ 著

中国财经出版传媒集团
中国财政经济出版社

图书在版编目（CIP）数据

税改双轮驱动：税收法定与税制改革／汤贡亮著.—北京：中国财政经济出版社，2017.11

（当代税收名家丛书）

ISBN 978-7-5095-7760-8

Ⅰ.①税…　Ⅱ.①汤…　Ⅲ.①税收改革-研究-中国
Ⅳ.①F812.422

中国版本图书馆CIP数据核字（2017）第243778号

责任编辑：樊清玉等　　　　责任校对：张　凡
封面设计：王　坦　王　颖　　版式设计：录文通

中国财政经济出版社 出版

URL：http：//ckfz.cfeph.cn

E-mail：cfeph@cfeph.cn

社址：北京市海淀区阜成路甲28号　邮政编码：100142

营销中心电话：88190406

天猫网店：中国财政经济出版社旗舰店

网址：https：//zgczjjcbs.tmall.com

北京富生印刷厂印刷　各地新华书店经销

880×1230毫米　32开　10.375印张　240 000字

2018年1月第1版　2018年1月北京第1次印刷

定价：52.00元

ISBN 978-7-5095-7760-8

（图书出现印装问题，本社负责调换）

本社质量投诉电话：010-88190744

打击盗版举报热线：010-88190414　QQ：447268889

名家简介

汤贡亮

1945年12月出生，籍贯浙江诸暨。中央财经大学财政税务学院教授、博士生导师，享受国务院政府特殊津贴的专家。中国财税法学研究会副会长、中国税收教育研究会副会长，中国税务学会常务理事、学术研究委员，中国国际税收研究会常务理事、学术研究委员，国家税务总局税收科研所特约研究员、上海财经大学中国公共财政研究院兼职研究员。中央财经大学税法研究中心主任、中央财经大学台湾经济研究所所长。2010–2013年曾任中央财经大学税务学院院长。主要研究领域为财政税收理论与政策、税制改革、财政税收法。在《税务研究》《涉外税务》《财政研究》《财贸经济》等学术刊物上发表论文150余篇，独著、合著学术著作、教材50余部。主编《中国税收发展报告》（2010、2011、2012），出版《走向市场经济的中国税制改革研究》《中国税法监督基本问题》《中国财税改革与法治研究》等专著，主编《税收理论与政策》《税法》等教材，主持、承担、完成财政部、国家税务总局、世界银行等多项科研课题，著作与论文曾多次获奖。

策划人语

税收事业与社会进步的推动者

税收在当下的中国已经成为一门显学，这归因于社会的进步与时代的机遇。十九大后新时代中国特色社会主义思想指引税制改革与经济发展，逢此良机，我们策划出版了这套“当代税收名家丛书”。

何谓税收名家？这里所讲的税收名家特指那些为推动税收事业和社会进步而摇旗呐喊的公共知识分子们。他们之所以被称为“名家”，自然有其过人之处，正所谓“石可破也，而不可夺坚；丹可磨也，而不可夺赤”。作为公共知识分子，他们独立思考，谦卑不忘弘毅，勇于进谏政府，积极投身公共事务；作为公共知识分子，他们坚守理想，怀揣忧患意识，努力追求真理，具有现实主义批判精神。

“铁肩担道义，妙手著文章”，这是对名家们性情特征的最好注解。引经据典，追根溯源，播其声，扬其道，释其理，忘却一己之利益，弘扬社会之正气。他们将家国情怀、人文关怀融入广阔的社会经济实践。在现代法治社会的丛林里，他们有可能成为一种相对独立、具有社会正能量和影响力、代表社会良知和人类理想的社会阶层。

我们对税收名家的遴选，其实并未有一成不变的标准，但始终秉承一项原则，即入选者必须勤于学、志于道、游于艺，在税收领域有相当造诣，其观点犀利，自成一派，非人云亦云之辈。入选者，或擅长财税法制，或精通大数据治税，或融汇会计与税收，或执著于税收治理……他们关注于世界、国家、人类、民族、社会的进步，其观点闪烁着独特的伦理之魂和道德之光。

本套丛书的每一分册均具有两大结构：一是学术研究篇，二是人文情怀篇，即从这两个视角反映入选者的学术思想和人文情怀。我们期待各路神仙指点，更希望结识、聚集各方神圣。

最后，让我们为那些推进国家治理和社会进步而坚守理想、永不言弃的公共知识分子们点赞，正是他们的思想和行动辉映着时代的曦光。

“当代税收名家丛书”策划人　樊清玉

Qingyuf@ sina. com

2017 年 10 月

前言

中国财政经济出版社新辟“当代税收名家丛书”，我很荣幸地被邀请列为作者之一，谨此表示感谢，同时，借此机会梳理一下我从事税收教学和科研、融入财税改革大潮几十年来的研究成果和心得体会，与广大读者交流，恰也是很有意义的事。

我 1964 年从上海位育中学毕业考入中央财政金融学院（现中央财经大学）财政系，从此与财政税收结缘。

难忘的是在我 1992 年回到母校中央财经大学后，恰逢财税改革大潮的蓬勃兴起和发展，使我有机会于 1993 年年初参与了国务院研究室主持的“财税改革研究”课题的研究工作，以后又有机会直接参加或主持、承担了财政部/世界银行“中国增值税分项目实施方案”“中国增值税转型问题研究”，国家税务总局/世界银行“加入 WTO 后中国税收法制体系的改革和完善研究”“中国税法监督基本问题研究”，国家税务总局/联合国开发计划署和财政部“中国税收基本法研究”，中国法学会“财税宏观调控立法研究”，中国税务学会“税收中性与税收调控问题研究”，财政部“个人所得税费用扣除项目及标准问题研究”，中国税务学会学术研究委员会“加快企业所得税两法合并的研究”“供给侧结构性改革与全面‘营改增’背景下地方税体系完善的研究”，中国国际税收研究会“积极借鉴国外地方税制建设经验，加快完善优化我国地方税收体系研究”等课题的研究（收入本丛书的多篇文章摘自这些课题的研究成果)。

细心的读者可以发现，以上各项课题基本上是围绕“税制改革”与“税收法治”展开的。面对税制改革与税收法治建设千载难逢的良机，中央财经大学和中国财政税务界、中国财税法学界活跃的学术平台和财税学人的责任感使我愈发关注财税改革与财税法治的一系列理论与实践问题，承担了一个接一个的研究课题。我们为自己的研究成果可能对中国的财税改革和财税法治尽绵薄之力而感到兴奋，同时，特别深切地感受到了中国共产党十八届三中全会《中共中央关于全面深化改革若干重大问题的决定》(以下简称《决定》)提出的“落实税收法定原则”“建立现代财政制度”“完善税收制度”的无比重要性。

“改革开放是决定中国命运的一招”①。中国自1978年掀起的改革开放大潮及其给中国带来的巨大变化，无疑是20世纪后半期以来世界范围内最具影响力的伟大事件之一。税收收入是财政收入的主要来源，税收制度的改革是中国经济体制总体配套改革的一个重要组成部分。可以说，税制改革是一个永恒的主题，任何一个国家的税收制度总是要植根于一定的经济社会环境并随着经济社会环境的变化而作出调整或改革。完善税收制度是全面深化改革的关键环节——建立现代财政制度的重要内容。

回顾中国1994年以来税制改革的历史，我们可以清楚地看到：正是1993年召开的中共十四届三中全会通过了《中共中央关于建立社会主义市场经济体制若干问题的决定》，才使1994年及以后中国的税制改革迈上了创新之路。1994年税制改革的重要成就和深远影响已为大家充分肯定，使得适应社会主义市场经济体制的税收体制初步形成。而2003年10月中共十六届三中全

① 《邓小平文选》第三卷，人民出版社1993年版，第368页。

会通过的《中共中央关于完善社会主义市场经济体制若干重要问题的决定》推出了新一轮税制改革：这就是我们亲自经历的个人所得税改革（工资薪金所得费用扣除额的调整）、取消农业税、增值税由生产型转为消费型和增值税转型在东北等地区的试点以及内外资企业所得税“两法合并”等多项改革。

特别振奋人心的是2013年11月中共十八届三中全会通过的《决定》指出：“财政是国家治理的基础和重要支柱”“科学的财税体制是优化资源配置、维护市场统一、促进社会公平、实现国家长治久安的制度保障”，提出要“落实税收法定原则”“建立现代财政制度”“改进预算管理制度”“完善税收制度”。《决定》从国家治理的总体视角，站在前所未有的历史高度给予财政税收全新的定位，并以建立与现代国家治理体系和治理能力相适应的现代财政制度的全新理念对深化财税体制改革做出了全面、系统的部署。正是在这样的背景下，我国“营改增”改革、房地产税改革、环境保护税改革、资源税改革等正在全方位展开，积极推进，税制改革对中国社会经济生活的影响现正日益显现出来。

几十年来财税改革的实践证明，财政税收工作由于其本身的特性决定必须要有财政税收法律引领，政府征税必须要有法律根据，财政税收工作与财政法、税法是紧密联系、须臾不可分离的。政府预算法治化和税收法治化是实现财政法治化的基本途径。为进一步推进我国社会主义市场经济体制的发展，积极推进税收法治化进程已经成为决定我国未来税制改革方向的一个根本性因素。中共十八届三中全会通过的《决定》将“落实税收法定原则”在党的文件中第一次公开表述，意义非同寻常，使我国财税与财税法学界感到分外振奋。我们欣喜地感受到了税收法定的时代张力，税收法定原则已被我国现行立法实践所确认。

2015年3月15日，十二届全国人大三次会议表决通过的《立法法修正案》，其中第八条原先规定的实行法律保留的“税收基本制度”被进一步细化为“税种的确立、税率的确定和税收征收管理等税收基本制度”，且单列为第六项，位次居于公民财产权保护相关事项的首位，这使税收法定原则在法律层面得到更为清晰、更为明确的确定。而后，《关于贯彻落实税收法定原则的实施意见》明确提出，“税制改革依法前行”。新开征的税种（及原三个已经全国人大立法的税种）须经全国人大立法，并大致规划在2020年全面落实税收法定，这就从法律上框定了未来税制改革必须遵循的原则，也成为评判税制发展的准绳，在依法治税与税制改革问题上一切与税收法定相违背的问题都要在深化税制改革和税收法治化进程中不断加以解决。推进我国现代财政制度建立、深化税制改革、推进国家治理现代化的税收法定原则的实现路径已经清晰地展现在我们面前。

当前深化税制改革与落实税收法定原则、加强税收立法应是相互推动、相得益彰的。只有税制改革推进了，到位了，税制要素才能统一、规范，才能推动税收立法。中共十八届四中全会提出“重大改革要于法有据”。税制改革与税收法治犹如车之两轮、鸟之两翼，只有并行不悖地推进税制改革与税收立法，落实好税收法定原则，才能推动财税体制改革在更高层面上取得新的进展，真正发挥好“国家治理的基础和重要支柱”的职能作用。

据于此，我将本书以“税改双轮驱动——税收法定与税制改革”为题，框定了本书的内容，第一部分学术研究篇包括上篇税收法定（含落实税收法定原则的理论与实践意义，关于税法监督、税收基本法、税收征管法研究），下篇税制改革（含税制改革以及国际税改趋势等）；第二部分为人文情怀篇。本书各章将我在20世纪90年代以来对税收法定原则、税收基本法（税法通则）、税法监督的理论探讨以及关于税制改革的理念和各项具体税种税制改革的研究（如增值税、消费税、个人所得税、企业所得税、房地产税、地方税体系的改革与完善等），以“落实税收法定原则的理论与实践意义”“税制改革依法前行”等为题呈现给广大读者。

期望读者能从本书中体会到：“深化税制改革→建立现代财政制度→推进国家治理体系和治理能力现代化”和“深化税制改革⇆落实税收法定原则”的内在联系。税收问题的解决，希望以法来规范，要靠深化改革与落实税收法定原则。我国当前正在进行的深化财税改革、加强财税法治、建设现代财政制度的努力，正是在打通由法治财税走向法治中国的圆梦之路上的探索，在中国的财税事业和改革发展史上具有里程碑意义和价值。

感谢为中国财税改革与财税法治建设事业、为中国税收教育事业矢志不渝、不懈努力的中国财税学人及中国税务学会、中国国际税收研究会、中国财税法学研究会、中国税收教育研究会的各位领导和同仁。

感谢母校中央财经大学，感谢中央财经大学财政税务学院各位老师和我的妻子李淑湘教授一直以来对我的教学、科研事业的无私支持。

感谢中国财经出版传媒集团中国财政经济出版社对财政税收事业的无私奉献。感谢中国财政经济出版社会计分社樊清玉社长对本书出版的独特创意、热情支持和精心编辑，感谢会计分社夏志禹、罗伶一编辑的辛勤工作。

汤贡亮

目 录

第一部分　学术研究篇

上篇　税收法定

下篇　税制改革

第二部分　人文情怀篇

第一部分

学术研究篇

上篇

税收法定

第一章

落实税收法定原则的理论与实践意义

一、对税收根据理论主要观点的评析：政府征税应凭借税收法律

政府征税涉及的最基本的理论前提是政府为什么有权征税而人民为什么有义务缴纳税收。政府有权征税，经济主体有义务缴税，无论在国家产生之后历史发展的不同阶段，还是在当今不同社会制度的国家都已是不争的事实。然而，对于这样一个涉及税收根据的理论，在历史发展的不同阶段，在西方国家和我国，对这一问题，形成了一些不同的理论，需要加以厘清，需要有一个比较客观、合理的评析和阐述，以求对我国社会主义市场经济及体制改革中政府征税的依据和税收本质的认识有所裨益。

从西方国家经济学者的税收思想看，包括

亚当·斯密和大卫·李嘉图在内的古典经济学家们大都持公需说、义务说的观点，认为税收是政府出于满足社会公共需要的目的而征收的，国家对国民尽其勤劳，国民应当按其从国家保护中享得的利益按比例纳税，由此形成了以公需说为代表的税收根据论。

历史发展到了现代社会，包括凯恩斯、马斯格雷夫、萨缪尔森在内的经济学家们则大多持公共品补偿说的观点，认为政府之所以存在，是因为社会存在着对私人品和公共品的人为需求。私人品由于其具有竞争性和排斥性，可通过价格竞争由市场提供。而公共品由于其非竞争性和非排斥性特征，不可能通过市场提供，只能由政府提供，而税收是政府用于补偿公共品的成本。公共品补偿说用社会两大需求、两大部门和两类产品的理论来说明税收存在的必要性，弥补了公需义务说的某些理论缺陷。如公需义务说只是说明政府履行公共职能、满足公共需要必须存在税收。而公共品补偿说则进一步说明只有满足公共需要，而市场又无法提供的公共品才需要由政府提供，并以税收作为公共品的成本补偿。①

主持“中国财税法学研究会 2013 年年会暨第十八届海峡两岸财税法学术研讨会”（2013 年 3 月）

---

① 胡怡建：《税收经济学》，经济科学出版社 2009 年版。

在我国，长期以来的传统观点是国家需要论，认为税收是国家为实现其职能，凭借政治权力，强制、无偿地取得的财政收入形式。应当说，国家需要论将税收与国家的政治、经济和公共职能联系起来，突破了经济学有关税收理论将税收仅仅与公共需要相联系的界限，在税收理论上有重要发展。

我们承认国家（政府）具有公共权力和国有资产的所有权这两种权力，具有执行社会管理职能和国有资产管理职能这样两种职能。

我们承认税收的征收与国家（政府）公共权力有关。与所有权不同，国家（政府）公共权力外在于生产过程，本身不创造物质财富，需要特殊的成本补偿方式。公共权力主体介入经济过程履行社会管理职能的性质决定了无法通过等价交换方式进行成本补偿，而只能通过无偿、强制、法定的税收方式获得公共产品的经费。①

我们认为，在正确理解国家需要论的同时，可汲取社会职能论的一些思想，如认为税收所体现的分配关系实质是社会成员将一部分产品付给国家，国家通过执行公共事务来满足社会成员公共需要的关系。国家以执行公共事务职能的形式参与生产，就以税收的形式参与分配。“从税收依据的法律表现可以看出，国家与社会成员的税收关系是一种权利义务关系。社会成员之所以把一部分收入付给国家，是由于负有纳税的义务；国家之所以占有这部分收入，是由于具有征税的权力。”“权力是实现权利的保障，权利是运用权力的目标。”②

正如马克思主义经典作家所指出的，一个社会历史发展的终

① 杨斌：《税收学原理》，高等教育出版社 2008 年版。

② 马国强：《税收学原理》，中国财政经济出版社 1991 年版。

极原因，只能从这个社会的经济学中去寻找，而不能从这个社会的政治学中去寻找。因此，政府征税的根本依据并不是政治权力，虽然国家政治权力是国家实施征税权和每个社会成员实施正当权利的保障。税收本质上是以国家（政府）为一方，以各类财产所有者为另一方分割劳动者创造的剩余产品价值而形成的经济关系，政府征税的依据只能是代表全体公民根本经济利益的由立法机关制定的税法。税收不能课及物化劳动转移价值和必要产品价值的经济内在要求已经体现在个人必要的生活资料价值不征税的宪法原则和税法思想中。

由于国家承担公共支出需要才必须征税，是由内在的经济关系所决定的，并非国家天然具有征税权力。人民享有公共利益而必须纳税，而只有那些既满足公共需要，又无法由市场提供的公共支出才需要由政府税收提供。

为此，在税收根据理论的研究中，关于国家的公共权力与税收的关系可以表述为：税收是政府公共权力主体克服市场失灵、提供公共产品和实施收入再分配的经常性成本补偿方式和调控手段。①

关于国家需要论与公共品补偿说的关系，可以作如下阐述：

如果我们能够在坚持国家需要说的基础上，吸收公共品补偿说的观点，不难得出尽管税收是以国家为主体的分配，但这种以国家为主体的分配并不是国家天生拥有的征税权力，而是建立在国家向人民提供了满足公共需要，但又无法通过市场提供的公共品，为补偿公共品成本从而享有征税权力。而人民因为享有国家提供公共品的权利，从国家所提供的公共品中分享无法从市场获取的利益，从而有义务缴税，并按从国家所提供的公共品所获取

① 杨斌：《税收学原理》，高等教育出版社 2008 年版。

利益的大小相应承担纳税义务。我们之所以要坚持国家需要说，这是因为税收总是同国家相联系的，税收是以国家为主体的分配，有了国家才有了税收形式，因此税收不可能脱离国家，而国家也不可能没有税收。而我们之所以要吸收公共品补偿说，是力图使国家征税权力受制于提供公共品的义务约束，国家征税权力必须限制在向社会提供满足公共需要，又不能通过市场提供的公共品范围之内。①

由此，我们可以进一步深入理解和分析 1986 年诺贝尔经济学奖获得者布坎南的公共选择学派关于宪法经济学的思想。因为个人对公共商品的需求通常都是由政府预算来满足，而政府预算资金的绝大部分又是通过税收筹集的，政府活动的支出主要依赖税收，只有约束了政府的税收，才能从根本上建立起合理的政府行为框架。这种约束可以从政府建立预算的程序和数量两方面入手，在程序约束方面，要求立法机关在预算批准程序上更好地保持税收收入与预算支出的平衡；在数量约束方面，要求政府税收和支出的增长，应当直接与国民生产总值增长的速度相适应。这就需要采用公共选择规则和立法形式约束政府的征税行为和预算规模，对政府的征税能力必须从宪法上和法律上加以限制，把政府的总税收收入限制在理想的水平范围内。这其实就是要求贯彻税法重要的基本原则：税收法定主义原则（或称税收法定原则）。政府征税须有税收法律依据，没有法律依据，任何主体不得征税，国民也不得被要求缴纳税款。税收法定原则要求国家征税权的行使须得到全国人民通过其代表机关以制定有关法律而表示同意。从根本上说，是人民通过立法机关制定税收法律和作为税法最高、最终渊源的宪法赋予政府以课税权。税收法定主义原

① 胡怡建：《税收经济学》，经济科学出版社 2009 年版。

则要求将私人财富无偿转为国家所有这一重要事项以法律的形式加以明确界定，使之规范化并具有可预测性和稳定性。在税法的基本原则体系中，税收法定主义原则是最基本的原则，是确立征税制度、实行课税和纳税的基本前提。

（摘自汤贡亮主编21世纪高等院校研究生精品教材：《税收理论与政策》，经济科学出版社2012年8月版，第一章税收根据理论）

二、坚持税法至为重要的基本原则
——税收法定主义原则

税法作为法律体系的重要组成部分，应遵循法律的基本原则；同时，税法也应有自己独特的基本原则。法律原则是指可以作为规则的基础或本源的综合性、稳定性原理和准则，它作为法律体系的“神经中枢”，体现着法律的本质，是正确理解法律精神，准确适用法律的重要保证，法律原则对于法律规则保持连续性、稳定性、统一性、协调性的作用具有至关重要的指导意义。

按财税理论界一般的说法，税法的基本原则被概括为税收法定主义、税收公平主义、税收合作信赖主义和实质征税原则。

税收法定主义原则是税法至为重要的基本原则或称为税法的最高法律原则，它是民主原则和法治原则等现代宪法原则在税法上的表现，对于保障人权，维护国家利益和社会公益可谓举足轻重，不可或缺。税收法定主义原则是确定国家征税和私人纳税义务的根本原则。该原则的实质在于对国家的权力加以限制，即要求国家征税权的行使须得到全国人民通过其代表机关以制定颁布的法律为根据。该原则的宗旨在于保障私人的财产权利及其社会、经济活动的顺利开展，即要求将私人财富无偿转归国家所有这一重要事项以法律的形式加以明确界定，使之规范化并具有可预测性和稳定性。税收法定主义原则在税法的基本原则体系中是税法的最基本原则，是确立征税制度、实行课税和纳税的基本前提。只有按照税收法定主义原则建立起来的税法和税法体系，经过代表全民意志的立法机关立法，才能保证贯彻税收的公平主义原则和税收的实质征税原则。

税收法定主义的确立，与市民阶级对封建君主恣意征税反抗的运动不可分割。在“无代表则无税”的思潮之下，形成了征税须经国民同意，如不以国民代表议会制定的法律为根据，则不能行使征税权的宪法原则。税收法定主义对法治主义的确立乃至宪法的出现，均产生了极为重要的影响。

税收法定主义肇始于英国，是近代资产阶级法治主义思想和实践在税收领域中的体现。1215 年的英国大宪章已初露税收法定主义的萌芽，当时的英国大宪章规定，“一切盾金或援助金，如不基于朕之王国的一般评议会决定，则在朕之王国内不允许课征。”这一规定正是“无论何种负担均须得到被课征者的同意”这一原则的体现。此后，经过 1629 年的《权利请愿书》进一步将其表述为：“没有议会的一致同意，任何人不得被迫给予或出让礼品、贷款、捐助、税金或类似的负担”，直到 1689 年的《权利法案》中，才最后确定税收由议会控制；而在议会之中，则由下议院作为社会的名义代表来控制税收。因此，“没有代表则无税”，如无以国民议会制定的法律为依据，则不得课税，至此，才正式确定了税收法定主义原则。此后，各国纷纷将税收法定主义作为宪法原则加以确认，尤其是倡导法治的国家，多注重在其宪法中对税收法定主义予以明确规定。

税收法定主义原则的基本含义可以表述为：税法主体及其权利和义务必须由法律加以确定，税法的各类构成要素皆必须且只能由法律予以明确规定，没有法律依据，任何主体不得征税，国民也不得被要求缴纳税款。税收法定主义原则的内容可以概括为三个原则，即课税要素法定原则、课税要素明确原则和课税程序合法原则。

1. 课税要素法定原则

课税要素法定原则要求课税要素必须且只能由议会在法律中加以规定，无法律规定政府无权向私人征税。课税要素法定原则与刑法上的罪刑法定原则的法理是一致的，凡涉及可能不利于国民或加重其负担的规范，均应严格由代表民意的议会来制定，而不应由政府决定。

这里所讲的课税要素不仅包括税法主体、征税客体、计税依据、税率，而且包括税收的课赋及征税程序。

课税要素法定原则的实质内容是讲，在税收立法方面，议会（立法机关）依据宪法的授权而保留自己专属的立法权力，除非它愿意授权其他机关立法，任何主体均不得与其分享立法权力。可见，课税要素法定原则直接规定了一是“议会保留原则”，二是“法律保留原则”。

“议会保留原则”指议会保留着制定税收法律的权力，即立法机关严格保留课税要素的立法权，未经授权的行政机关不得在行政法规中对课税要素作出规定，授权行政机关和由其自行决定的事项，仅为具体的和个别的事项。

“法律保留原则”指法律的效力高于行政立法的效力，税务行政机关违反法律超越权限所作的决定一律归于无效。

按照课税要素法定原则所涉及的以上两个原则，我国目前税收立法现状的一些问题亟待改进：

首先，在我国，税收立法权应由最高权力机关——全国人大及其常委会所保留，各类税法及其课税要素均须有立法机关——全国人大及其常委会制定。但目前，除了《个人所得税法》《外商投资企业与外国企业所得税法》《税收征收管理法》等少数几个税收法律是由全国人大常委会制定的外，绝大多数关系到纳税主体的权利和义务的税收规范是由国家最高行政机关国务院以及财政部和税务总局所制定的法规、规章和暂行条例等。今后，应积极推进税收立法，尽快将一些重要的已经成熟的税收法规定交由全国人大常委会审核通过，使之上升为正式税收法律。

其次，在我国的立法体系中，目前对于授权立法并没有明确的和详细的法律规定。本来，法律对授权立法一般都有严格的时间和事项的限制，而由于其授权所立的法也都是个别的和具体的。我国 1984 年、1985 年全国人大常委会曾授权国务院在改革工商税制的过程中拟定有关税收条例，以草案形式分布，再根据试行经验加以修订，提请全国人大审议。按照“议会保留原则”和“法律保留原则”，未经立法机关明确授权由行政机关下达的税收暂行条例是没有法律根据的，也需由全国人大常委会授权，在授权时应对授权的项目、时间、具体内容等事项作出明确规定，不能空白授权，也不能转授权。对于已经成熟的条例则应提请全国人大审议通过。

2. 课税要素明确原则

课税要素明确原则是指在税法体系中，凡构成课税要素、税收的课赋和征收程序的法律规定，必须尽量明确而不出现歧义，不出现矛盾，在基本内容上不出现漏空，以保证执法机关能够准确地执行税法。

确立课税要素明确原则在理论上既是为了防止税收法律中出现意义不明的条款或概念，避免发生税法解释上的混乱，又是为了限制税务执法机关的自由裁量权，从立法技术上保证税制要素的法定性。当然，为了实现公平税负的需要，税务机关仍有必要保留一定的自由裁量权。但是，对于这种税务行政自由裁量权，必须从法律上作出一定的授权和严格的条件、范围、事项等的限制。为贯彻课税要素明确原则，在税收立法实践中，要尽量少使用一些意义含混不明的概念和尽量不制定太过于一般的条款。

3. 课税程序合法原则

课税程序合法原则指税务机关作为税收债权人及国家的代表，在课税要素充分满足的条件下，应以法律所赋予的一切必要手段，必须依法确定有效地履行其职责。税收的课征作为社会公共权力的行使，必修遵循适当的程序，对税务纠纷也必须依照公正的程序予以解决。税收课征各环节，从登记、申报、计算、缴纳到检查以至处罚、诉讼都应有严格、系统、明确的程序保障。没有法律依据，税务机关不仅没有减免税的自由，也没有征收税款的自由，税务机关不得自行开征或停征，也不得自行减免或者退补。目前，我国税法的程序保障从立法到执法都还亟待进一步加强，这是贯彻税收法定主义原则的要求，也是加强我国税收法治建设的要求。

税收法定主义原则是税法的根本原则，也是税收执法的根本原则。

为了贯彻“依法治税”，无疑首先要贯彻税收法定主义原则，“一切税收的课征须以国家立法机关制定颁布的法律为根据”，为此要积极推进我国税收立法的进程，在依法治税问题上，一切与税收法定主义相违背的问题都要在深化税制改革的进程中逐步加以解决。要积极推进改革，逐步解决税收法律以委托立法为主的问题、越权解释、降低税法的法定性问题、完成指令性的税款征收计划与依法征税的矛盾、问题等等。应以深入贯彻税收法定主义原则为契机，建立在宪法指导下，以税收基本法为税收一般性规范的、各税收实体法、程序法等配套的税法体系，将税收法定主义原则及体现其精神的课税要素法定原则、课税要素明确原则、课税程序合法原则逐一落到实处。

（摘自《走向市场经济的中国税制改革研究》，中国财政经济出版社 1999 年 10 月版）

三、税收法定原则的时代张力与实现路径

中国共产党十八届三中全会通过的《中共中央关于全面深化改革若干重大问题的决定》将“落实税收法定原则”在党的文件中第一次公开表述，意义非同寻常，也使我国财税与财税法学界感到分外振奋。我们欣喜地感受到了税收法定原则的时代张力，税收法定原则已为我国现行立法实践所确认，它的某些制度缺失也逐渐被人们认识。作为推进现代财政制度建立、深化财税体制改革、推进国家治理现代化的税收法定原则的实现路径已清晰地展现在我们面前。

（一）税收法定原则的重要意义

世界近代史上的大革命往往起因于财政危机或征税权的争夺，以王权的征税权被议会控制为其结果。税收法定原则，通过英国、法国大革命和美国独立战争，在许多国家的宪法中得到了反映和发展。1787 年的美国《联邦宪法》明确规定，一切征税议案应首先在众议院提出，而由参议院决定表示赞同或提出修正案。1789 年法国大革命，制宪会议通过的《人权宣言》宣称：

所有的公民都有权亲身或由其代表来确定赋税的必要性，将“无代表则无税”的精神融入了宪法和法律之中。

税收法定原则的宣传和实施对法治主义的确立以及宪法的出现均产生了极为重要的影响，而世界上许多国家的宪法中都包含有财政税收条款，世界上许多国家，无论其经济发展水平、社会历史传统如何，都在宪法上对税收法定原则予以了明确规定。如法国《宪法》第三十四条规定“有关征收各种课税的税源、税率和方式由法律规定”；意大利《宪法》第三十二条规定：“不根据法律，不得规定任何个人税和财产税”，等等。

总之，“税收法定”是当今世界各国通行的税法基本原则。党中央高瞻远瞩，将“落实税收法定原则”“必须完善立法”写入十八届三中全会的《决定》，将税收法定和预算监督作为推动人民代表大会制度与时俱进，完善中国特色的社会主义法律体系，加强社会主义民主政治制度建设的重要内容，意义十分重大。

（二）税收法定原则在我国的确认及其缺失

改革开放以来，在进一步完善社会主义市场经济体制的进程中，我国的税收法治建设取得令人欣喜的重要成就，《税收基本法》的立法连续列入第八、九、十届全国人大立法规划，企业所得税两法合并、个人所得税工资薪金所得费用扣除额的调整与税率的调整、车船税法的制定、《税收征管法》的修订都是其显著标志。全国人大及其常委会通过召开立法听证会、将法律草案向社会公开征求意见等方式积极推进民主立法、科学立法。通过多年税收宣传月的推进和税收立法实践的发展，“依法治税”的理念已日益为社会各界普遍接受，税收法定原则也已为我国税制改革与现行税收立法实践所接受，并在《立法法》与《税收征管法》中得到确认。

2000 年颁布的《立法法》第八条规定：财政、税收等基本制度，只能制定法律予以规定。2001 年颁布的《税收征管法》第三条规定："税收的开征、停征以及减税、免税、退税、补税，依照法律的规定执行；法律授权国务院规定的，依照国务院制定的行政法规的规定执行。"以上规定说明税收法定原则已在我国的税收程序法律中得到了确认。十八届三中全会《决定》明确提出落实税收法定原则，将税收法定原则提到了一个前所未有的高度。

从我国税收制度与税法建设的实践来看，税收法定原则目前还存在着某些缺失的问题，具体表现为：

一是我国《宪法》第五十六条规定："中华人民共和国公民有依照法律纳税的义务。"一般认为，这是税收法定原则目前在我国的宪法依据，但严格从法律角度讲，尚没有完整、充分、全面表述税收法定主义的内涵。

二是目前我国税收立法以授权立法、行政立法为主，立法级次较低。

三是税收法律的缺位与税收法律的政策化趋向影响了税收法律的权威。这些年来，相当多的税收政策并非以制定或修改法律的形式出台，而是采取国务院行政法规、部门规范性文件或采用实施办法等形式，例如，关于房产税试点的办法、房产加名征收契税以及"国五条"有关税收措施等，体现了相关政策，但不是采用法律的形式。在倡导法治的条件下，税收法律的缺位和税收法律的政策化趋向使税收法定主义本有的保持法律的稳定性和当事人可预测性的功能受到损害，直接导致税收政策缺乏公开程序的规范，影响到相关税收政策执行的效果。

四是"税收法定"尚未贯穿于税收立法、执法、司法与监督的全过程。尚未通过立法、执法、司法全面建立纳税人权利保护体系，纳税人一些必要的权利的内容尚需充实、完善。在税收征管实践中，一些地方政府和财税部门依指标、政策征税，越权减免或加重、增加税收的现象较为突出。

（三）税收法定原则的实现路径

当前，我国税收领域的发展状况正在深刻地影响着国家政治经济生活和整个社会的法治进程，在国家治理现代化的进程中，落实税收法定原则的过程，其实就是法治理念在税收领域的彰显过程。为贯彻十八届三中全会《决定》“落实税收法定原则”的精神，应做好规划，加快税收法定原则的实现。

1. 明确发展目标：在宪法中全面确立税收法定原则

在宪法中全面确立税收法定原则，将使我国的宪法乃至整个法律制度更趋完善。应加强宣传，创造条件，充实宪法对税收的原则性规定，修订、完善现行宪法的涉税条款，将税收法定原则写入宪法，为我国的税收法律制度提供坚实的宪法基础。推动税收法定原则入宪与依宪治税应成为我国进一步推动依法治税的一个重要目标。

2. 加快制定《税收基本法》（或《税法通则》），明确表述税收法定原则

当前，如充实宪法对税收法定的规定尚需假以时日，就凸显出《税收基本法》（或《税法通则》）立法的重要性。在探讨税收法定原则入宪的同时，建议尽快将《税收基本法》（或《税法通则》）的立法列入全国人大近期的立法规划。现已有全国人大财经委委托的专家稿与国家税务总局稿，在党的十八届三中全会《决定》精神的鼓舞下，推进《税收基本法》（或《税法通则》）立法已是众望所归。

3. 建立以税收法律为主、科学完备的税法体系，落实税收法定原则的本质要求，实现税收立法权回归全国人大

根据税收法定主义原则，国家税收立法权应集中在代表人民意志的国家权力机关，即一国的税法体系应以税收法律为主。

税收规范的法律化是坚持税收法定原则的基本要求。应当以税收立法权“回归人大”为改革指针，通过税收立法的法律化、体系化和规范化，完善税收立法体制。涉及全国性的税收实体法、税收程序法都应由全国人大及其常委会制定，对税收授权立法应采取更加谨慎和负责的态度。授权决定要有明确的授权目的和范围，不能空白授权，且不得转授权。在制定法律的条件成熟时，全国人大及其常委会要及时将税收行政法规上升为法律。要做好税收立法的规划，增强税收立法的前瞻性，努力构建科学完备的以税收法律为主的税收法律制度体系。

4. 税收立法与税制改革相互推动，用法治理念指导税制改革进程，以深化税制改革推动税收法治化进程

税法是税制的核心，完善税法体系是完善税制的题中应有之意。按照法治理念，税制改革与完善税制的进程同时也是税收法定的实现过程，税制改革与税收立法要相互推动，相得益彰。例如，在房产税改革试点中要积极推进房产税的立法；在“营改增”的试点中要积极推进增值税的立法，推动我国主体税种法律体系的建立；在税收征管改革中，要积极推动《税收征管法》的修订完善，等等。要将十二届全国人大制定的税收立法项目作出路线图、时间表，推进税制改革进程。税制改革要依法前行，一切与税收法定主义相违背的问题都要在深化税制改革的进程中逐步加以解决。

5. 将“税收法定”贯穿于税收立法、执法、司法与监督的全过程，实现依法征税和完善程序制度保障

在立法层面，税收立法应成为我国税制进一步改革与完善的核心，要实行税收立法公示制度与听证制度。立法程序应当以法律的形式固定下来。要在税收法定这一宪法性原则的指导下，将我国的税收立法尽快列入法治轨道。在执法层面，税收法治的基本要求是纳税人依法纳税，政府依法征税，严格税收执法。实现税务领域的依法行政是国家税收治理的重中之重。在司法层面，税收司法是税收宪定的有机组成部分，是纳税人权益得以实现的重要保障。应扩大涉税司法审查领域，保障纳税人的合法权益。要健全完善税收监督法律体系，强化对有关税收立法、执法、司法的法律监督。

6. 贯彻落实税收法定原则的精神实质，构建完整的纳税人权利保护体系

要在《税收基本法》（或《税法通则》）的立法或《税收征管法》的修订中构建完整的纳税人权利保护体系。

7. 从更高的视野，使税收法定主义从税的征收面延伸到税的使用面，彻底实现税收法定主义的原旨

人民不仅对税的课征享有民主管理的权利，而且对税的支出也享有民主管理的权利。应使纳税人拥有预算立法的参与权与财政支出使用的监督权，这是纳税人在税收立法中的衍生权利，是知情权、参与权的自然派生。纳税人有权了解、监督税收收入作为政府财政预算支出的具体用途，符合《决定》关于税收法定与预算监督的精神。

（本文刊于《中国税务报》，2013 年 12 月 18 日）

四、推进税收立法，完善税法体系，深化税制改革

完善税制需要完善税法，加强税收立法，完善我国税法体系对于改善税收的法治环境，加强税收征管，规范征管秩序，规范中央税与地方税，完善我国税制结构，推进社会主义市场经济体制的建立具有重要意义。

（一）1994 年税制改革以来我国税法体系建设的成效和当前仍需解决的主要问题

根据“统一税法、公平税负、简化税制、合理分权”的指导思想，经过 5 年来的改革实践，我国已初步建立起基本适应社会主义市场经济发展要求的税制和税法体系的框架。目前，我国在税收方面有《税收征收管理法》《外商投资企业和外国企业所得税法》《个人所得税》等经全国人大颁布实施的正式法律 4 部、暂行条例 30 多部、部分规章 90 余部，初步形成了以宪法为核心，以各单行税收法律法规为组成部分的多层次的税法体系。

综观我国税法体系建设的现状，就构筑税收法律体系的几个重要部分作以下评析：

第一，我国实体税法基本统一，但急需继续充实、完善。通过 1994 年的税制改革，按照发展社会主义市场经济，“统一税法”的要求，我国已统一了内外两套流转税制，实行了增值税普遍调节，将特别消费税并入了消费税，内外资企业统一适用增值税、消费税和营业税法；统一了内资企业所得税，规范和统一

了企业所得税的税前列支项目和扣除标准，规范了国家和企业的关系，为今后进一步实行内外资企业所得税法规统一奠定了基础；将同属个人所得税的三个不同层次的税收法规统一为《中华人民共和国个人所得税法》。实体税法的基本统一是我国1994年税制改革的重大成果。

从我国税收实体法的整体框架来看，目前存在的主要问题是：（1）主体税种有关税法的法律级次亟待提高。现行增值税法规以“暂行条例”形式实施与其主体税种的地位不相称，作为在整个税制改革中举足轻重的增值税法亟待提高法律级次，提高其权威性。（2）内外两套企业所得税法亟待统一。（3）1994年税制改革框架中已列入的对调节收入分配有积极影响的遗产税和证券交易税、社会保障税等新税种的开征、新税法的颁布有待适时列入议事日程。

第二，已具备了通则性的税收程序法——《税收征收管理法》，但税收程序法还需进一步完善。我国1992年颁布实施的《税收征收管理法》作为程序法，不仅包括了各实体税的征管程序，如税务登记、纳税申报、账簿凭证管理等内容，还规定了税务争议的行政复议和诉讼制度、税收违法行为的处罚措施等，对税务机关负责征收的任何税种都适用，范围较广，具有通则性，其颁布实施对于加强税收征管、保证财政收入发挥了重要作用。

应当看到，《税收征收管理法》作为税收程序法虽然有很大发展，但对于纳税人的权利和义务、权责界限、工作程序、法律责任等方面的规定还不够具体和完善。为此，需要进一步规范和完善现行的《税收征收管理法》。

第三，税务违章处罚措施比较健全，需要统一制定我国《税务违章处罚法》。我国现行对税务违章行为处罚的规定由各单行实体税法中有关违章处罚的规定、《税收征收管理法》及其实施细则、《全国人大常委会关于惩治偷税、抗税犯罪的补充规定》等组成，虽也形成一个系列，但显得分散，需要将有关对纳税人和税务人员进行违章处罚的各项规定集中起来，统一为《中华人民共和国税务违章处罚法》。

第四，税务争议处理规定基本健全，需要统一制定我国《税务行政复议和诉讼法》。我国的税务争议处理办法由《税收征收管理法》及其实施细则、《行政复议条例》《行政诉讼法》《税务行政复议规则》等有关内容组成，规定基本健全，但仍显得分散，需要将对税务争议处理各方面的规定集中起来，统一制定《中华人民共和国税务行政复议和诉讼法》。

第五，已初步形成我国的中央税法和地方税法，但地方税建设滞后，中央与地方税收立法权限尚需明确界定。通过 1994 年的税制改革，我国已初步形成中央税法与地方税法，并分设了国税与地税管理机构。但现行法律、法规对税收立法是否应在中央与地方之间进行划分没有统一、明确的规定，中央与地方税收立法权限界定不清，地方税体系建设滞后，对各种税外收费项目没有进行行之有效的清理，地方在不能运用税收方式解决其需要的情况下，发生了较为严重的“以费代税”行为。如湖北省 1996 年地方财政收入为 129.08 亿元，上划中央“两税”为 105.89 亿元，这两项收入总计 234.97 亿元，而年达 180 亿元的预算外资金远远超过国税收入或地税收入，形成“地税不足，收费有余”的状况，这种状况需要依法治理，尽快改变。

第六，我国税法体系比改革前大为发展，但整体结构不完善，缺乏一个统领性的税收一般性规范——《税收基本法》。随着我国工商税制改革的全面展开，我国税法体系建设大有进展，但对于在各单行法律、法规之间可能出现的相互矛盾、相互重复的现象亟待有一个统领性的税收一般性法律——《税收基本法》来加以规范。税收实体法、程序法、违章处罚法、行政复议和诉讼法等税法体系的重要组成部分都需要由税收基本法来统领。

第七，我国税收立法进程已明显加快，但税收立法程序尚需调整。我国宪法规定了全国人民代表大会及其常委会拥有立法权，但实际情况是我国目前的税法只有《外商投资企业和外国企业所得税法》等少数单行税收法律经过立法程序制颁，大多数单行税法则由国务院以行政立法程序制订行政法规发布实施，致使现行不少税法法律级次、法律效力还不高。结合我国情况，目前税收行政法规比重过大的状况是亟待改进的，应将税收立法程序以法律形式固定下来，规范税收立法主体，提高税收立法层次是当前我国税法研究的一个重大课题。

（二）完善税法体系与深化税制改革

税法是税收制度的核心，整体推进下的我国社会主义市场经济的有序运行必须具备健全的法制基础。深化税制改革要求进一步健全税制、完善税法、依法治税。从全局看，当前应特别强调“依法治国”“依法治税”，积极推进税收立法，不断完善税法体系，加强税收法治建设，并以此为契机，全面推进社会主义经济体制下的税制改革和税制建设。根据以上分析，在当前应着重研究解决以下七个重要问题：

1. 充实宪法对税收的原则性规定，健全税收一般性规范，尽快制定《税收基本法》（或称《中华人民共和国税收法》）

在我国，税收的一般性规范应当包括宪法和税收基本法两部分。宪法作为国家的根本大法，要对国家政治经济生活中的所有基本问题作出规定，而税收作为国家财政收入的最主要来源和调节经济的有力杠杆，应当在宪法中有所设计并就其本质和地位问题予以界定；同时，由于宪法概括面广，税收基本问题不可能占据太大篇幅，而税收基本法则可以作为宪法精神的延伸，为各项税收基本问题提供法律规范。鉴于我国情况，完善税法体系的首要任务就是在宪法中规定税法的基本原则和基本制度，并制定税收基本法，包括：

（1）充实宪法对税收的规定。

第一，充实关于公民纳税义务和权利的规定。在目前实施的宪法中，只在“公民的权利和义务”一章第五十六条规定“中华人民共和国公民有依照法律纳税的义务”。因此，建议在宪法中增加对纳税人权利的规定，并准确表述税收的基本原则。

第二，规定税收立法权的归属。关于税收立法权的归属，建议在宪法中作出明确规定。我国宪法中规定全国人民代表大会及其常务委员会拥有立法权，毫无疑问是正确的，但是，由于我国实行了分税制的税收管理体制，中央和地方分别拥有不同税种，并分别管理，因此有必要在宪法中就中央和地方的立法权限问题作出规定。至于立法权的限度以及立法程序，则应由税收基本法加以解释和补充。

（2）制定《税收基本法》（或称《中华人民共和国税收法》《税法通则》）。当前我国制定税收基本法很有必要，《税收基本法》的制定对于加快完成税收实体法的立法，完成税收程序法的修订和完善，规范税收法律体系，提高税收执法和司法的法律效力具有关键意义。当前应加强对税收基本法诸多理论与实践问题的研究，借鉴一些国家实施税收基本法的成功经验，制定出符合中国国情的《中华人民共和国税收基本法》。

2. 继续完善、充实税收实体法

税收实体法是税法的基本构成部分。我国税收实体法的进一步完善，主要是积极创造条件，有步骤地将各税种完成立法手续，主要税种应正式采取法律形式，其他税种有步骤地完成立法程序，提高各实体税法的法律级次，以维护税收法律的权威性和严肃性。

（1）进一步规范、完善我国的主体税种——增值税制度，提高增值税法的法律级次。争取在几年内实现从“暂行条例”向“税法”的转变，即经过全国人大委员会颁布规范的《中华人民共和国增值税法》。

（2）合并内外资企业所得税。经过全国人大常委会制颁新的《中华人民共和国企业所得税法》。统一内、外资企业所得税，是社会主义市场经济的客观需求，两税合并的核心内容是统一优惠政策。

（3）修订《中华人民共和国个人所得税法》。

（4）研究制定《遗产税法》《社会保障税法》等新税法。

3. 进一步充实、完善税收程序法

为使税收执法程序法制化，应在制定《税收基本法》的同时，进一步完善我国的税收程序法：修改《税收征管法》部分内容。

4. 制定专门的税务违章处罚法，加大税收监督力度

正如我们前面分析，我国关于税务处罚的法律规定过于分散，不利于税务机关执法和纳税人遵纪守法。另外，从处罚法本身的完整性来看，现行的《税收征收管理法》和《全国人大常委会关于惩治偷税、抗税犯罪的补充规定》等都属于实体内容，对处罚程序为做专门灌顶，我们在设计《税收基本法》时提到了税务法院，在《税务机关组织法》中也对税务法院的职能和机构设置等问题作出规定，实际上，税务法院就是执行税务违章处罚程序的机构。因此，我国有必要就税务处罚进行单独立法，规范税务处罚制度。

5. 合理划分税收立法权限，健全中央、地方税法

由于我国实行分税制的税收管理体系，中央和地方划分事权和财权、划分税种，并由两套税务系统来负责征管，因此，我国税法体系的完善应当是中央税法体系和地方税法体系同时健全，使中央和地方各自的权限划分明晰化、合理化。借鉴国际经验，我国宜采用在中央集权并有效实施宏观调控前提下适度分权的模式。

6. 规范税收立法主体，以立法机关正式立法形式为主，提高我国税收立法的层次

我国社会主义市场经济在一定意义上是法治经济，其正常运行需要有高层次的、完备的法律制度作保障。鉴于我国现正处于经济转轨时期，我国应科学界定、正确发挥立法机关立法与税务行政法规两者各自的作用，有主有次，相互配合，以形成严密、高效的税收法律体系。

7. 健全完善税收监督法律体系

税收监督是税收管理中不可或缺的组成部分。税收监督的存在与发展是与税收的产生和发展密切相关的，并在保证税收制度的建立和健全，保证税收征管的严密和有效，保证纳税人认真履行纳税义务，保证税务部门正确执法等方面发挥着越来越重要的作用。为此，应努力健全与完善税收监督法律体系。

总之，财税体制改革是经济体制总体配套改革的重点，中国的税收制度无疑是成为国家宏观调控体系和整个社会主义市场经济体制的一个重要支柱，税收作为调整经济、取得财政收入的重要杠杆，受到了社会各界的广泛关注，其立法工作必须加快进行。完善的税法体系从总体框架上应该包括税收基本法、税收实体法、税收程序法、税务违章处罚法、税务行政复议和诉讼法等重要组成部分。推进税收立法、完善税法体系是一项重要的系统

工程，需要人大和政府部门、税务界和法律界等各方面的共同努力。

（摘自《走向市场经济的中国税制改革研究》，中国财政经济出版社 1999 年 10 月版）

五、中国税制改革：迈向国际化与法治化的趋势

改革开放 30 多年来，作为中国经济体制总体配套改革一个重要组成部分的中国税制改革也经历了 30 多年的巨变。从时间和内容上来看，税制改革的进程大体可以分为三个阶段，即 1978—1982 年改革开放初期中国税制建设的恢复时期和税制改革的准备、起步时期；1982—1991 年改革开放以后税制改革的第二次重大突破；1994 年的税制改革，中国改革开放以来税制改革的第三次重大突破。

1978 年党的十一届三中全会拉开了改革开放的大幕，1992 年我国确立了市场经济体制的改革目标，直接推动了 1994 年的税制改革。1994 年的税制改革在中国的改革史上功不可没，它是新中国成立以来规模最大、范围最广、内容最深刻的一次税制改革，而 2001 年我国加入世贸组织，又进一步推动了税制改革的发展。

中国税制改革的推进，使中国社会主义市场经济体制的建立和发展有了一个重要的支柱。回顾改革的历程，我们感受深切的是：随着市场经济的发展，与整个中国经济的航程一样，中国的税制改革与税制建设呈现国际化与法治化的趋势。

从税收收入上看，2007 年我国税收收入完成 49442.73 亿元（不含关税、契税和耕地占用税），比 2006 年增收 11806 亿元，增长 31.4%。这个数字是 1993 年全国税收收入 4255.3 亿元的 11.6 倍，是 1978 年全国税收收入 519.3 亿元的 95.2 倍，真是翻天覆地的变化。

从税种上看，从国有企业上缴利润到对国营企业、集体企业和私营企业分别征收多种所得税"区别对待"到"公平税负"，合并为统一的内资企业所得税，再到内外资企业所得税的统一，这是市场经济公平竞争和统一性的必然要求。

从理念上看，从征税"凭借政治权力"到"依据立法机关或其授权机关制定的税收法律"，"税收法定"思想、依法治税思想逐渐深入人心。人们已经认识到"法制的核心是保障人权"，对于纳税人权利的保障、对于公民的生存保障费用不征税原则的贯彻，个人所得税工资、薪金所得费用扣除标准从 800 元、1600 元到 2000 元再到 3500 元的不断调整和农业税的取消都是例证。

（一）中国税制发展的国际化趋势

当今世界发展的一大特征是经济全球化，反映在制度层面则呈现规则的"趋同化"，尤其是与经济紧密关联的法律制度，加入世界贸易组织之后，中国税收法制的国际化趋势正是在这一背景下发展的。当今世界各国，税法在其法律体系中都占有极其重要的地位，税收是这些国家宪法或宪法性文件规定的主要内容，形成了所谓"税收的国际惯例"，如按课税对象分类各国大都有所得课税、商品劳务课税、资源课税、财产课税，增值税一般都选择消费型，不专门对某一行业（如农业）征税等。中国税收法制国际化的进程应使中国税法既要符合中国经济自身发展的需要，还要有利于全球资源的合理流动和有效配置。当前则是根据中国国情，改革与 WTO 规则尚不相符的制度，力求与 WTO 的通行税制相衔接，为在多边贸易体系下开展国际经济交往创造良好的税收法制环境。

市场经济的开放性要求建立与国际接轨的税收制度，遵循“税收的国际惯例”，其实质是按市场经济的规律办事。这方面，最成功的范例就是从 2008 年 1 月 1 日起实施的《中华人民共和国企业所得税法》。内外资企业所得税制实现了“二法合一”，实现了内外资企业的公平竞争、共同发展的“双赢”，有力地推动了中国经济融入世界经济，与税收的国际规则保持一致，是中国市场经济走向成熟和规范的显著标志；它质疑了“超国民待遇”而进一步贯彻了 WTO 国民待遇问题，通过降低税率、拓宽税基、减少优惠，使企业所得税更加规范、简便、公平和符合国际惯例。

胡锦涛总书记在党的十七大报告中提出，要“拓宽对外开放广度和深度，提高开放型经济水平”“形成经济全球化条件下参与国际经济合作和竞争新优势”。这是对我国对外开放近 30 年进程的总结，也应当成为我国新时期深化税制改革应遵循的指导思想。我国目前正在实施新的《企业所得税法》，加紧推行增值税由生产型向消费型发展，积极参与国际税收规则的制定，调整出口退税率，正是使中国税制进一步迈向国际化的重要举措。

（二）中国税制发展的法治化趋势

改革开放以来，中国在税收立法方面取得了重大进展，税法体系比改革前大为发展，税收立法进程已明显加快，税收立法程序逐步健全，税收立法规划也提上日程。经过几代人的艰苦探索和不懈努力，实行市场经济与建设法治国家已成为当代中国的两大主题。我们欣喜地看到，中国税收法治化的进程正在深刻地影响着国家政治生活和整个社会的法治进程。

——2004 年 3 月，由全国人大财政经济工作委员会等部门负责的《中华人民共和国税收基本法》起草工作正式启动。

——2005 年 9 月，全国人大召开了个人所得税法的修法听证会，10 月，全国人大高票通过修改《个人所得税法》的决定，提高了个人所得税工资薪金费用扣除标准，2008 年 3 月 1 日起又将执行新的工资费用扣除标准。

——2005 年 12 月 29 日，十届全国人大常委会高票通过了关于废止《中华人民共和国农业税条例》的决定，2006 年 1 月 1 日起，农业税这一在中国有着 2600 年历史的古老税种被取消，“皇粮国税”成为历史。

——2007 年 3 月，十届全国人大五次会议审议通过了《中华人民共和国企业所得税法》，内外资企业所得税制实现了“两法合一”，新的《企业所得税法》从 2008 年 1 月 1 日起施行。

从上述摘出的近几年来中国税收立法进程中的几则新闻，我们可以深切地感受到随着市场经济的发展，中国的税制改革与税收法制建设法治化的趋势。当前，我们正面临着继续推进中国税制法治化的任务：

在立法层面，税收立法应成为中国税制进一步改革与完善的核心；在继续完善税收立法方面，突出的问题是要提升我国税收法律体系的效力级位。目前已列入第十一届全国人大立法规划，首当其冲的是增值税立法，其次是关于《个人所得税法》的修订。

在程序法方面，第十一届全国人大将《税收征管法》的修订列入了第一类立法项目。我国自 2001 年开始实施《税收征管法》已 8 年多，实施该法的整体社会、政治和经济背景已发生了重大变化，部分条文与其他法律相冲突而凸显修改的必要。

在执法层面，税收法治的基本要求是纳税人依法纳税，政府依法征税，严格税收执法，完善税收执法监督机制，实现税务领域的依法行政。建议进一步完善我国的纳税申报制度、税收强制执行制度，防止自由裁量权的滥用，增强税收优先权、税收代位权和税收撤销权等权利行使的可操作性。要完善税务稽查制度，构建强有力的税务稽查组织体系，提高税务稽查执法效率。

在司法层面，我国的税收司法制度需要在以下三方面加以完善：一是健全税收司法机构体系，如在目前的法院体制下构建税务法庭。二是健全税收行政司法制度，如完善举证责任制度。三是健全税收刑事司法制度，如完善涉税刑事案件的初查制度与涉税案件证据公示制度等。

迈向国际化、法治化的中国税制改革和税收法制体系必将是进一步推进中国市场经济体制不断完善和发展的重要支柱。

（摘自《中央财经大学学报》，2008 年第 10 期）

六、税收授权立法亟须调整

“两会”期间，人大代表赵冬苓“税收立法权回归全国人大”的提案引发热议，提出了从理论与实践上如何正确认识税收立法权的大问题。

60 多年来，中国经历的最重要的一次税收立法体制转换，是在改革开放后全国人大授权国务院进行税收立法。这一转换，形成了 30 多年来税收行政立法体制。全国人大 1984 年和 1985 年两次授权国务院行使税收行政立法权。此后，国务院出台了一系列税收条例和规则，建立了基本的税收规范体系。

历史地看，在当时中国相关法律尚不完善的情况下，这样的授权立法有其意义。然而，经过 30 多年的发展，随着中国社会主义市场经济体制的逐步建立和完善，税收授权行政立法体制已经不能够适应当前经济社会转型的实际需求。我们看到，由于授权立法缺乏对授权对象、内容和范围等基本要素的明确限定，加之行政立法本身可能存在的泛化和异化趋向，出现当前广为诟病的立法的部门化、立法的随意性现象，政府与纳税人关系、中央与地方税收分权也存在许多问题，税收授权行政立法体制亟须从宪政层面进行一次战略调整。

现代税收立法遵循税收法定和宪定原则，需要满足“议会保留”和“法律保留”以及最低程序保障原则。自 2000 年《立法法》生效以后，尤其是这些年来在依法治国的方略指引下，中国的法制建设已经大大向前推进。中央高层最近特别强调依法治国，依法执政，依法行政，因此在税收授权立法问题上面，对于与《立法法》规定不符的授权立法决定，应当及时进行修改或废止。

根据税收宪治的一般法理和中国税收立法实践，中国当前确立了以下基本税收立法理念：关于税收的基本制度，原则上属于法律保留事项，应由全国人大或其常委会制定；尚未制定法律的，国务院可以根据全国人大及其常委会的授权决定，根据实际需要，对其中部分事项先制定行政法规，待条件成熟后上升为正式法律。

基于以上，我们认为，应当以税收立法权“回归人大”为改革指针，通过税收立法的法律化、体系化和规范化，完善税收立法体制，推动经济与社会转型。而达到此目的，需要在以下几个方面完善中国税收立法体制：

首先是税收立法法律化。税收规范的法律化，是坚持税收法定原则的基本要求。税收立法的法律化过程，是经济社会主体广泛参与立法的渠道，有利于提升税收法律层次，提升税收立法的民主性。因此，国务院宜作出将现行相关税种暂行条例上升为正式法律的规划，尤其是对长达十余年尚未修订的暂行条例，尽快推动其上升为法律的进程。此外，需要强调的是，对于已经由全国人大制颁的个人所得税、企业所得税、车船税法，其基本税制要素的调整权属于全国人大，涉及上述税种的税收政策须符合上述税法的要求，不能由行政机关授权立法。

其次是规范授权和试点立法。法律化是当前税收立法体制改革的目标指向，反映的是成熟的税收关系。但鉴于中国经济改革的广泛性、复杂性和阶段压缩性，目前尚无法立刻建立完善的法律化体系，授权立法和试点立法在一定时间和一定范围内还将起到重要作用。由此，基于体制完善的基本方向，需要对授权立法和试点立法进行规范。

对于授权立法，需要明确的是，国务院的立法权必须有授权法的根据，授权决定要有明确的授权目的和范围，且不得转授权；而且在制定法律的条件成熟时，国务院有义务及时提请全国人大及其常委会制定法律。

对于试点立法，例如，对于地方政府征收房产税试点的做法，由于其并不符合《立法法》关于转授权的规定，且只征增量不征存量的规定也不符合税收公平原则，亟须采取补救措施，国务院常务会议应尽快修订《房产税暂行条例》，使房产税政策具备相关法律依据，并在条件成熟时尽快推进房产税的法律化。另外，在当前“营改增”试点中，随着改革试点的推进，应尽快进行增值税法律化立法的顶层设计，推动中国主体税种法律体系的建立。

最后是强化税收立法监督制度。税法的生命在于实践，而税收立法体制改革是一个长期渐进的过程。在税收立法体制整体得到完善之前，当前最重要的工作之一是强化税收立法监督。为此，需要构建全国人大对行政授权立法的事先审查制度与责任追究制度，并促进备案制度付诸实施，同时应将公众监督更大范围地引入行政授权立法程序中，以加强行政授权立法的科学性，渐进地推进税收立法体制的成熟。

当然，由于税收立法权限的划分作为一项基本税收制度，为了实现税收立法体制的完善，最理想的是完善《宪法》对于财税条款的基本规定，但这样的修宪需有一个历史发展的进程，当前最重要一项基础性工作是推进《税收基本法》（或称《税法通则》）的立法，为税收立法实践提供顶层设计，以科学规范政府与纳税人、中央与地方税收的关系，顺利推进经济与社会转型。

（本文刊于《中国新闻周刊》，2013 年 3 月 18 日，署名为特约评论员/汤贡亮）

七、试论深圳前海税收立法试点改革设想

2010 年 8 月，在深圳经济特区成立 30 周年的重要节点上，国务院批复了《前海深港现代服务业合作区总体发展规划》（以下简称《规划》），前海被赋予了“转型引擎”的重要使命。国务院关于《规划》的批复（国函〔2010〕86 号）提出，“在国家税制改革框架下，支持前海在探索现代服务业税收体制改革中发挥先行先试作用。”从上述一系列文件政策来看，作为特区中的特区，前海在税收法制体制创新改革方面具有重要的试点意义。

创新试点前海税收管理体制，必然需要对其法制性基础进行讨论，从制度根源之处探讨创新改革的方向与效果。

（一）对前海税收立法权基本问题的探讨

讨论前海的税收法制改革，首先应明确税收立法的主体。前海合作区属于深圳市，广东省人民政府和深圳市人民政府均具有地方政府规章的制定权，具有一定权限的省级和计划单列市的税收立法权。

立法权本身就是一个复杂的问题，在我国税收基本法缺失的前提下，前海税收立法权试点改革必然不能一蹴而就，而需分阶段地设计、实施。

（二）国外税收管理体制的典型模式

纵观全球各国，主要存在以下四种典型的税收管理模式：

1. 地方高度分权——以美国为代表的模式

美国是一个权力分散的联邦制国家，联邦、州以及地方构成了美国所有政府机构的层级，不同的级别的政府机构都具有完善的税收体系，同时都具有较为独立的税收方面的立法权力和税收方面的征管权力。作为国家层面的联邦政府的主要税种是个人所得税，州政府的主要税种是货物税和销售税，财产税是基层地方政府的最主要税种。

2. 由中央高度集权向扩大地方税收自主权发展——以法国为代表的模式①

1982 年法国政府对中央与地方关系进行了一次重大改革，通过了《权力下放法案》，将印花税等地方税种下放，较多地扩

① 这部分内容主要参考金邦贵："欧盟国家地方税立法权（以法国为例）"，载于《联合国开发计划署中国促进减贫的财税能力建设项目"地方税制改革中长期建设"总报告研讨会论文集》，国家税务总局税收科学研究所、财政部税政司，2008 年 6 月 24 日。

大了地方自主权。

2003 年的修宪是法国进一步实行地方分权的新起点。这一次修宪使法国地方政府的税收立法权和在法律上得到了明显加强。2003 年法国修改《宪法》，修改后的《宪法》直接对地方政府的税收立法权作出规定，这当属首次，使地方政府的税收立法权有了《宪法》的依据。《宪法》一方面承认其国内各领土单位具有条例制定权，即修改后的《宪法》第七十二条第三款规定："依照法律规定的条件，这些领土单位由选出的议会自主管理，并且，为行使其职权，其拥有条例制定权。"这实际上是授予地方一定限度的立法权。另一方面，修改后的《宪法》将领土单位（地方政府）的财政自主管理原则上升为宪法性原则，分别规定："领土单位享有可依法律规定条件自由支配的收入。""对于每一类领土单位，地方政府税收收入和其他自有的收入应占其总收入的决定性部分。"（第七十二条第三款）

2003 年修宪时新增加的第七十二条第二款规定："地方政府单位可以接收各种性质赋税的全部或部分收入。法律可以准许地方政府单位在法律确定的限度内确定其税基和税率。"根据这一规定，对地方政府可以享有全部或部分税收收入的各种性质的赋税，国家议会可以授权地方政府审议机构表决决定税率，确定税基，进一步加强了地方政府的财政与税收的自主程度。

与 2003 年修宪之前的情况相比，除地方政府税收立法权得到宪法化外，地方政府的这一权力还是有所扩大。一是行使立法权的范围被扩大了，不再局限于严格意义上的地方税，而是扩大至全部或部分税收收入归其所有的各种性质的税；二是地方政府从今以后在法律的许可下不仅可以确定这些税的税率，而且也可以确定其税基。地方在税收自主权上有逐步扩大的趋势。

3. 向地方适度分权——以日本为代表的模式①

日本税收制度实行中央、都道府县、市町村三级管理的税收体制，是中央地方兼顾型税制。中央征收的税种统称为国税，凡是征收范围广、数额大、影响全国利益的税种均列为国税，都道府县和市町村征收的税种称为地方税，国税和地方税两个税收体系相互独立。

日本宪法及地方自治法分别赋予中央政府及地方政府征税权力。国税立法，由财务省制定草案，经内阁讨论报送国会审议批准后实施；地方税由地方政府制定税法报送内阁讨论，经国会审批，形成法律，地方政府据以形成条例后实施。

4. 中央较为集权——以德国为代表的模式

立法权在德国被划分为单独的立法权和共同的立法权。单独立法权是联邦政府的独享权，其他级别政府没有授权；共同立法权也称优先立法权。德国实行“联邦余权主义”，假如联邦政府没有履行立法权，各州都有权进行相关立法（包括州一级政府的税收立法）。德国的有关法律规定，联邦立法权力最大，其中联邦专享税、共享税以及关税等都由联邦立法，但是各州和地方的专享税都属于共同立法权的范围，为了保持一致，避免干扰，联邦不仅行使单独立法权，同时行使共同立法权。

对我国税收立法改革的启示：上述四种典型模式中有三种模式都存在中央集权的特征，不可否认的是，中央集权是很多国家的税收体制特点，税收立法权大多集中在中央一级政府。但不论是分权型为主的还是中央集权型为主的国家都已适当下放了税收

① 这部分内容主要参考财政部《日本财税立法及执法研修报告（四）日本税收制度研修报告》，详见 http：//tfs. mof. gov. cn/zhengwuxinxi/faguixinxifanying/201212/t20121221_ 719312. html。

立法权。在下放给地方一定的税收立法权的同时，由中央政府对此实行监督。

对比国内外税收管理的典型模式，由于地方的财政能力和需求的差异性复杂，建立一个灵活的地方税制，合理划分中央与地方之间的税收权限尤为重要。考虑到国情、国力的差异，我国税收管理体制改革必然要走中国特色道路。

从税收立法权横向配置的视角来看，我国应积极推动税收立法权回归人大。以法律的形式明确我国税收立法权，对于维护国家税法的统一，协调有关税收立法、执法机关的工作，确保依法治税具有重要意义。

从税收立法权纵向配置的视角来看，目前我国的税收立法权高度集中在中央一级政府。从长期来看，还应适当下放权力给省级及以下人大和政府。“十二五”规划中已明确规定“赋予省级政府适当的税收管理权限”。随着我国分税制改革的深化，应该有前提、有步骤地给省级地方人民代表大会及其常委会下放一定的地方税的制定、颁布、修改、开征的权力。其中，地方税的核心立法权应由全国人大行使，地方税的辅助性税收立法权由省级人大行使。具体做法上，可以采用中央授权和审批的方法，给予地方一定的地方税立法权，允许地方在一定范围内或前提条件下选择税种和税率。既要保证中央对地方的监督，又要使地方能够更灵活地解决当地财力不足问题。例如，可以由全国人大授权给省级人大，允许省级人大可以在中央规定的统一税率幅度和税目范围内，确定地方税种的具体税率和税目。

（三）以立法为核心思路的前海试点改革设想

结合前海的发展规划，以及全国税收立法改革的进程背景，本文将前海税收立法试点改革设想分为三阶段方案：政策破冰期、创新推进期、制度成熟期。

1. 政策破冰期方案：以赋予前海税收减免权为突破口

为了提高前海合作区发展规划的立法层次，并且试点地方税收立法改革，本文建议从以下方面破冰体制约束：

第一，积极争取全国人大或者全国人大常委会授予广东省人大及其常委会特别立法权，按照前海发展的实际需要，为前海发展制定地方性法规，赋予前海一定范围内的税收减免权。

第二，在遵循现行立法体制的前提下，充分利用深圳市的地方立法权。在前海先行先试税收管理体制改革，其突出优势在于前海的政策环境不仅仅是《批复》所圈定的权利范围，而是置于深圳市的特殊环境。充分利用深圳市的特区立法权，在前海试点税收立法改革，可以由深圳市人大作为立法主体，在不违反国家立法规定的前提下，对前海的税收管理制度做出一定的改革创新。在这一改革思路下，同样可以把赋予前海一定范围的税收减免权作为突破口。

选取税收减免权作为前海立法改革突破口的重要原因还在于，前海合作区的前期建设，需要吸引大量的资金和人才。从国内产业发展的实践经验来看，税收减免政策通常能够快速产生聚拢投资和人才的经济效应。

2. 创新推进期方案：在税收改革中充分考虑立法原则

前海税收立法改革试点拉开序幕之后，以立法为核心的前海税收管理制度改革应进一步健全民主法制，充分利用全国人大授予的经济特区立法权，为前海现代服务业的发展创造优良的法治环境。创新推进期的改革方案，将侧重于税收政策和税收制度方面的创新试点。

目前，区内的税收优惠是前海合作区备受关注的政策点。税收优惠应以维护税法的统一性为出发点。前海的营商环境建设并不能过度依赖于争取更多的税收减免、税收返还等优惠政策，这是与税收法制建设相违背的。构建更加科学有效的、契合前海发展实际的税收优惠政策体系，才是与前海税收法制建设相统一的思路。

在全国税制改革的背景下，前海的税收立法改革具有重要的试点意义和试点空间，从而成为前海税收改革立法创新推进期的主要试点领域。

以营业税改增值税试点改革为例，改革的深度推进对地方政府税源建设的影响越发显著。前海合作区以现代服务业为主导产业，是营业税改增值税的主要对象，试点改革的预期区域性效应显著。目前前海部分产业已纳入“营改增”的范围，因此，本文建议在前海实行增值税法律化的试点改革，在“营改增”试点改革的同时加入税收立法建设，积极试点我国主体税种法律体系建设，在前海这里演化为“双试点”改革。

3. 制度成熟期方案：税收立法权逐步回归人大

基于前海法制建设示范区的规划，本文建议：从地方层面上，可由全国人大常委会授权广东省人大及其常委会制定地方性法规，在前海合作区实施；或由全国人大常委会授权深圳市人大及其常委会行使针对前海合作区的特别立法权。在授权立法的前提下，建议对前海的授权立法限制采取“不抵触原则”，即采用排除法的方式，赋予前海更多的立法作用空间。从中央层面上，建议全国人大常委会作出《关于前海深港合作区开发开放的决定》，将《决定》上升到更高法律权威和法律效力的层次，《决定》能够从立法权限和法律规定事项上为如何建设前海合作区提供立法依据。

根据当前税收立法改革的核心观点——税收立法权应该“回归人大”，在深圳和前海合作区试点税收管理体制改革，通过税收立法的法律化、体系化和规范化，完善税收立法体制，推动经济与社会转型。鉴于中国经济改革的广泛性和复杂性，目前仍无法立刻建立完善的法律化体系，授权立法和试点立法在一定时间和一定范围内仍应发挥重要作用①。

结合前海合作区的功能区性质，前海税收立法改革选择授权立法的途径较为直接。具体来说，在前海试点税收立法权改革，可以由全国人大常委会授权深圳市人大及其常委会行使针对前海合作区的税收立法权。

在理想的税收管理体制和立法环境下，前海甚至可以根据发展需求设置地方性税种，实行高水平的税务信息联网。前海的税收立法权，由深圳市人大直接行使或者委托前海管理局行使，也可以成立“前海立法会”，专门负责前海法律权利。

（摘自深圳前海税收研究课题组“促进深圳前海深港现代服务业合作区发展的税收研究”总报告第二章的部分内容，课题组组长：国家税务总局原副局长程法光，副组长：贾绍华、汤贡亮、谷志杰，执笔人：王文静、汤贡亮、贾绍华、谷志杰，载于贾绍华、汤贡亮、谷志杰主编：《创新税收体制 实现历史使命——促进深圳前海深港现代服务业合作区发展的税收研究》，中国财政经济出版社 2014 年 4 月版）

八、两岸贯彻税收法定原则的实践与借鉴

在中国大陆正在贯彻十八届三中全会《中共中央关于全面深化改革若干重大问题的决定》（以下简称《决定》）和十八届四中全会《中共中央关于全面推进依法治国若干重大问题的决

① http：//news. cufe. edu. cn/mtcd/51397. htm.

定》，落实税收法定原则、深化财税改革、推进依法治国的重要历史时刻，第十二届海峡两岸财税学术研讨会在南京召开，两岸财税学者以财税法制建设、税收法定与实践为议题进行研讨，对于推进财税法治建设具有重要意义。

（一）租税法之法源与税收法定的“法”

中国台湾学者吴自心先生的论文“税收法定主义之实践——台湾税制税政改革”较为全面、系统地论述了租税法之法源，阐述了税收法定主义（亦称租税法律主义）之“法”应依何种意义理解。

吴先生认为，关于租税法律主义可先探讨租税法之法源，按广义租税法之法源计有7种，即宪法、租税法律、租税协定、司法判解、委任立法之行政规章、非委任立法之行政规章、解释函令等。

税法的法源是指有关税法的法律规范的存在形式。“有关税捐系採税捐法定主义，因此，在税捐法的法源中，法律占有重要地位，至于不成文法，例如习惯法及其他不成文法，可否成立作为法源，则值得探讨。”①

成文法源中宪法、租税法律、租税协定是税法的法源，则无异议。

在税法领域，由于受税捐法定主义之支配，课税要件的全部，原则上均应以法律规定之，因此委任立法之行政规章，就法规命令的合法性前提要件而言，法规命令以法律授权及对外公布为其生效要件，故满足此二要件者方可具有法律上的拘束力，构成行政法的法源。② 而非委任立法之行政规章、规范性文件和一

① 陈清秀：《税法总论》，元照出版公司 2014 年版。

② 同上。

般意义上的解释函令应当符合法律的精神、原则，并限定在其效力范围内发挥作用，仅对上位法进行补足和解释，而不能超越上位法来创建规则。

不成文法源中，对于纳税人不利（创设或加重公民税捐负担）的习惯法，并无成立余地，殆无争议。然而对于纳税人有利的习惯法，可否加以承认，不无争论，或认为税捐立法应严格的受国会法律的约束，而税捐习惯法则不符税捐法定主义之要求，多数学者则认为承认有利纳税人的习惯法，并不违反税捐法定主义。①

台湾地区最高"司法机关"大法官的解释，依其解释性质，具有与法律或命令同等的法律上的效力，故"司法院"大法官对于行政法规所为解释，自亦构成行政法的法源。

台湾地区"行政法院"将其历年裁判审查其中足为范例者，任挑选编列为判例要旨而公布，此种判例是否有规范性拘束力，而成为法源，学者见解不一，持否定说者，认为若承认判例具有规范性拘束力，基本上是违反"法官须依据法律独立审判"的规定，因为判例并不是法律。而持肯定说者认为有关判例之形成，有法律上授权的根据。②

吴自心先生在文章中阐述了租税法律主义之意义，认为"租税法律主义，即租税之核课与征收必须以法律作为依据。""学说上，通常将租税法律主义理解为法律保留原则在税捐法令中的特殊体现""涉及形成税捐义务内容的事项，均必须法律或经法律明确授权之命令定之。"并正确地将租税法律主义之内涵表述为课税要件法定主义、课税要件明确性原则和课征程序合法

---

① 同上。

② 陈清秀：《税法总论》，元照出版公司 2014 年版。

性原则。

中共中央十八届三中全会《决定》在“推动人民代表大会制度与时俱进”一条中正式写入“落实税收法定原则”，并且在“推进法治中国”建设部分着重强调了对法规、规章、规范性文件的审查以及对行政执法的监督。需要强调的是，税收法定的核心在于“法”，本人认为“税收法定”的“法”仅指狭义的法律，即由最高立法机关通过立法程序制定的法律文件，而不包括行政法规、规章及其他规范性文件。之所以要求以法律的形式来规定税收基本事项，可以从民主性和科学性两方面来解释。法律的制定机关也是最高民意代表机关，天然具有最强的民主性，而法规、规章、规范性文件的民主性则依次减弱。立法的位阶越高，其制定程序越正式、规范、透明，其科学性水平也就越有保障。税收作为调整国家与国民财富分配的关键事项，直接涉及每个公民的财产权保护，地位类似于刑法上的罪刑法定原则，因此应当以法律形式规定。

（二）两岸税制税政改革之实践与落实税收法定原则

吴自心先生该文将台湾地区最高“司法机关”大法官解释与租税法律主义有关的属“违宪”的情况归纳为：纳税及免税范围未以法律定之；施行细则、行政规则、解释函令变更法律规定、限缩法律适用、增加法律所无之限制、增加法律所无之租税负担；“行政法院”判例、决议增加法律所无限制或增加法律未规定之义务，并在第四部分整理出“2011 年至 2015 年 7 月“司法院”解释宣告违宪税捐案件一览表”，列出了 11 个案例，如涉及《税捐稽征法》第四十四条关于凭证义务处 5% 罚锾之规定，其处罚金额未设合理最高额之限制，重新规定为罚锾金额上限为新台币 100 万元，及涉及所得税、营业税的若干案例，台湾地区财政主管机关修正营业税法实施注意事项第3点第4项第6款及台湾地区财政主管机关1996年10月30日相关函文规定与租税法律主义不符，应不予援用；于2014年5月2日完成加值型及非加值型营业税法施行细则相关规定修正等。第五部分则阐述了“司法院”大法官解释对于保障公民平等权、保障公民诉愿及诉讼权及处罚应符合比例原则的重要影响。

中国大陆现亦正在贯彻落实税收法定原则，其中重要的实现路径之一是将“税收法定”贯穿于税收立法、执法、司法与监督的全过程，实现依法征税和完善程序制度保障。有学者建议在中国大陆税收立法监督中适当引入司法审查机制，并建议在条件成熟时适当引入有关税收方面的违宪审查制度。

要推动税收立法监督制度与税收司法监督制度建设相结合。根据中国大陆《立法法》的规定，最高人民法院和最高人民检察院行使部分税法立法监督权，主要通过对地方各级司法机关实施司法监督过程中就相关法律、法规、规章的合宪性、合法性问题提请全国人民代表大会及其常务委员会审查。最高人民法院和最高人民检察院的税法立法监督权虽然与司法审判过程中个案有关，但负责起诉、审判的国家司法机关和在司法审判中有直接利害关系的当事人对所适用的法律、法规、规章无监督权，从而使税法的立法监督在司法诉讼程序中无从体现，也使宪法所规定的“公民对立法的监督权”不易得到落实。税法的立法监督法律制度与税收司法监督法律制度建设相结合，有助于提高最高人民法院和最高人民检察院对税法立法监督权的行使，提高税法立法监督的效率，有助于公民从切身利益出发加强对税收立法的监督，并使司法审查成为税法立法监督的实质性程序。但这同样意味着须对现行的《行政诉讼法》作相应的修改，对司法部门作必要授权，并对税法立法监督的级别管辖作出明确规定。公民真正参与税法的立法将对专司税法立法监督的职能部门开展监督活动带来极大的推动。

中央十八届四中全会《中共中央关于全面推进依法治国若干重大问题的决定》明确提出“坚持依法治国首先要坚持依宪治国，坚持依法执政首先要坚持依宪执政……一切违反宪法的行为都必须予以追究和纠正。”“完善全国人大及其常委会宪法监督制度，健全宪法解释程序机制，加强备案审查制度和能力建设，把所有规范性文件纳入备案审查范围，依法撤销和纠正违宪违法的规范性文件，禁止地方制发带有立法性质的文件。”为此，建议将税收规范性文件纳入司法审查范围，依法撤销和纠正违宪违法的税收规范性文件作为落实税收法定原则的一个重要方面。建议在条件成熟时在税收领域适当引入司法审查机制与违宪审查机制。

吴自心先生在论文中详细阐述了台湾地区近些年来由租税法律主义之实践与公民基本权之保障，在所得税制、销售税制、财产税制方面的具体税制改革和简化税政、推动纳税义务人权利保护等方面的改革内容及措施，并提出了未来在建构新税制、推动绿色税制、建构优质纳税环境等方面的改革方向。其中文中所提出的台湾地区建立证券交易所得课税制度并几次修法；2015 年 1 月修正公布所得税法第十五条，配合“司法院”释字第 696 号解释，修正综合所得税夫妻所得分开计算税额之范围，消除夫妻非薪资所得强制合并计算税额所增加之税负；2010 年 1 月增订公布“税捐稽征法”第一章之一“纳税义务人权利之保护”专章，旨为贯彻租税法律主义、强化纳税义务人权利保护，增进征纳双方互信与和谐等均受到大陆学者的关注。

改革开放以来，在进一步完善社会主义市场经济体制的进程中，中国大陆的税收法治建设取得令人欣喜的重要成就，《税收基本法》的立法连续列入第八、九、十届全国人大立法规划，企业所得税两法合并、个人所得税工资薪金所得费用扣除额的调整与税率的调整、车船税法的制定、《税收征管法》的修订都是其显著标志。全国人大及其常委会通过召开立法听证会、将法律草案向社会公开征求意见等方式积极推进民主立法、科学立法（最近《环境保护税法》草案公开征求社会各界意见）。通过多年税收宣传月的推进和税收立法实践的发展，“依法治税”的理念已日益为社会各界普遍接受，税收法定原则也已为中国大陆税制改革与现行税收立法实践所接受，并在《立法法》与《税收征管法》中得到确认。

2000 年颁布的《立法法》第八条规定：财政、税收等基本制度，只能制定法律予以规定。2015 年 3 月 15 日，十二届全国人大三次会议表决通过的《立法法修正案》，其中第八条原先规定的实行法律保留的“税收基本制度”被进一步细化为“税种的确立、税率的确定和税收征收管理等税收基本制度”，且单列为第六项，位次居于公民财产权保护相关事项的首位，这使税收法定原则在法律层面得到更为清晰、更为明确的确定。2001 年颁布的《税收征管法》第三条规定：“税收的开征、停征以及减税、免税、退税、补税，依照法律的规定执行；法律授权国务院制定的，依照国务院制定的行政法规的规定执行。”以上规定说明税收法定原则已在税收程序法律中得到了确认。十八届三中全会《决定》明确提出落实税收法定原则，则将税收法定原则提到了一个前所未有的高度。

2015 年 3 月十二届全国人大三次会议表决通过《立法法修正案》后，关于《贯彻落实税收法定原则的实施意见》已明确提出：“税制改革依法前行。”新开征的税种（及原三个已经全国人大立法的税种）须经全国人大立法；其余 15 个税种中与税制改革有关的，在推进税制改革进程中，2020 年前全面落实税收法定之前，税制改革会涉及税率调整以及征收范围和征收环节的变动，国务院在推进税制改革中，需要根据改革进程及时修改相关税收条例和调整相关政策，在总结经验的基础上，先对相关税收条例进行修订，再将条例上升为正式法律。与税制改革相关的税种，将配合税制改革进程，适时将相关税收条例上升为法律，并相应废止有关税收条例。

2015 年 8 月 5 日公布了新调整的十二届全国人大常委会立法规划，将环境保护税法、增值税法、资源税法、房地产税法、关税法、船舶吨税法、耕地占用税法列入立法规划一类项目（指条件比较成熟，要在任期内履行审议程序，提请全国人大常委会审议的法律），税收立法工作正在稳步、有序地积极推进。

当前，中国大陆税收领域的发展状况正在深刻地影响着国家政治经济生活和整个社会的法治进程，在国家治理现代化的进程中，落实税收法定原则的过程，其实就是法治理念在税收领域的彰显过程。为贯彻十八届三中全会《决定》“落实税收法定原则”的精神，应做好规划，加快税收法定原则的实现。

1. 明确发展目标：在宪法中全面确立税收法定原则。中国法学会《要报》2013 年第 10 期刊发了中国财税法学研究会刘剑文会长“关于税收法定原则入宪的建议”一文。

2. 加快制定《税收基本法》（或《税法通则》），明确表述税收法定原则。

3. 建立以税收法律为主、科学完备的税法体系，落实税收法定原则的本质要求，实现税收立法权回归全国人大，解决好委托立法、授权立法问题。

4. 处理好立法与改革的关系，税收立法与税制改革相互推动，用法治理念指导税制改革进程，以深化税制改革推动税收法治化进程。

税法是税制的核心，立法先行、立法引领改革应当成为常态。要将十二届全国人大制定的税收立法项目作出路线图、时间表，推进税制改革进程。

5. 规范税法解释。目前税法的行政解释过多、过频，替代立法的问题较为突出，一定程度上扭曲了税制结构，使税制结构偏离既定的目标。为此，需要在税收法定的原则下规范税法解释。一是在立法解释、行政解释与司法解释之间形成基本的平衡。二是税法的行政解释必须依法进行。税务机关可以在法定权限内，按照法定程序对税法做出符合其立法意图的解释，但是不得通过解释创设税法，更不得作出与税收法律对立、抵触的解释，不得违背立法精神与法律条文规定做扩大或缩小解释。三是明确各级税务机关对税法的解释权限，从国家税务总局开始，制定规则，提出各级税务机关解释税法的“权力清单”。四是努力通过规范税法解释提升税法可操作性，避免税制过于原则、空泛。

6. 将“税收法定”贯穿于税收立法、执法、司法与监督的全过程，实现依法征税和完善程序制度保障。

7. 贯彻落实税收法定原则的精神实质，构建完整的纳税人权利保护体系。

参考文献

［1］陈清秀：《税法总论》，元照出版公司 2014 年版。

［2］葛克昌：《税法基本问题——财政宪法篇》，元照出版公司 2005 年版。

［3］葛克昌、汤贡亮、吴德丰：《两岸纳税人权利保护之立法潮流》，资诚教育基金会 2011 年版。

［4］刘剑文：《税醒了的法治》，北京大学出版社 2014 年版。

［5］汤贡亮：《中国税法监督基本问题》，中国税务出版社 2006 年版。

（摘自 2015 年 8 月 27 日在南京召开的由中国财政学会主办的“第十二届海峡两岸财税学术研究会”上的发言）

第二章

税法监督、税收基本法、税收征管法研究

一、税法监督的价值目标和应当遵循的基本准则

税法尤其是有关税收的行政法规和部门规章，与经济活动联系紧密，因而与其他法律相比相对灵活，税收的征收率和退税率均会随着经济的发展变化，需要做出相应的调整。但是税收的适时调整应当符合税法的立法宗旨和基本价值目标，应当遵循税法的基本立法原则——税收法定原则，应当严格遵守法定程序，只有这样，才能保障税法立、修、废的合宪性和合法性。税法监督即要保障税法价值目标的实现、税法基本原则的遵循和税法立法程序的合法。

（一）税法监督是税法基本价值的体现

税法的基本价值目标体现了税法的立法宗旨和基本定位，对税法的执行，尤其是衡量自由裁量权的行使是否合法具有指导性，是实施税法监督的重要依据。

1. 体现税收立法科学精神，保障税法的适用性

税收立法的科学性体现为税收征收率和退税率的设置，既能最大限度地满足国家政权运行的物质需要，又能最大限度地调动纳税人的积极性、创造性；既能充分实现经济宏观调控的目标，促进产业结构向更合理的方向发展，又能推动经济的可持续、健康、协调发展。因此，税收立法不仅要求税收制度本身具有内在逻辑性、科学性、适用性和可操作性，更重要的是要找到并体现上述两方面的均衡点，使税法成为人人愿意遵守，对社会经济发展有益的“良法”。税法的立法监督就是要维护税法立法的科学性，通过对税法立、改、废的监督，在保障税法的合宪性、合法性的同时保障税法的科学性。

2. 体现税收公平精神，建立和维护正常的市场竞争秩序

税收活动是市场经济条件下一种重要的经济活动，公平税赋不仅是市场经济体制下纳税人公平竞争的机制要求，更是法制经济条件下税法面临“人人平等”原则的体现。市场竞争秩序需要通过法律来建立和维护，税法是市场经济法律框架体系中重要的组成部分，体现税收公平是税法的本质属性的要求。税收公平要求每一个纳税义务人都按同样的法律规定纳税，而不应当有地区和个体的差异，更不能“因人而异”。目前我国按纳税人身份确立税收优惠政策，各地不同名目、不同层次的开发区采取各种不同的税收优惠，不仅人为割裂了全国税法的统一性，而且导致税赋不公，损害法律面前人人平等的基本立法原则，危害市场公

平的竞争机制和竞争秩序。应当通过税制改革和税收立法，改变这种状况，并保障税法本身在制度上的公平性，再通过对税法执行的监督，保障税法立法意义的公平在现实经济生活中得以实现。

3. 体现税收合理精神，强化税收的经济杠杆作用

税法的科学性在一定程度上需要通过税法的合理性来体现，若缺乏税法执行过程中的合理性原则，税法在立法层面上已经体现的科学性在实际生活中就会大打折扣。目前我国税法体系中有相当数量的部门规章，由于不能突破部门利益，税收合理原则在税收部门规章中的体现不足，而税法在实际执行中的随意性，更有损于税收合理的原则精神。要实现税收合理，就需要规范和监督税收征收机关的自由裁量权的行使，限制与约束税收征收机关的权力滥用行为，防止纳税人权利的侵害，维护税法的合理性。因此，税收的合理原则要求建立起一个税收监督机制，约束税务机关在税法执行过程中可能产生的不公平与不合理行为。

（二）税法监督应当遵循的基本法律原则

税法的基本法律原则是统率税法立法、执法和司法的基本准则，是税法精神的核心体现，对税法基本原则的遵守是税法立法、执法和司法各环节、各领域所面临的共同法律任务，是税法监督的法律依据。

1. 税法监督应当遵循税收法定原则

税收法定是税收的一大特征，也是税法监督的前提。税收法定要求税收的开征、税款的征收、税收征收程序、税收的核定、违反税收的法律处罚都应当建立在法律明文规定的基础之上。税收法定是税收能够存在的法律基础，由于税收是法定的，要求税收征收机关在具体的税收执法行为中不得超越法律规定的界限，

自由裁量权不能创设税种，不能提高原税种的纳税标准。然而由于不当利益的驱动，常常导致税务部门征税权和行政处罚权的滥用；更何况在税收法律关系中税收征收机关处于强势地位，其征税权有行政处罚权加以保障，如果没有相应的监督机制和约束机制，则由于主体之间利益的对立以及地位的事实不平等，不可避免地会导致税法在执行过程中被扭曲，从而损害纳税人的合法利益。税法执法监督是税收法定原则的必然要求，也是权力制衡原则的必然要求，更是税法依法执法和规范执法的必然要求。

2. 税法监督应当遵循税收法律关系地位平等的原则

在我国传统税法观念中，常常将税收法律关系理解为一种单向的法律关系，即把税收征收机关看作是只享有征税权的权利主体，而把纳税人仅看作是只履行纳税义务的义务主体。这是一种对税收法律关系的狭隘的理解，是不符合现代税收征管要求税收主体地位平等理念的。因为，“从源流上讲，征税权是由纳税人权利转化而来的，征税机关的每一项职权，都可溯源至公民通过一定的政治程序，将其享有的作为国家主人的对国家事务的管理权力委派给其代理人具体实施。正是由于上述原因，征税权尽管在特定的税收征纳活动中或许能起指挥、支配作用，但这只是表象而非本质。”换言之，税务机关虽然具有征管职能，但它是在税法规定的前提下行使其权力，其法律地位与公民及社会组织即纳税人仍然是平等的，不能认为税务机关具有税务管理职能而具有高于纳税人的法律地位。既然税务机关与纳税人的法律地位从根本上说是平等的，那么双方的权利义务应该是对等的。税法监督需要由税收主体平等的基本理念作为后盾，才能使税法监督的机制自动地运行，而不是仅仅靠政府机关的单方面推动，仅仅是通过税务机关工作人员的工作来实现是不现实的。如果征纳双方的地位是平等的，税务机关的行为就会面临每一个纳税人的监督，税法监督的目的就比较容易达到。为此，目前在大力提倡纳税光荣的同时，需要大力扶植纳税人的法律地位，唤醒纳税人的权利意识，通过立法来强化纳税人与税务机关在法律地位上的平等。税务行政复议和税务行政诉讼程序是两项重要的税法监督程序，只有在立法上和事实上实现税收法律关系当事人之间地位的平等，税务行政复议和税务行政诉讼程序才能真正发挥其应有的作用。

3. 税法监督应当遵循税收法治的原则

由于不当利益的驱动，一些纳税人和扣缴义务人利用财会制度和税法制定上的不协调以及税法制度设计上存在的不足，千方百计通过财务会计核算手段，通过各种规避税收方法逃避纳税，达到少缴或不缴税收的目的。而一些地方的征税机关，包括国税、地税、海关等也经常以完成税收指标任务为目标，不当地利用自由裁量权及行政强势地位，以确保税款的收缴和税收指标的完成。这往往导致实际税收征管过程中出现了两种倾向：第一是“放水养鱼”，第二是“寅吃卯粮”。如果纳税人、扣缴义务人的偷税、欠税、骗税、抗税等税收违法行为，可以纳入税务稽查、税收征管等程序，由税收征收机关加以监管、加以处罚并使其违法行为得以矫正，造成的危害结果得以救济，那么具有强势地位、拥有强大自由裁量权的税收征收机关，其征管行为的合法、合理与否更应当纳入税法监督的程序。加强税收执法监督，包括税收征收机关对纳税义务人遵守税法行为和税法监督机关对税收征收机关执行税法行为的监督，是实现税收法治的根本途径。

（摘自《中国税法监督基本问题》，中国税务出版社 2006 年版）

二、关于完善我国税法立法监督、执法监督和司法监督机制的探讨

（一）关于完善我国税法立法监督机制的探讨

我国实行的是人民代表大会领导下的职能分工制度，国家行政机关、审判机关和检察机关都由人民代表大会产生，对它负责，受它监督。因此，在我国现有体制下，税法立法监督只能以全国人民代表大会的监督为主，同时有效地借鉴和吸收一些国家的司法审查制度。

1. 对于完善我国税法立法监督机制的建议

（1）完善税法立法监督主体制度。我们建议在全国人民代表大会内部设立专门的立法监督机构——全国人大立法监督委员会，加强全国人大对税收立法的监督。在全国人大内部设立的立法监督委员会，协助全国人大及其常委会履行立法监督职能，受全国人民代表大会领导，在全国人民代表大会闭会期间，受全国人民代表大会常务委员会领导。同时，赋予法院审查税收规章及规范性文件的权力。

新设立的立法监督委员会应是相对独立的，以“宪法至上”为原则实施立法监督，立法监督委员会应主要吸收精通法律、具备丰富的政治与社会经验的专家参加，它们负责对全国和地方的各级立法机关立法的合宪性进行审查，负责受理公民、组织对违宪法律、法规的控告，对法律、法规、规章、条例等之间存在的法律冲突问题进行及时纠正。

为强化税法立法监督力度，保证税法立法监督效果，有必要

在立法监督委员会内部设立专门负责税法立法监督的机构，配备既熟悉法律、又精通税收业务的专门人才，同时，聘请若干专家、学者担任税法立法监督顾问。

（2）完善税法立法监督实体制度。第一，《立法监督法》应当规定实施立法监督的目标和宗旨；第二，应当规定立法监督法的管辖范围，明确《立法监督法》与现行《立法法》分级立法监督规定关系；第三，应明确《立法监督法》的执行机关；第四，明确立法监督机关的职能分工和相互协调；第五，明确立法监督委员会对立法监督权限及其行使；第六，明确保障立法监督开展的措施；第七，明确立法监督委员会可以采取的立法监督方式；第八，明确对立法监督的监督；第九，明确立法监督委员会的可能承担的法律责任；第十，明确专门法律监督的制度规定。

税法立法监督是专门立法监督，应当以立法监督法律制度的健全和完善为基础，及时对税法立法监督作出专门规定。

（3）完善税法立法监督程序制度。一是明确启动程序。即由哪一个主体、以什么方式提起立法监督。没有程序，就没有监督。启动程序需明确有权提起立法监督的主体、立法监督开始的时间等。二是明确税法监督的实施程序。立法监督机关发现问题或受理公民、法人的立法违法案件的投诉后，应采取什么方式作出结论等，都应当有详细的法律法规加以明确。因此，税法监督的实施程序需明确立法监督主体监督的内容、立法监督的方式、立法监督主体行使立法监督权的期限、如何作出立法监督结论等。三是明确对违反税法监督法行为的处理程序。

（4）完善税法立法监督的责任制度。立法监督制度不能全面贯彻的一个重要原因是没有建立立法责任制度，使行为主体不能形成强烈的责任意识。为此应有针对性地建立立法责任，提高监督力度，对于违法立法、不当立法或立法不作为等要规定相应的责任。对不履行备案程序的地方立法，应当限期要求其备案，否则取消其适用。使立法者与监督者提高责任意识，在落实责任制度时，对于发现的优秀立法应给予奖励。

2. 完善税法立法监督的执行机制

税法立法监督执行机制的完善过程，实际上与我国政治体制的改革进程密切相连。客观上说只能分步进行，我们建议从目前具有现实可能性的几方面着手：

（1）明确税法立法监督职责权限。立法监督委员会是立法监督法的执法部门，为保障立法监督委员会依法行使立法监督权，立法监督法应当在赋予其立法监督权的同时，还应赋予其相应的对违反《宪法》《立法法》及上位法规范性文件的接受备案权、审查权、改变、撤销权和一定的处罚权。同时，在制度设计上应当保障这种权利能正常行使和有效行使。接受备案权应当与审查权相结合。

（2）明确税法立法监督者的职责或工作目标。税法立法监督者的职责或工作目标，是税法立法监督的行动指南，是对立法监督者工作进行评价与考核的必要依据，现行法律尚未能对此作出规定，我们建议在完善税收立法监督法律制度时加以明确。

（3）细化税法立法监督方式的相关规定。应进一步充实、完善、细化税法立法监督方式的相关规定，可延伸监督的深度，增强立法监督的可操作性。

（4）完善全国人大常委会的立法审查和备案制度。备案制度是我国宪法、组织法和立法法共同确定的一种重要的立法监督方式。建议进一步改革和完善备案制度，把备案看作审查的前提和启动程序，并明确审查的时间，建立备案通告制度、备案回执制度、报备机关抗辩制度等，形成制度化、法律化的备案监督。

（5）加强对授权立法的监督。首先，宪法、法律规定禁止授权的专属立法事项，不得授予其他机关；每一授权应尽可能针对具体的对象，严格限制综合性授权行为，防止授权对象滥用授权，防止多个授权对象作出相互矛盾、相互冲突的法律规定；授权时应明确授权理由、目的、内容和授权时限；对于违法授权的行为应规定相应的补救措施，有关责任人应当受到法律的追究。其次，对被授权者的立法行为，应规定严格的监督制度。授权对象根据授权指定的规范性文件应当提交人大或其常委会备案，对违反授权要求的立法，人大或其常委会应及时加以撤销。人大及其常委会在备案或审查中应对授权立法的立法程序、内容进行认真审查，审查其是否违背了法定的程序、内容，审查其是否符合民主、公开、公正的原则，是否超越时限，是否越权立法，所立之法是否与授权目的不符，是否与宪法、法律的规定相悖。发现问题，必须采取相应的措施。

（6）加强对地方税收立法的监督。地方税收立法监督的首要内容是监督地方税收立法依据是否合法，总的要求是须以宪法为依据，在贯彻国家法律、法规的实施性立法时要以其上位法为依据。下位法必须服从上位法，同位法之间须避免冲突，地方法规、规章解释不得越权，并建立税收法规解释的监督机制。全国人大常委会应对省一级人大常委会制定的地方性法规、自治条例、单行条例的解释，国务院应对地方行政规章的解释，省一级地方立法机关应对较大市人大常委会制定的法规的解释是否正确、合法进行审查，对于违反法律、法规以及与立法解释相矛盾的应用性解释，监督机关有权撤销，宣布其解释无效。

根据《立法法》第八十八条第一项规定："全国人民代表大会有权撤销全国人民代表大会常务委员会批准的违背宪法和本法第六十六条第二款规定的自治条例和单行条例。"根据《宪法》第六十七条规定："全国人大常委会有权撤销省、自治区、直辖市国家权力机关制定的同宪法、法律和行政法规相抵触的地方性法规和决议。”要加强地方税收立法的实体监督和程序监督。实体监督主要是监督地方政权机关所制定的规范性文件或文件的具体内容是否与宪法、法律和行政法规相抵触。程序监督是指针对地方政权机关制定规范性文件所涉及的形式、程序等进行的监督。

（7）在我国立法监督中适当引入司法审查机制。首先，设定司法审查权，形成自上而下、自下而上的双向立法监督体系，通过司法审查的特殊性，以司法审查机制启动立法监督机制，促进立法监督的全面展开。其次，解决法律规范冲突在本质上属于裁判权或司法权。司法审查权的设置不但是合理的也是不可或缺的，有利于立法监督机关扩大发现法律冲突的渠道，更快掌握法律冲突事实，提高解决冲突的效率，这是应对我国加入 WTO 新形势的需要。为保证 WTO 规则在所有成员中的适用和实施，WTO 的许多协议包括了要求成员方开展司法审查的规定。根据这些规定，成员方政府的部分抽象行政行为，如行政法规、部门规章等，以及部分行政终局裁决行为将纳入法院的司法审查范围。这对我国现行的立法监督制度产生相当程度的影响，要求我们建立起我国的司法审查制度。

3. 加强税法立法监督的法治环境建设

法制环境的好坏，对税法立法监督的有效开展至关重要。法制环境好会提高立法监督者的监督积极性和责任心，相反法治环境差，则会对立法监督者的依法监督带来障碍，影响立法监督的质量。

总之，税法的立法监督是税收法律制度的重要组成部分。税法立法监督制度的完善与否对实现税收法治的目标至关重要，对维护税收法定，实现税法的立法价值，维护市场经济体制下公平的竞争机制都具有十分重要的意义。税法立法监督的质量在一定程度上反映了我国税收立法的质量，也反映了我国税收法治的发展水平。因此，完善税法立法监督法律制度，加强税法的立法监督，是市场经济条件下依法治国的必然要求。在当前我国财税体制改革的过程中，税法的立法监督必将得到进一步的加强并发挥日益重要的作用。

（二）关于完善我国税收执法监督机制的探讨

1. 完善的税收执法监督机制包括的内容

由于税收执法监督应具有显著的法治性、透明性、广泛性等特点，这就决定了税收执法监督体系需要从内部和外部两方面来构成，按照“内外并举，重在治内，以内促外，综合治理”的方针，实施税收执法监督工作。

（1）外部监督。外部监督是指国家权力机关、司法机关以及社会上的其他团体、民间组织对税务机关的税务管理活动所实施的监督，它是独立于税务组织系统以外的力量对税务机关的监督。在我国，对税收执法活动实施的外部监督主要有以下几个方面，它们构成一个相互配合、共同发生作用的完整体系：①国家权力机关的监督。指各级人民代表大会及其常务委员会对税务机关及其工作人员的税务管理活动实施的监督；②各级党委纪检机关的监督；③行政机关的监督；④司法机关的监督。即人民检察院和人民法院对税务机关及其工作人员的税务管理活动所实施的监管；⑤群众监督和社会监督。

（2）内部监督。税务机关的内部监督，是税收执法监督中最主要、最经常的一种监督形式。主要有以下几个方面：①上下级税务机关之间的层级监督；②将监督制度贯穿到税务执法业务流程全过程的流程监督；③运用现代信息化技术手段的网络监督；④税务机关设立专门的法制、纪检机关、监察、审计部门实施的部门监督。

2. 健全和完善税收执法监督机制

健全和完善税收执法监督体系，坚持依法行政，必须要采取相应的措施，保证执法监督工作正常运行。

要确立正确的执法监督理念和基本思路，建立完善的法律和制度体系，构建科学有效体制和机制，建设高素质执法监督队伍，营造和谐的社会执法环境。加大对偷税骗税行为的查处力度，鼓励合法经营，震慑涉税犯罪分子，改善税收法治环境，整顿和规范税收秩序。加大税收法制环境建设，在税收执法中体现人性化服务，积极培植税源，确保经济增长，树立税务部门的良好形象，取得社会各界的广泛关注，赢得一个和谐的税收法制环境。

（三）完善我国税收司法监督机制研究

司法监督即通过一定的制度设计，使国家权力机关和社会公众有权对司法权行使的合法性与正当性进行制约和督促，并要求司法权对社会承担一定的责任，以保证司法公正[①]。在我国，依照《宪法》规定，行使司法权的机关是人民法院和人民检察院[②]。因此通常认为司法权包括审判权和检察权，与此相关的还有犯罪侦查权、裁判执行权。随着经济市场化和法制化程度的不断提高，税收司法将成为司法活动的一项重要内容。根据涉税司法实践，这里探讨的税收司法监督，是对涉税审判权、检察权、侦查权、执行权的监督。

① 范瑜：《司法制度概论》，中国人民大学出版社 2004 年版。

② 以下如无特别说明，人民法院、人民检察院分别简称法院、检察院。

1. 税收司法监督的环节和重点

(1) 税收刑事司法监督的环节和重点。税收刑事司法实体规范主要包括两种类型：维护税收征管秩序的刑事制度规范、保障税务机关和税务人员依法履行职责的刑事制度规范。与此相对应，税收刑事司法程序也有两种：一是维护税收征管秩序的刑事司法程序，包括税收刑事案件的移送、侦查以及提起公诉和审判、执行等环节；二是税务机关和税务人员不依法履行职责(即职务犯罪) 的税收刑事司法程序，包括检察院直接受理侦查案件、提起公诉和审判、执行等环节。现行大量涉税司法案件中，税收刑事司法案件的占比最高，因此，对涉税刑事司法活动的监督是税收司法监督的重点。

①维护税收征管秩序的刑事司法程序及监督环节和重点。对于偷税、抗税、骗税等案件，公安机关、检察院和法院分别按照各自的职责行使税收司法权，具体程序如图 2-1 所示。

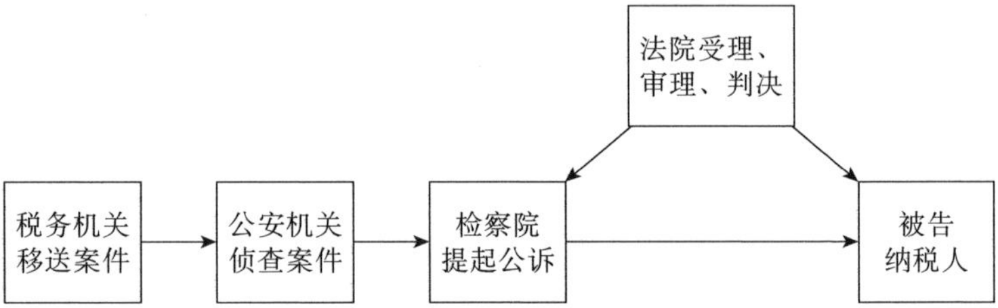

图 2-1　维护税收征管秩序的刑事司法程序

在上述司法程序中，税务机关主要是行使一定的行政权力和履行必要的行政职责；公安机关履行的是立案侦查的职责，检察院行使起诉的职责，法院履行审判的职责。

根据现行《税收征收管理法》的规定，对涉嫌犯有偷税罪、抗税罪、骗税罪的当事人（包括纳税义务人、扣缴义务人、纳税担保人及其他当事人，以下统称纳税人），税务机关除追缴税款以外，必须移送司法机关追究刑事责任。因此，税务机关向公安机关移送案件，属于执法和配合司法的范畴；公安机关对移送案件的侦查、检察院的起诉和法院的审判，则属于维护税收征管秩序的刑事司法范畴。在此过程中，对公安机关涉税侦查权的监督、对检察院涉税公诉权的监督、对法院涉税审判权的监督，是税收刑事司法监督的主要环节和重点。

②税务机关和税务人员职务犯罪的刑事司法程序及监督环节和重点。对于税务机关和税务人员在执法中的违法犯罪行为，由检察院进行侦查，对达到刑事立案标准的向法院提起公诉，法院依法审判。检察院和法院分别按照各自的职责行使税收司法权，适用《刑事诉讼法》。

税务机关发现税务人员的行政违法行为涉嫌犯罪时，或上级税务机关发现下级税务机关涉嫌犯罪时，要主动移送给检察院或者直接向检察院举报；此外，涉税犯罪案件由税务机关移送公安机关后，公安机关在侦查过程中发现涉及税务机关、税务人员职务犯罪的，应当及时移送给检察院。

公安机关在侦查过程中发现涉及税务机关、税务人员职务犯罪，并移送检察院侦查，属于司法监督范畴。在上述司法程序中，对检察院涉税侦查权的监督、对法院涉税审判权的监督，是主要环节和重点。

（2）税收行政司法监督的环节和重点。对于纳税人不服税务机关的行政决定（包括税务复议决定）向法院提起的税收行政诉讼和税务机关向法院提出的强制执行申请，由法院依法审判和实施，即由法院行使税收审判权①。

将税收行政复议作为税收行政诉讼必经的前置程序时，行政

① 金人庆：《中国当代税收要论》，人民出版社 2002 年版。

复议属于行政执法的范畴，是执法过程中的一种准司法行为。税收行政司法程序包括两种类型：一是纳税人向法院提起的税收行政诉讼案件；二是税务机关向法院提起的强制执行申请。

①纳税人提起的税收行政司法程序及监督环节和重点。当税务机关在征收税款的过程中侵犯纳税人的权益时，纳税人可以依照法律法规的规定提起行政复议，或者直接提起行政诉讼，启动司法救济程序来保护自身的合法权益。税收行政司法程序主要给纳税人救济的机会，对税务机关的违法行为进行矫正。

税收行政司法根据《行政诉讼法》和《税收征收管理法》的有关规定进行。法院审理税收行政诉讼案件的程序包括纳税人起诉和法院受理、审理、判决、执行等。

②税务机关提起的强制执行申请程序及监督环节和重点。《税收征收管理法》第八十八条第三款规定："当事人对税务机关的处罚决定逾期不申请行政复议也不向人民法院起诉、又不履行的，作出处罚决定的税务机关可以采取本法第四十条规定的强制执行措施，或者申请人民法院强制执行。"最高人民法院《关于执行〈中华人民共和国行政诉讼法〉若干问题的解释》第八十七条规定："法律、法规没有赋予行政机关强制执行权，行政机关申请人民法院强制执行的，人民法院应当依法受理。法律、法规规定既可以由行政机关依法强制执行，也可以申请人民法院强制执行的，人民法院可以依法受理。"从上述规定可知，税务机关向法院申请强制执行是一种税收行政司法活动。

（3）税收民事司法监督的环节和重点。税收民事司法程序，适用《民事诉讼法》，原告是税务机关，被告是纳税人，其目的是通过诉讼途径行使税收优先权、代位权、撤销权等，以保护税收之债。在此司法程序中，税务机关与纳税人在法律上处于平等的地位，税收司法监督的主要环节和重点是对法院行使涉税审判权和执行权的监督。

综合上述对涉税刑事、行政、民事司法程序的分析，税收司法监督的主要环节和重点包括：对法院行使涉税审判权的监督；对检察院行使涉税侦查权、起诉权的监督；对公安机关行使涉税侦查权的监督。

2. 完善我国税收司法监督机制的对策

（1）完善对法院涉税审判的监督机制。对法院涉税审判的监督是税收司法监督的主要内容。

①完善立法机关对法院涉税审判的监督：

第一，在制度上真正落实立法机关的监督权。可借鉴有关国家的经验，赋予立法机关对一定范围内的涉税案件具有准司法权。

第二，推进立法机关对法院实施个案监督的法制化。建立健全个案监督的保障机制，有重点地对重大涉税违法案件进行监督。

第三，立法机关对法院涉税司法解释的监督。从当前一些涉税案件审判的实际情况看，法院对一些涉税法律条文难以准确把握时，往往请求税务部门作出解释，并出具相应的证明材料。这一监督职责主要应由全国人大及其常委会来承担，其监督应涉及涉税司法解释的权限、程序、内容等方面。法院对具体税收法律法规内容作出司法解释后应及时到立法机关备案，立法机关应对司法解释的内容是否符合宪法和税收法律法规的精神进行审查，发现问题及时提出纠正意见。

②完善检察机关对法院涉税审判的监督。一是完善对法院涉税刑事审判的检察监督。二是完善对法院涉税民事和行政审判的检察监督。使检察机关有权参与民事、行政诉讼全过程。赋予检察机关对重大的涉税民事、行政案件提起诉讼的权利；明确检察

监督抗诉案件的审理期限，对于监督过程中的检、法冲突，建议由立法机关作出最终的评判。三是强化检察机关对法院涉税审判的监督意识。

（2）完善对检察院涉税检察的监督机制。鉴于立法机关、社会舆论对检察院涉税检察的监督与对法院涉税审判的监督类似，在此不再赘述，外部监督重点是人民监督员制度和法院对涉税检察的监督。

日本于1984年设置了检察审查会，并制定了检察审查会法，该法规定，检察审查会为民选机构，由11名成员组成，其职责是根据申诉人的申请或基于自己所掌握的材料，对检察官的不起诉决定是否正确进行审查。如果检察审查会有8名以上成员认为检察官的不起诉决定不正确，则制作建议纠正不起诉决定的决议书，并送交申请人、作出不起诉决定的检察官及其上级检察官。虽然该决议对检察官没有约束力，但由于检察审查会的成员选自国民，因而具有道义和舆论的力量，从而促使检察官采纳检察审查会的建议①。这一做法值得借鉴，可建立类似组织，并予以立法规范，以加强外部监督的力量。

此外，还要完善对公安机关涉税侦查的监督机制。

参考文献

［1］许善达：《中国税权研究》，中国税务出版社2003年版。

［2］汤唯、孙季萍：《法律监督论纲》，北京大学出版社2001年版。

① 张智辉、杨诚：《检察官作用与准则比较研究》，中国检察出版社2002年版。

[3] 范瑜：《司法制度概论》，中国人民大学出版社 2004 年版。

[4] [日] 金子宏著，战宪斌、郑林根等译：《日本税法》，法律出版社 2004 年版。

[5] 黄士洲：《税务诉讼的举证责任》，北京大学出版社 2004 年版。

[6] 最高人民法院，最高人民检察院：《司法解释小全书》，法律出版社 2004 年版。

[7] 孙谦：《检察论丛》，法律出版社 2004 年版。

[8] 陈少英：《中国税法问题研究》，中国物价出版社 2000 年版。

[9] 谭世贵：《中国司法改革理论与制度创新》，法律出版社 2003 年版。

[10] 曹建明：《WTO 与中国的司法审判》，法律出版社 2001 年版。

[11] 何家弘：《中外司法体制研究》，中国检察出版社 2004 年版。

（摘自中华人民共和国政府和世界银行第四期技术合作项目——世界银行对国家税务总局项目“加入 WTO 后中国税收法制体系的改革和完善研究”之分项目“中国税法监督问题研究”的研究报告之一，课题主持：汤贡亮，执笔人：汤贡亮、周仕雅）

三、税制改革呼唤税收基本法

20多年来，伴随着我国税制改革的深入发展，《税收基本法》（或称《税法通则》，下同）曾连续三届被列入全国人大立法规划。税制改革呼唤《税收基本法》。

1994年起步的税制改革至今已21年了。在税制改革大潮的兴起和发展中，我国《税收基本法》立法的推进成为全面深化税制改革、推进税收立法进程中的一个亮点。1994年开始，《税收基本法》连续列入第八、九、十届全国人大立法规划。党的十八届三中全会通过的《中共中央关于全面深化改革若干重大问题的决定》提出“落实税收法定原则”，党的十八届四中全会《中共中央关于全面推进依法治国若干重大问题的决定》提出“加强重点领域立法”“制定和完善发展规划……财政税收、金融等方面法律法规”，使我们深切地感受到继续推进《税收基本法》立法的重要性。20多年来税制改革的历程呼唤《税收基本法》早日出台。

（一）税收基本法研究进程回顾

《税收基本法》是税收领域的基本法律，是对我国税收活动中的共同问题、原则问题、重大问题和基本问题所作的法律规范，是一部带有全局性和综合性的税收法律，在整个税法体系中占据着重要地位，同时也是实现税收法治的基础。作为税法体系建设的灵魂和核心，税收基本法的制定得到了立法机关、行政机关和专家学者的广泛关注，该法的立法调研、起草工作伴随着税制改革的深入一直在进行中。

在我国，从制定税收基本法设想的提出到目前已走过了25年的历程。在这25年的时间里，围绕税收基本法的制定并非一帆风顺，既有在推进税制改革中实务界和理论界对其热切关注而引发一次次的研究高潮，也有在制定过程中由于认识不同而造成的相对停滞。整体来说，大致分为四个阶段。

1. 提出与酝酿阶段（1990—1993年）

比较有影响的首先是由当时的国家税务局税制改革司于1990年正式提出制定税收基本法的设想。而后在1991年3月，国家税务局又组织了部分在京的专家召开了税收基本法专题研讨会，1992年和1993年，一些大学和研究机构逐渐开始把对税收基本法的研究列入科研课题，并取得了一些研究成果。

1992年，我国开始分税制财政体制改革试点。随着社会主义市场经济的发展，财税体制成为整个经济体制链条上改革明显滞后的环节。1993年上半年，由国务院研究室袁木、王梦奎，国家税务总局金鑫、张忠诚，财政部项怀诚、谢旭人负责成立了“财税改革研究”课题组，提出“深化财政体制改革的一个重要方面是加快税收体制改革的步伐”①。随着税制改革大潮的兴起，引出了与加快税制改革相适应的税收基本法律——《税收基本法》的立法问题。

2. 批准与研究的初步发展阶段（1994—1998年）

随着1994年税制改革的起步，1994年中共中央2号文件批准了八届人大立法规划中列入税收基本法，使税收基本法的研究进入了初步发展阶段。1995年国家税务总局组织有关人员完成了《税收基本法》的草稿，1997年3月修改完成了第四稿，1997年12月形成了《中华人民共和国税收基本法（草案）》讨

① 沈柏年、窦汝广：《财税改革研究》，中国财政经济出版社1993年版。

论第六稿。税收与税法学界也开始对税收基本法进行比较深入的研究。根据笔者整理的资料，[①] 比较早的有邱昌驹等人在 1993 年发表的《对优化我国税制结构的思考》一文中曾提出通过制定税收基本法来完善我国税收法制。[②] 到 1994 年林晓以《关于建立税收基本法的构想》为题进行了更为具体和全面的思考。[③] 在税收与税法学界比较大规模的对税收基本法进行研究，主要集中在 1995 年到 1998 年，涉及税收基本法研究的方方面面。既有对税收基本法制定意义的研究，也有对税收基本法制定所涉及的基本理论进行的探讨，还有对国外税收基本立法经验的介绍等。此外，当时对税收基本法制定给予了极大关注的国家机关主要是国家税务总局和财政部。如在 1996 年国家税务总局组织了多次相关的国际研讨会。财政部在其“九五”财政法制建设发展规划中提出今后五年财政立法的主要任务就是在开展财政立法活动的同时，参与起草《税收基本法》。

3. 相对停滞阶段（1999—2003 年）

这一时期相对于其他时期而言，税收基本法的起草工作曾一度搁置，但一部分学者仍继续呼吁对税收基本法的研究，认为税收基本法的缺位是税收法治最大的障碍；同时还有学者系统地提出了制定税收基本法的整体框架，有关税收基本法研究的步伐虽然是放慢了，但是研究还在继续。另外在 2003 年年底根据时任陕西省人大副主任的桂中岳等 30 位代表提出要求尽快制定税收基本法的 253 号议案，税收基本法被列入十届全国人大立法规划

① 此处笔者所指的资料主要是从中国期刊网和人大电子复印资料搜集整理得到。

② 见王德礼：“税收基本法缺位是税收法治的最大障碍”，载《经济问题探索》，2001 年第 11 期。

③ 林晓：“关于建立税收基本法的基本构想”，《当代财经》，1994 年第 7 期。

第二类，即研究起草、成熟时安排审议的法律草案，这表明对税收基本法的研究将加大力度和加快步伐。

4. 全面发展阶段（2004 年至今）

2004 年 3 月 14 日全国人大二次会议通过了《中华人民共和国宪法修正案》，这是进入新世纪后贯彻“依法治国、建设社会主义法治国家”治国方略取得的又一重要成就。2004 年以来，这一阶段是税收基本法研究全面繁荣阶段。在这一阶段，无论是民间还是官方以及学界都给予了极大的关注，媒体对税收基本法研究进度的报道明显增多，税收基本法的制定也引起了更多人民代表的关注。在十届全国人大二次会议上有 39 名代表提出制定税收基本法议案 1 件，到了十届全国人大三次会议上共有 163 位代表提出制定税收基本法议案 5 件，这与在第九届全国人大第二次会议上有 32 名代表建议制定统一的税法的议案 1 件相比，名称上有了更明确的表达，提议的代表人数也更多了，相关的议案件数也有所增加①。对于官方而言，参与研究的机构由原来主要是由国家税务总局组织负责改为全国人大财经委、全国人大常委会预算工作委员会会同国家税务总局与财政部组成起草组，共同负责税收基本法的立法研究工作。2004 年 3 月起草组正式成立。对于学界而言，有关税收基本法的研究较之以往有较大的突破，整体研究呈现出繁荣而有序的局面。学者的研究不再过多地拘泥于只专注自己的研究，呈现出研究的互动，思想交锋和观点激辩的现象时有发生。2005 年 12 月由国家税务总局政策法规司主办，深圳市国家税务局承办召开了“税收基本法问题国际研讨

① 根据笔者对七届全国人大第三次会议（1990）到全国十届人大四次会议（2006）中各届代表提出议案处理意见报告和全国人大财政经济委员会关于各届全国人民代表大会会议主席团交付审议的代表提出的议案审议报告综合整理得到。

会”。接着，受全国人大财政经济委员会的委托，《中华人民共和国税收基本法（税法通则）》（专家稿）起草小组正式成立（刘剑文教授为组长，徐孟洲、汤贡亮、张守文教授为副组长），并于 2006 年 9 月 25 日正式启动起草工作。该起草工作由国内多所著名大学的学者共同承担，有助于整合学术资源，有效地推动了税收基本法的研究。

税收基本法的立法框架是税收基本法研究的“集大成者”，不仅融入了关于税收基本法定位、效力、价值等抽象的立法思想，还包含税收基本法立法模式的选择和所涵盖的内容以及内容的逻辑排列顺序。截至 2006 年年底，《税收基本法》文本比较有代表性的两种：

一是由国家税务总局组织制定的中华人民共和国税收基本法（草案）讨论第六稿（1997），共八章十一节一百一十四条。具体框架为：第一章总则，包含两节，分别为：适用范围与基本原则、专门术语；第二章税收立法，包含两节，分别为税收立法原则、税收立法权的划分；第三章税法解释；第四章税收行政执法，包含三节，分别为：纳税义务的产生、变更和消灭，征税规则，税务行政复议；第五章行政协助；第六章权利与义务，包含四节，分别为：税务机关的权利、税务机关的义务、纳税人和其他税务当事人的权利、纳税人和其他税务当事人的义务；第七章法律责任；第八章附则。

二是由全国人大财政经济委员会委托北京大学法学院刘剑文教授牵头组织的《中华人民共和国税收基本法（税法通则）》（专家稿），共计八章。具体框架为：第一章总则，第一节立法目的与适用范围，第二节基本原则，第三节专门术语，第四节税收管理体制，第五节纳税人权利。第二章税法的制定、修改、废止与解释，第一节税法的制定、修改与废止，第二节税法的解释。第三章纳税义务，第一节纳税义务的类型，第二节纳税义务的成立，第三节纳税义务的变更，第四节税收优惠。第四章税收征纳（本章内容不是《税收征收管理法》的简单重复，是对相关内容的总结提炼，拟重点规定该法缺失的部分。此外，还须考虑与将来出台的行政程序法的关系），第一节税收征纳一般规定，第二节税收确定，第三节税收缴纳与征收，第四节税收强制执行。第五章税收救济，第一节税收行政复议，第二节税收行政诉讼，第三节税收行政赔偿及其他救济方式（其他救济方式可规定：税收刑事诉讼、税收代位权撤销权诉讼、纳税人诉讼、国家赔偿等，以及各类诉讼之间的承征关系）。第六章法律责任，第一节一般规定，第二节纳税主体的法律责任，第三节征税主体的法律责任，第四节其他主体的法律责任。第七章税收的国际协调与合作。第八章附则（与其他法律的关系，涉外税收、生效日期、其他）。

2007 年，遵照中央领导的指示，中央政策研究室委托中国国际税收研究会，成立了“积极借鉴国外地方税制建设经验，加快完善优化我国地方税收体系”课题组（郝昭成会长任组长），完成了课题报告，从国际视角，以美国、德国、法国、日本等国为例，力求总结国际上地方税收法律制度建设的基本理论与基本经验，为中国地方税收法律制度的改革与完善，提供可资借鉴的思路。研究报告建议认真抓住当前制定《税收基本法》的契机，争取将《税收基本法》继续列入第十一届全国人大立法规划，将税收法定原则，税收立法、执法、司法，中央与地方税收管理权的划分，征纳双方的权利与义务，税法解释等税收一般性规范写入《税收基本法》。该研究报告由中央政策研究室转呈中央领导，获得了好评。

2010 年以来，随着我国税制改革的深入发展，2010 年 6 月新疆率先进行了资源税改革，同年 12 月，国务院第 136 次常务会议同意在重庆和上海对个人住房征收房产税试点，完善分税制与地方税制体系问题，引发了如何在中央政府和地方政府之间合理配置税权的讨论。

2011 年，“十二五”规划继 2003 年 10 月党的十六届三中全会通过《中共中央关于完善社会主义市场经济体制若干问题的决定》指出的“在统一税政的前提下，赋予地方适当的税政管理权”之后进一步明确提出“加强县级政府提供基本公共服务的财力保障……逐步健全地方税体系，赋予省级政府适当税政管理权限。”这是中国市场经济发展与改革的迫切需要。

问题是按照税收法定主义原则，凡税收工作必定要有税法依据，中央《决定》和“十二五”规划所提赋予省级政府适当的税政管理权应有怎样的税法依据方能落到实处？这就进一步提出了制定《税收基本法》的必要性问题。为此，不少学者建议继续积极推进《税收基本法》的立法进程，争取将其列入第十二届全国人大立法规划，使赋予省级政府适当税政管理权具有充分的法律依据，得以具体实施。如建议在《税收基本法》中规定，省、自治区、直辖市人民代表大会在认为必要时可向全国人大提出申请，报经全国人大常委会备案和批准后作出授权决定，使省级人大或省级政府拥有适当的税政管理权并处于中央的监督和约束之下。

（二）税收基本法研究文献综述

1. 制定税收基本法的意义

制定税收基本法是落实依宪治税精神、贯彻税收法定主义原则的具体表现；是完善税收法律体系的必要环节；是推进税制改革的内在要求。

2. 税收基本法的名称、定位及效力

在有关税收基本法名称的研究进程中，主要有三种界定：一是“税法基本法”，二是“税收通则法”或“税法通则”，三是“税收法”或“税法”。“税收基本法”的提法在很长一段时间在税收学界居于主流地位。例如，历次的税收立法规划和已成文的讨论稿中使用的都是“税收基本法”，第二种提法大约是在2004年以后开始得到越来越多的学者支持。

3. 税收基本法的立法模式

第一，针对税收立法中的共同性和基本性问题，现在比较适宜的是采用制定税收基本法的立法方式而非编纂法典。第二，税收基本法的立法模式应是规模适中的“较发达式”，可能与日、韩两国的模式更为接近。

4. 税收基本法的立法难点问题分析

我国税法通则起草中存在以下难点问题：税权和税收管理体制、税务组织机构及其分设、纳税人权利保护、税收司法保障等。对上述问题应当进行具体分析，其中有些属于宪法应当规定的内容。鉴于合理划分税收立法权限问题的重要性，为了进一步推进我国财税体制改革的深入发展，也可考虑在税法通则中加以表述。合理划分税收立法权限问题是制定税法通则过程中不可回避的重大问题。有关税务组织的类型应当由行政组织法等来规定，税法通则主要规定税收征纳中的组织问题，如税收管辖、税务授权与委托、征税协助等。对纳税人享有的程序性权利应作出集中规定，如知情权、听证权、陈述申辩权、要求说明理由的权利等。还要准确阐述关于税收司法保障的有关问题。

总之，税收基本法（或税法通则）要将反映税收活动规律的科学、合理、有效的原则和制度吸收到法律中，使税法通则在税法体系中具有总则法、综合法的位阶，并成为具有较强操作性的法律。

（三）税收基本法研究整体评述

法律是社会变革的晴雨表。政治文明的发展，经济形势的转变都会引发法律体系的变革与完善。目前，中国已进入改革的攻坚时期，宏观环境继续发生着深刻的变化，促使人们不断审视税法存在的价值，不断致力于税法体系的更加完善。正如众多税法学家所认识的那样，税收基本法立法有助于税法体系的完善，有助于依法治税理念的实施，是一系列复杂社会因素促成的产物，具有深刻依据，不可逆转。所以对其的研究才会提到议事日程，才会列入人大立法规划，才会得到税收实务界和理论界的广泛关注和支持，才会需要国家机关和税法学家们共同担负起这一责任。这是“因事成人”。

现今中国税收基本法的研究是在税制改革深入发展，依照中国现实国情的背景下进行的，不同于国外税收基本法的简单接受，标志着中国税收基本法研究的进步。目前税收基本法研究已取得的两个突出贡献，一是逐渐摆脱了税收经济学的研究范式和思维方式，侧重于从税收学与法学相结合的角度展开对税收基本法的研究。二是通过具体制度的设计，解决了一些税收基本法立法中存在的现实问题，见解精辟，切中时弊。诸如学者们对税收基本法中所应规定的纳税人权利给予了充分论证，虽然表述各异，但是本质都在于通过制度的构建推动纳税人“应有权利”向“法定权利”的转换。又如在两份立法草案中都规定了充分的税收救济程序立法机制，有效地促进了“法定权利”向“实有权利”的转化。这是“因人成事”。但这并不意味着对税收基本法的研究已经完善。从税收基本法设想提出至今已历时 24 载，很多问题仍然存有分歧。总结 20 多年来我国税收基本法研究和推进立法的进程，一方面是壮志未酬，步履维艰，另一方面是仍要坚持向既定目标努力前行。

这里我们尚需看到以下研究之不足：

第一，诸多争论是研究过程所不可避免的，但背后折射的却是整体研究缺乏系统性，呈现出一种发散的态势。

第二，税收基本法立法需要具有独立存在的价值和税法理论体系的支撑。我们还需要继续深入探讨税收基本法的价值、地位和独特内涵，还需要从税收基本法的法律关系、权利义务等概念着手提炼与构建税收基本法研究的范畴体系。

第三，对于宏观影响层面的探讨，我们应从政治、经济、文化、社会等多方面对税收基本法进行剖析，寻找出影响税收基本法立法的关键因子，并继而探讨其影响效果。

（四）站在新的高度，积极推进《税收基本法》立法

1. 建立现代财政制度，落实税收法定原则，呼唤税收基本法

党的十八届三中全会的《决定》提出“财政是国家治理的基础和重要支柱”，要“落实税收法定原则”“建立现代财政制度”。党的十八届四中全会的《决定》提出“建设中国特色社会主义法治体系”“加强重点领域立法”，强调依法治国、依宪行政，由此可见财税法治在现代国家治理中的历史担当。

深化财税改革，需要深入贯彻财政、税收法定主义原则，深刻把握财税法律体系的内在逻辑，深入推进财税核心法律制度、基本法律制度的建设与完善，使财税改革进程与法治建设进程相协调、相统一。

改革开放以来，我国财税体制改革取得了一定成效，未来十年是加快推进法治政府建设的关键时期，同时也是继续深化各项

体制改革的重要时期。按照党中央要求和全国人大立法规划，我们将在继续深化财税体制改革的同时，进一步加快财税立法步伐，以财税改革推进财税立法，又以财税法治引领财税改革。要及时把改革中成功的经验用法律形式固定下来，为改革提供可靠的法制保障。

在新的历史时期，深化财税体制改革不是政策上的修修补补，更不是扬汤止沸，而是一场关系国家治理现代化的深刻变革，是一次立足全局、着眼长远的制度创新和系统性重构——中央《深化财税体制改革总体方案》，提出了改革的思路，明确了改革的任务。新一轮财税体制改革是一场关系国家治理体系和治理能力现代化的深刻变革，是立足全局、着眼长远的制度创新。为此，要求在财税法制和法治建设方面，要做好顶层设计，尤其是要推动财政税收基本法律的制定，做好财税核心法律制度的建设与完善，从而才能系统推进财税立法，实现财税制度的完备性与平衡性，推动财税改革的深入健康发展。

首先，中央十八届三中全会《决定》明确提出的“落实税收法定原则”的要求应有适当的法律规范才能得以贯彻实施。最理想的当然是在宪法层面确立该项原则，这将使我国的宪法乃至整个税收法律制度更趋完善，推动税收法定原则入宪与依宪治税应成为我国进一步推动依法治税的一个重要目标。

其次，应推动财政、税收基本法的制定（关于推动财政基本法的立法将另文论述）。

由于宪法是国家的根本大法，充实宪法对税收的规定尚需假以时日，这就凸显出税收基本法的重要性。而由于税收基本法是专门性法律，它不仅可以制定（或依据宪法重申）国家税收制度的基本原则，而且可以把宪法原则具体化，使之更具实用性和操作性。鉴于此，在探讨补充完善宪法关于赋税的规定的同时，首先考虑尽快制定我国的税法通则或税收基本法，体现依宪治税精神，以增强税收基本问题立法的力度。在十八届三中全会、四中全会精神的鼓舞下，推动税收基本法（或税法通则）立法已是众望所归。

2. 深化税制改革呼唤税收基本法

税收基本法对于深化税制改革具有关键意义：

第一，税收基本法立法是深化税制改革的题中应有之义。税收基本法立法的首要意义在于，它是税收法定原则的直接体现，也是税制改革的必然要求。税收法定原则最重要的体现就是具有一套完善的税收法律体系，而税收基本法是税收的一般性法律规范，是整个税收法律体系的灵魂。因此，新一轮的税制改革理应将税收基本法的立法作为一项重要内容。

第二，税收基本法是深化税制改革的有力措施。税收基本法的立法意义，还在于其可以通过发挥自身作用，推动和深化我国的税制改革。

首先，税收基本法立法有利于健全我国税收法律体系。完善的税收法律体系，必须在整体结构上具备严密的系统性和内在的联系性，而制定税收基本法可以避免各单行税法出现重复和相互矛盾的问题，从而推进具体税种的立法进程。

其次，税收基本法有利于确立中央与地方的税收分配关系。根据《决定》的表述，理顺中央与地方的收入关系是此次税制改革应考虑的问题之一，而税收基本法可以通过明确各级权力机关之间的税收立法权、税政管理权的划分，对此问题进行妥善解决。

最后，税收基本法有利于提高税收行政、执法和司法水平。我国税法立法程序、税收征管制度和税务司法制度等的建立和健全是税制改革的重要内容之一。

深化税制改革也对税收基本法的立法提出了要求：

第一，对税收基本法立法的总体要求。由于我国是发展中国家，税制改革在不断摸索中进行，因此在深化税制改革中，应采取偏向发展式的税收基本法，以更好地指导各具体税种的改革。

第二，对税收基本法的法律地位和法律效力的要求。如上所述，在依法治税的背景下，健全税收法律体系是我国税制改革的重要目标，税收基本法则是其中的核心内容，对国家其他税收立法起着主导作用，因此，应严格经过人大立法，为其他税种的立法奠定坚实的法律基础。

第三，要处理好税收基本法与宪法的关系，与税收各单行税法的关系及税收基本法与税收程序法的关系。

应该说，《税收基本法》的研究已取得了重要成果，关于该法的立法框架、适用范围、关于税法基本原则的表述、关于税收立法、执法、司法、征纳双方权利义务及其他原先有争议之处经过这几年的实践发展与研讨，人们的共识日益增多，制定该法的时机日趋成熟。机不可失，时不我待，建议认真抓住当前制定《税收基本法》的契机，务将其继续列入第十一届全国人大立法规划，争取尽早立法，推动我国税收法律体系的完善，推动我国的税收法制建设。

《税收基本法》的制定对于加快完成税收实体法的立法，完成税收程序法的修订和完善，规范税收法律体系，提高税收执法和司法的法律效力具有关键意义。只有尽快制定一部《税法通则》或《税收基本法》，才能总揽和协调税收法律制度的全局，才能弥补各个税种单行规定的欠缺和漏洞，才能使税法具有更高层次的权威和法律效力，形成更加统一的税收执法环境，进而推进我国税法体系的不断完善。

我国现正处于经济社会深刻变革的时代，税制改革呼唤

《税收基本法》的立法，期盼税收界、法律界和社会各界为此而不懈努力！

参考文献

[1] 汤贡亮、刘爽："税收基本法问题研究"，载中国财政金融研究哲学社会科学创新基地郭庆旺主编《公共经济学评论》2008 年第 1 期，中国财政经济出版社 2008 年版。

[2] 汤贡亮：《中国财税改革与法治研究（第二版）》，中国税务出版社 2014 年版。

（摘自《中国税收教育研究（2014）》，中国税务出版社 2015 年版，并刊于《中国税务学会纪念 1994 年税制改革 20 周年文集》，中国税务出版社 2015 年版）

四、纳税人权利保护与《税收征管法》的修订

2009 年 11 月 6 日，国家税务总局颁布了《关于纳税人权利与义务的公告》，依据《税收征收管理法》及其实施细则和相关税收法律、法规告示了纳税人的 14 项权利与 10 项义务。按照第十一届全国人大立法规划，《税收征管法》正在进行修订，完整、准确地规定纳税人权利保护相关条款应是《税收征管法》修订的重要内容之一。

2010 年 1 月 6 日，台湾地区"税捐稽征法"第一章之一"纳税人权利保护"公布施行。

本文将通过保护纳税人权利的国际经验和台湾地区"税捐稽征法"及其修订的借鉴分析，对《税收征管法》修订中的构

建完整的纳税人权利保护体系提出建议。

（一）纳税人权利概念与纳税人权利保护体系

一般意义上说，纳税人权利是依据法律、法规的规定，纳税人在依法履行纳税义务时，由法律确认、保障与尊重的权利和利益，以及当纳税人的合法权益受到侵犯时，纳税人所应获得的救助与补偿的权利。

在将法律分为实体法与程序法的视野下，纳税人权利可分为作为状态的实体性权利和作为过程的程序性权利。税收实体性权利是纳税人具有的受法律保护的获得某种实体利益的资格，即纳税人的收入和财产不被非法征收。实体性权利（如法定限额内纳税权等），它表明的是纳税主体对社会资源的合法拥有状态[①]。

为了保证纳税人权利的完整、有序和成长，就要求有关公共机构通过思想层面和制度层面对纳税人的权利进行保护。其中法律制度的保护体现在税收立法、执法、司法等环节。

一般来说，纳税人在税收立法、执法、司法环节中的基本权利可以概括为以下几个方面：

1. 纳税人在立法环节的基本权利包括征税同意权、税收立法的知情权、税收立法参与权及衍生出的财政支出监督权

（1）征税同意权是纳税人权利不断完善和发展的基础，它与税法的基本原则——税收法定原则联系在一起，对纳税人权利的发展和丰富来说是一项最重要的权利。

“无代表则无税”，纳税人有权只依据法律规定的征税对象、计税依据和程序纳税。对于非法的或超过法定范围的征收，纳税人有权拒绝。征税同意权包括纳税人对课税要素的同意、征税行

① 施正文：《税收程序法论》，北京大学出版社 2003 年版。

为的同意、税收征收程序的同意等。

（2）税收立法的知情权，表现为纳税人具有获得税法立法知识的权利，有了解国家税收立法计划和税收立法进程的权利。

（3）税收立法参与权，是纳税人参与税收立法的权利。

主要通过两条途径实现：一是通过自己选举的代表，在立法机关直接参与税收立法；二是通过纳税人对税收立法草案的讨论参与立法。坚持税收立法民主化、科学化，要坚持税收立法内容、程序的民主性，这是纳税人在立法中的核心权利。

（4）财政支出的监督权，是纳税人在税收立法中的衍生权利，是前述知情权、参与权的自然派生，纳税人有权了解、监督税收收入作为政府财政预算支出的具体用途。

纳税人行使该项权利，拥有预算立法的参与权与支出使用的监督权，也是纳税人知情权与立法参与权的重要体现。

2. 纳税人在税收执法中的基本权利

（1）纳税人人格尊严不受侵犯的权利。（2）诚实推定的权利。（3）纳税资料保密权。（4）依法纳税权。（5）不受歧视待遇的权利。（6）陈述权、申辩权。（7）控告、检举权。（8）税收征收的监督权。

3. 纳税人在司法环节的基本权利

纳税人在司法中享有的基本权利既有实体性权利也有程序性权利，这二者都是为了保障纳税人权利受到税务机关侵权后，能够找到合适的法律途径寻求救济。

（1）纳税人委托代理人代为诉讼的权利。（2）提起行政诉讼和获得公正判决的权利。

我国台湾地区对纳税人权利的保护：

台湾地区纳税人权利多在税收稽征程序中得以体现，因此，我们可以从台湾地区“税捐稽征法”中得以体会。

2009年12月15日，台湾地区立法机关第7届第4会期第13次会议通过三读修正“税捐稽征法”第四十四条条文，并增订第一章之一章名、第十一条三至第十一条七及第二十五条之一条文。

第一章之一章名修订为“纳税义务人权利之保护”，可见这次修订将“税捐稽征法”第一章的主题内容定为纳税人权利保护，显示出在税捐稽征中对纳税人权利保护的重视。

笔者体会，本章为实施对纳税人权利的保护分别从税务机关须履行的义务与纳税人的权利两方面来保障，明确、具体、可操作性强。

增订的第十三条之三为，财政主管机关依本法或税法所发布之法规命令及行政规划，不得增加或减免纳税义务人法定之纳税义务，体现了“税务机关依法确定纳税义务权”和纳税人“纳税义务法定原则”；第十一条之四“税法或其他法律为特定政策所规定之租税优惠，应明定实施年限并以达成合理之政策目的为限，不得过度”，体现了“纳税人依法取得税收优惠权”，贯彻了税收优惠适度与合理性原则。增订的第十一条之五“税捐稽征机关或‘财政部’赋税署指定之调查人员，于进行调查前，除通知调查将影响稽征或调查目的者外，应以书面通知被调查者调查或被询之事由及范围。”“被调查者如委托代理人，该代理人应于接受调查或被询时，出具委任书”，体现出税务机关出具书面检查证的义务和纳税人的“委托代理权”。第十一条之六“税捐稽征机关故意以不正当方法取得之自白且与事实不相符者，不得作为课税或处罚之证据”，体现了纳税人的“人格尊严不受侵犯的权利”和纳税人不接受非法取证权。增订的第十一条之七“捐税稽征机关 应设置适当场所，聆听陈情或解答纳税义务人问题”，体现出纳税人的“陈述权”与税务机关便于纳税人行使陈述权的义务。

增订的第二十五条之一，依本法或税法规定应补、应退或应移送强制执行之税捐在一定金额以下者，财政主管机关得视实际需要，报请行政主管机关核定免征、免退或免于移送强制执行，体现了纳税人的小额税款免于强制执行的权利。

修订之第四十四条增加了“前项之处罚金额最高不得超过新台币一百万元”，体现出对纳税人的罚款逐渐从轻的趋向。

纵观有关国家和地区相关法律所规定的纳税人权利，虽然从形式到内容可能各有差别，但许多基本权利的规定都是相同的，一般都规定有人格尊严权、诚实推定权、隐私权、知情权、依法纳税权、保密权、陈述申辩权、税务委托代理权、请求行政复议权、提起行政诉讼权、请求行政赔偿权等。

改革开放以来，中国大陆的税收法制建设有了长足的进步和发展，关于纳税人权利的规定从总体上讲还是比较全面的，但有关纳税人权利的规定还存在一些不足，参照有关国家和地区的经验，我们应在以下三个方面进一步完善纳税人权利保护的法律制度：

第一，逐步创造条件，完善宪法关于纳税人权利的原则规定，使纳税人权利具有宪法依据而更有权威性。

第二，继续推进《税收基本法》在修宪需要一定的历史进程的情况下，关于保护纳税人权利的条款较为理想的是先能在《税收基本法》中得以表述。

第三，当前的任务是适时抓住《税收征管法》修订的契机，尽可能在《税收征管法》修订中完善纳税人权利的具体规定，构建完整的纳税人权利保护体系和程序保障制度。

（二）在《税收征管法》的修订中构建完整的纳税人权利体系

1. 现行《税收征管法》对纳税人权利的表述及其不足之处

现行税法日益重视对纳税人权利的确认和保障。纳税人的权利除分别规定在企业所得税法、个人所得税法、增值税暂行条例等20多项法律、行政法规之外，集中体现在《税收征管法》中。

《税收征管法》第八条第一款规定了纳税人的知情权；第八条第二款表述了保密权；第八条第三款表述了依法申请税收优惠权；第八条第四款表述了陈述与申辩权；第八条第四款表述了依法享有申请行政复议、提起行政诉讼、请求国家赔偿等权利；第八条第五款与第十三条表述了税收监督权；第二十七条第一款表述了申请延期申报权；第三十一条第二款表述了申请延期缴纳税款权；第五十一条规定了申请退还多缴税款权。《税收征管法》除表述了上述9种基本权利之外，纳税人在实际办税过程中，还享有一些比较具体的权利，如请求回避权、纳税申报方式选择权、对未出示税务检查证和税务检查通知书拒绝检查权、委托税务代理权、索取有关税收凭证权等。

随着经济社会的快速发展和整体法治水平的提高，税制的不断改革与完善，税收征管环境发生了很大变化，税收征管的实践也出现了诸多现行《税收征管法》没有解决的热点、难点甚至盲点问题，《税收征管法》的规定与税收征管工作实际需要之间的矛盾日渐突出，在纳税人权利保护方面，主要表现在以下三个方面：

（1）现行《税收征管法》未全面建立纳税人的权利保护体系，一些必要的权利尚未在立法中予以明确体现。

（2）纳税人一些必要的权利的内容尚需充实、完善。

（3）纳税人一些必要权利的表述尚需修改、完善。

2. 关于修订《税收征管法》、完善纳税人权利保护体系的建议要在《税收征管法》的修订中构建完整的纳税人权利体系，须遵照税收法定原则，遵照“征纳双方法律地位平等”“优化纳税服务”“保障纳税人权益”的精神，将纳税人权利保护的各个环节加以完善：

（1）在立法层面，集中反映在《税收征管法》第一章“总则”中明确纳税人的权利，或可专设“纳税人权利”一章，经过梳理，将国家税务总局关于纳税人权利和义务的《公告》中有关纳税人权利的内容尽可能予以纳入。

第一，首先是增补必要条款，明确表述纳税人“依法纳税权”或“征税同意权”的规定。遵循税收法定原则，纳税人的意志通过立法机关形成法律，征税必须严格依照法律的规定，也就是征税须经过公民的同意，纳税人具有依法纳税的权利。

建议《税收征管法》第三条第一款修改、表述为：“税收的开征、停征，以及减税、免税、退税、补税，依照法律的规定执行，法律授权国务院规定的，国务院根据授权的目的、范围制定行政法规并报全国人大常委会批准生效后，依其规定执行。”

建议在第五条中明确表述：“税务机关依照法律、行政法规的规定征收税款，不得违反法律、行政法规的规定开征、停征、多征、少征、提前征收、延缓征收或者摊派税款。”

建议在第六条中明确表述：“除税收法律、法规、规章外，税务机关不得为纳税人、扣缴义务人设立税收征收管理中的基本程序性义务，侵害其合法权益。”

建议在第九条中明确表述：“纳税人、扣缴义务人与其他当事人在税收征收管理过程中根据法律、法规享有权利、承担义务，其合法权益受法律平等的保护。”

第二，充实、补充、完善关于“税收立法知情权”的表述。

建议充实原第八条第一款的内容，除保留“纳税人、扣缴义务人有权向税务机关了解国家税收法律、行政法规的规定以及纳税程序有关的情况”外，可补充“纳税人具有获得税收立法知识的权利、获得系统税法知识的培训，有了解国家税收立法计划、税收政策和税收立法进程的信息的权利等。”

第三，补充表述纳税人的“税收立法参与权”。

建议在第九条明确表述：“纳税人依法享有参与税收法律、法规制定、修改的权利。”使纳税人参与税收立法民主权利制度化、法律化，从而保证税收立法的民主性和科学性。

第四，补充表述纳税人“依法要求听证的权利”。

要坚持立法程序的民主性，立法时要充分动员广大纳税人参加，注意听取各种意见和建议，集中纳税人的智慧，以法定的民主立法程序，来保证立法正确反映纳税人的共同意志。要求听证的权利既可在立法阶段实施，也可在税务机关对纳税人处罚决定作出之前。

（2）在税收执法层面，纳税人的基本权利是相对于税收行政机关的公权而言，其中，需要补充、修改的条款有：

第一，进一步确立纳税人为自主申报纳税主体法律地位，并为以此为基础建立的征管模式提供法律框架。为此在《税收征管法》中要明确规定“纳税人依法自主申报的权利”。

第二，建议按宪法规定明确表述纳税人在税收征纳过程中的“人格尊严不受侵犯的权利”即“税务行政机关没有对纳税人的人身、人格和住宅采取非法侵犯措施的权力。”

第三，建议明确表述纳税人“诚实纳税推定权”，在《税收征管法》中增加“诚实纳税推定权”的规定，“没有证据并经法定程序，税务机关不得推定纳税人不诚实”“纳税人只要诚实纳税，就应当免受不当行政干扰。”

第四，建议对第一章第八条“保密权”的内容予以修改、补充，明确规定“保密”的具体范围及涉税资讯的用途。“纳税人、扣缴义务人有权要求税务机关为其保守的秘密，主要包括纳税人、扣缴义务人的商业秘密和个人隐私，如纳税人的进货管道、销售情况等生产经营状况以及资金运转状况，如税务机关泄密给纳税人造成实际损失的，纳税人可依法向税务机关提出赔偿要求。”“税务机关所掌握的纳税资讯资料只能用于税收目的，除法律另有规定或者经纳税人同意，税务机关不得向第三者提供。”

第五，建议在第九条明确表述“正当程序享有权”，即“纳税人在税收征收管理过程中，有权获得税务机关的尊重和服务，享有接受正当程序的权利”“税务机关应当遵循公平、公正、便捷、效率的原则，按照法定程序作出税收征收管理行为。”

第六，建议明确表述“拒绝重复提供数据权”，明确表述：“纳税人、扣缴义务人有权拒绝同一税务机关重复索取内容相同资讯资料的要求。”

第七，建议明确表述“相关人回避制度”。将原第十二条的规定充实内容，表述为“税务人员与纳税人、扣缴义务人以及其他当事人存在利害关系，可能影响公正执法的，应当回避。”

第八，建议明确表述“纳税人享有优化纳税服务的权利”，表述为：“税务机关应当优化纳税服务，广泛宣传税收法律、行政法规，普及纳税知识，无偿地为纳税人提供纳税咨询，促进纳税人提高税法遵从度，降低税收风险。”

第九，根据依法减少对纳税人处罚的趋向，建议对原第六十三条、第六十四条“由税务机关追缴其不缴或者少缴的税款、滞纳金，并处不缴或者少缴的税款百分之五十以上五倍以下的罚款”，修改为“百分之二十以上二倍以下的罚款”。

（3）在司法层面的几点建议：

第一，建议充实纳税人提起行政诉讼权权利，表述为："纳税人、扣缴义务人依法享有申请行政复议、提起行政诉讼、请求国家赔偿并获得公正判决的权利。"

第二，对《税收征管法》第八十八条第一、二款的修改建议。建议《税收征管法》第八十八条第一、二款修改如下："纳税人、扣缴义务人、纳税担保人对税务机关的纳税决定有异议，或者对税务机关的处罚决定、强制执行措施、税收保全措施不服的，可以依法申请行政复议，也可以依法向人民法院起诉。当事人不按照税务机关的纳税决定缴纳或解缴税款、滞纳金的，或部分缴纳、解缴税款、滞纳金的，由税务机关对未缴纳、解缴的税款、滞纳金依照本法的规定强制执行。"

参加"中国财税改革与法治研究学术研讨会"

师生合影（2014 年 12 月）

参考文献

［1］葛克昌：《行政程序与纳税人基本权》（增订版），翰芦图书出版有限公司 2005 年版。

［2］施正文：《税收程序法论》，北京大学出版社 2003 年版。

［3］甘功仁：《纳税人权利专论》，中国广播电视出版社 2003 年版。

（摘自 2010 年 4 月 26 日在台湾大学召开的“纳税人权益保护与第十二届两岸税捐行政法制改革研讨会暨新书发布会”上的演讲。刊于葛克昌、汤贡亮、吴德丰主编：《两岸纳税人权利保护之立法潮流》，台湾财团法人资诚教育基金会出版，2011 年 2 月）

下篇

税制改革

第三章

税制改革依法前行（上）

一、正确认识税收调节机制在调整国民收入分配格局中的职能作用

（一）正确认识税收的调节职能与作用

在建设现代社会主义市场经济的过程中，财政体制对国民财富形成与收入分配过程进行公平与效率的调节，税收发挥着重要的经济与社会功能。然而，在不同的经济发展阶段，税收的功能与作用往往由于人们自觉或不自觉的忽视或者过分夸大而被误解，这些错位认识导致税收调节机制对于经济发展不同程度的“缺位”和“越位”情况，如近来人们对税收对于调节房产价格的作用的不同认识等都引起人们对如何正确认识税收调节职能与作用的

思考。

近来笔者重读何振一老师所著的《理论财政学（第二版）》，对于如何正确认识税收的调节职能与作用，有一些感悟和认识。

1. 财政职能是财政范畴在社会再生产中的固有功能。国内外不同学者虽然表达方式不同，但都认为财政具有分配和调节两大功能。财政职能是由财政本质及其内涵所决定的，财政职能是财政内涵的外在表现，财政既然是社会再生产过程中为满足社会共同需要而形成的社会资源分割和运用的一个经济范畴，这就决定了为满足社会共同需要而分割和运用一部分社会资源是财政的基本职能，因此，把财政基本职能归结为分配职能无疑是正确的。财政调节职能是财政基本职能派生的功能，即它是与财政分配职能实现过程相伴生的一种职能。由于财政分配作为社会再生产成果分配的有机构成部分，不仅直接决定着私人消费与公共消费的比例份额，而且影响着社会基本单位及个人家庭的物质利益，从而财政分配又会间接地制约着社会基本单位与个人家庭生产生活的取向，影响着社会再生产的生产、分配、交换、消费的方方面面。所以，对经济社会起调节作用也天然是财政的一种职能。

2. 作为财政职能的一个重要组成部分，税收职能是税收范畴所固有的功能，包括取得财政收入功能和调节经济社会功能两项内容。税收这两项功能是孪生的，有了收入功能的存在，必然也就有调节功能的存在。然而这两项功能又是有主有从的，调节功能是依赖收入功能而存在，没有收入功能，就没有税收也就没有调节功能。税收调节功能乃是税收收入功能的衍生物。税收的两个职能内容之间的这种关系，就理论分析是如此，从实践角度来观察也是如此。在实践中，如果征税的主要目的是出于增加财政收入，也必须考虑可能带来的经济社会影响，否则就有可能出现税收调节功能的盲目性，给经济社会带来消极影响，反之，如果征税目的出于实现某些调节目标，增强税收调节作用，这不仅不能只着眼于调节，还必须从调整收入功能实现的结构着手，方能实现。离开税收收入功能实现，谈税收调节功能优化，只能是空话。只有把税收收入分配放在基础位置上，收入功能与调节功能兼顾，才能确保税制的优化和健康的运行。

3. 财政职能范围，在既定的历史时点上也是确定的，人们不能任意扩大或缩小，扩大了就会发生财政职能越位的问题，缩小了就会造成财政职能缺位，职能越位或缺位都会给经济社会发展造成诸多消极影响，甚至导致社会再生产的破坏。然而，财政职能范围又不是一成不变的，它总是随着历史的发展而不断发展变化着。财政职能范围是随着生产力发展、生产方式变革以及经济运行模式的改变而不断变化着，一些内容从财政职能范围中退出了，一些新的内容又加进来，这就是财政职能的发展史和发展法则。

4. 税收作用是税收职能作用于税收客体的结果，是税收职能对象化的产物，它的实现状况，不仅源于税收职能，也受到经济社会条件所制约所决定。税收作用是受所处的经济社会条件制约，随经济条件变化而发展变化的。税收的两个职能是密不可分的，有了税收就有了财政收入的职能，同时就衍生出调节职能和作用。

何老师对于财政、税收职能作用的论述，对于其收入与调节功能，以及不能任意扩大或缩小，并受所处的经济社会条件变化所制约的观点，对于我们今天如何看待在深化税制改革中正确定位税收的收入与调节功能以及如何走出税收调节机制作用的某些认识误区，有着很重要的理论与实践意义。

当前，在税收调节作用的认识上，主要有两种认识误区：

误区一，弱化税收调节机制的作用：对税收分配在国民收入初次分配中的地位和作用的认识有所弱化。

误区二，夸大税收调节机制作用：对税收调节国民收入二次分配的作用效应的认识有所夸大。

就税收本身而言，尽管可以通过税收机制来调节国民收入分配差距，实现社会公平目标，但其有效性的程度仍受制于诸多客观条件。第一，如前所述，这种调节要从根本受制于国民收入初次分配的影响。第二，税收调节收入分配还受到税制结构模式的限制。理论上，商品税制对收入分配差距调节作用有限，而所得税制度对收入分配差距调节作用较为明显。因此，对于实行商品税为主的国家，很难有效实现税收对公平收入分配调节的功效。而一国税制模式选择是由一国客观经济社会政治环境所决定，其转变也是一个长期的过程，从我国国情分析，以商品税为主的税制模式在近期内难以改变，因此，所得税特别是个税的调节作用仍将十分有限。这也决定了试图单独通过税收机制实现社会公平目标是很难实现的。第三，税收调节收入分配还受一国税收法治环境的约束。税收效果取决于执行结果，依赖于征收管理的水平，政治法制环境及整个社会的法制水平和纳税遵循度。税收调节收入分配差距，必定要实行差别的税收政策，比如对个人所得税各项扣除的条件认定、资格审查等，而在整个社会法制环境不完善的过程中，各种税收优惠、调节措施，有可能在实际执行中弱化，导致政策异化，税收流失，从而使税收调控收入分配难以达到理想效果。

综上，可以认为，我们不应扩大或缩小税收的调节功能，税收调节机制在国民收入初次分配与再分配领域具有重要作用，但有着显著的滞后性和边际性，我们应正确认识税收的调节职能与作用。

（二）正确认识税收调节机制在调整国民收入分配格局中的作用

中国社会变革的历史使命是构建一个强大发展动力机制，推动社会历史的发展，而税收制度始终是人类社会演进的历史进程中重要的制度动力中枢之一。由此，如何以历史的大视角和现实的大思路，结合中国国情合理定位当前经济与社会发展的现代化进程，贯彻中央十八届三中全会《决定》精神，建立科学的财税体制，完善税收制度，加大税收调节力度，规范收入分配秩序，从而构建一个体现中国社会主义市场经济特色的税收体制就成为摆在我们面前的重要课题。

如今，中国的经济和社会发展正处于重大转型时期，而税收改革是经济社会改革的突破口和先行军。因为税收不仅是政府组织财政收入的最佳、最有效的手段，在优化资源配置、贯彻产业政策、实现公平分配、促进经济增长等方面具有更重要的调节作用。由此，我们需要以现代税收的基本功能和基本原则为基础，结合当前经济社会改革的历史使命来设计总体的税收体制改革思路。

1. 经济转型中税收调节机制在国民收入初次分配与再分配中的作用

对于税收影响经济与社会的方式，人们是通过对税收参与国民收入初次分配与再分配中的地位与作用而认识到的。

初次分配从宏观上决定着财富创造及其结果在政府、企业、居民三者之间的分配比例关系，也就决定着政府、企业、居民内部的分配比例关系；再分配则主要影响着居民之间的财富份额及其比重。这种不同的分配层次其实还暗含着分配的力度和深度，在一定程度上反映着分配的强弱趋势。这里，最为关键的是国民收入初次分配，因为初次分配的优化意味着这一过程的公平化程度提高，同时也意味着初次分配起点和结果的优化，还意味着国民收入再分配的压力减小。初次分配奠定了国民收入分配的基本格局，对收入分配的合理性和公平性起着至关重要的作用；如果这一环节出了问题，即使有后续的再分配调节，也很难矫正到位。

当前，市场经济作为现代社会经济活动的基本形态，已成为现代社会资源配置的基础性机制，国家审时度势地调整宏观政策以促进经济发展与转型已成为不可或缺的路径选择，这也促使人们不断地深化着对国民收入分配机制和税收经济调节效应的再认识。

就经济转型而言，其目的是培育经济发展的新动力和建设经济发展的新秩序，而税收机制恰恰可以通过有效的资源配置、收入分配以及稳定经济的功能与作用发挥对国民收入分配的影响，促进经济发展方式转变的实现。首先，国民收入初次分配的税收调节，实质上是总量财政政策的体现，不仅涉及面广、规模大、基础性强，而且事实上起到动态资源配置的战略调控作用，从根本上调整和改变经济增长机制中的变量均衡（这里面最重要的是政府效率与民间效率的平衡）。其次，税收对国民收入再分配的调节，实质上是能动的财政政策的体现。税收政策的适时调整，无疑也是经济转型赖以实现的重要一环。通过对所得税、财产税、消费税等有利于缩小人们收入差距的调整机制的调节，增加人们对经济发展中合理分配财富的公平感，刺激消费需求，增加储蓄与投资，进而在维持社会化大生产必要条件的同时提高经济发展效率和社会的稳定。

2. 正确认识税收调节在战略和战术不同层面的作用——税收应该承担对社会经济进行战略性调节的功能，但不应更多地承

担战术上对社会经济的调节功能

在建设现代社会主义市场经济的过程中，基于公共财政体制而对国民财富形成与收入分配过程进行公平与效率的调节，税收有着越来越重要的经济与社会功能。然而，在不同的经济发展阶段，税收的功能与作用往往由于人们自觉或不自觉地忽视或者过分夸大而被误解，这些错位认识导致税收调节机制对于经济发展存在不同程度的“缺位”和“越位”情形。

在现代税收国家，税收是最重要的资源配置手段之一。是财政收入的重要来源，也是调节经济的重要手段。例如，商品流转课税具有率先参与国民收入分配的属性，一般纳税人在实现商品销售或提供劳务后进行课税，即先于工资、企业利润等分配，也先于所得课税和财产课税等分配，对于国家集中财政收入起着优先保证作用。政府税费始终构成国民收入分配的最重要组成部分，与企业和劳动者之间存在着显著的此消彼长的关系，最直接最有效地影响着经济资源的配置和经济发展的效率。

一个毋庸置疑而又屡遭忽视的事实是，政府和民间税收经济总量的调整事关资源初始配置的税收功能实现，更关系中国经济社会发展动力机制的转变，无疑是整个税收机制改革和经济社会转型的起点，改革的成败与此有根本关系，因而具有基础性意义。从这个意义上，在国民收入初次分配领域，政府收入份额的任何变动，无疑都是最为有效的资源配置和收入分配调节工具。而税收在现代条件下的这种动态的资源配置方式，对于促进经济发展方式的转变，促进国民财富的科学分配和激发劳动者创造财富的动力与效率，都有至关重要的意义。

就总体经济而言，国民收入再分配是在初次分配基础上对全社会范围继续进行的财富分配，而再分配的主要工具则包括国家财政税收以及包括金融、价格等各种经济杠杆。在政府可选择的调节收入差距再分配手段中，税收手段并不是唯一的，必须通过产业政策、扶贫政策、银行信贷、财政转移支付等手段的协同作用，才能更加有效地发挥税收对收入分配的调节作用（当前关于房地产市场与房产税的纷纷扬扬的争论典型地反映了这种现象）。由此可见，我们应正确理解、合理使用税收的收入和调节职能。

可以认为，我们不应缩小或夸大税收的调节功能，税收调节机制在国民收入再分配领域具有重要作用，但有着显著的滞后性，由此也就决定了，税收应该承担对社会经济进行战略性调节的功能，但不应更多地承担战术上对社会经济的调节功能。我们一方面应当重视税收调节机制在再分配领域的积极作用，另一方面又不能过分夸大其作用而导致诸如政府经济干预不当等负面经济影响；只有通过综合运用税收调节机制，尤其是发掘其在国民收入初次分配中的基础配置功能，并积极配合其他宏观调控工具的运用，才能最终实现经济转型中再造经济发展的平衡点和公平线的目标。

（三）推进我国税收体制改革的总体思路

1. 调整税收经济总量，转换经济与社会发展的动力源

改革开放以来，为发展经济我国对税收体制进行了多次调整和改革。值得注意的是，从 1998 年开始，我国的税收收入增速一直保持高于 GDP 增速的态势，税收弹性一直在高于 1 的水平上运行，我国的宏观税负问题得到了学界和业界的热切关注。如果说税收是政府增量资源的主要来源，在当前的中国，除了财政收入的规范化以及必须进行的税费改革之后，其在总体社会收入的比重必须显著降低，以把更多资源留给民间的创造力；除此之外，还必须在既往的存量上进行调整，把政府从主要的经济投资

主体的角色中退出来，除了必须的国有企业资本外，其余的政府资源只能用于社会保障的资金保障和科技创新资金的支持，以解决经济与社会发展的后顾之忧。

在这个意义上，政府与民间税收经济总量的调整事关资源初始配置的税收功能的实现，更关系到中国经济社会发展动力机制的转变，无疑是整个税收体制改革和经济社会转型的起点，改革的成败与此有根本关系，因而具有基础性意义。

2. 改善税收制度结构，确立经济与社会发展的公平点

从既有的税收改革来看，新一轮税制改革已经走出了三大步，每一步对于实现税收公平和效率都有巨大的实践冲击力和重大的历史意义。第一步，取消农业税，是落实统筹城乡发展要求的实际步骤。第二步，统一企业所得税，实现内外企业平等，有利于为各类企业创造公平竞争的税收制度环境，是内外资企业在中国“同舟共竞”的开始。第三步，增值税转型，增值税改革促进企业技术进步、产业结构调整和经济增长方式的转变，有利于提升企业国际竞争力，加快企业国际化，有利于增强企业抗风险能力以应对金融危机。

而即将进行的以房地产税与个人所得税为重点的税制改革，难度更大但也更显示其对于重塑经济、增加收入与社会公平的重要性。

当然，未来将推出的改革还包括增值税的进一步完善、资源环境税建设、社会保障税的开征等重要内容。增值税改革一方面要实施从生产型向消费型的全面转型，另一方面要扩大增值税征收范围，实施“营改增”，进一步激励企业投资和增加税收公平性；环境资源税收制度建设方面，探索在资源税、消费税、进出口税改革中充分考虑环境保护要求，运用税收杠杆促进资源节约型、环境友好型社会的建设；社会保障税的开征，主要是进行费

改税的改革，由税务机关统一征收，并适当降低税负，扩大社会保障的适用范围和提高其法律地位。

3. 以改革促进税收立法，以立法引领税制改革

税收法治局面的突破从来都是改革的难点，从法律层面而言，当前税收体制改革在经济与社会转型背景下的最重要的努力方向就是积极推进税收立法科学化、民主化进程，按照十八届三中全会《决定》精神，必须完善税收立法，落实税收法定原则。

在当前的经济与社会转型时期，我们应当以改革促进立法，以立法推进改革，实现税收法治的升级与突破。基于以上分析，我们相信，在正确的时代定位的基础上，合理运用税收调节职能，借助总体转型方略与具体改革措施的协调运作，未来我国税收改革将会在科学发展观的指引下进一步推进中国税制法治化和国际化的进程，科学调整国民收入分配格局，继续推进经济社会可持续发展，造福民生。

参考文献

［1］《中共中央关于全面深化改革若干重大问题的决定》，人民出版社 2013 年版。

［2］高培勇：《共和国财税 60 年》，人民出版社 2009 年版。

［3］刘剑文：《走向财税法治：信念与追求》，法律出版社 2009 年版。

［4］曹明星：《现代财税法之辩证生成论》，中国税务出版社 2009 年版。

［5］曹明星、贾绍华："经济转型中的税收调节机制与政策选择"，《财贸经济》，2011 年第 4 期。

［6］李军鹏：《质疑"初次分配注重效率、再分配注重公平"》，中国经济时报，2004 年 4 月 29 日。

［7］石卫祥："税收公平、财政公平与公平收入分配"，《财政研究》，2009 年第 3 期。

［8］何振一：《理论财政学（第二版）》，中国财政经济出版社 2005 年版。

（摘自李俊生、王雍君等著《社会共同需要论——财政活动的起点与归宿》，中国财政经济出版社 2011 年版及汤贡亮主编《2010/2011 中国税收发展报告——"十二五"时期中国税收改革展望》，中国税务出版社 2011 年 9 月版）

二、税收中性与税收调控

在面向 21 世纪，积极推行社会主义市场经济体制，不断深化财税改革的今天，为了进一步巩固和完善新税制，为了遵循税制建设内在规律性的要求和适应世界性税制改革发展趋向，并适应中国税制建设进程的实际要求，对税收中性原则与加强税收宏观调控若干重要问题作进一步的探析，对于适应社会主义市场经济体制的需要，正确理解和把握税收中性原则的内涵和引申意义，明确税收中性与税收效率、税收公平、税收调控的相互关系，将加强税收调控与重视税收中性原则同我国税制改革的实践进一步结合起来，是很有理论意义和现实意义的。

（一）税收中性原则的基本内涵及其引申

税收中性作为一种思想，首先起源于英国 17 世纪末的古典经济学，随着西方经济理论的演变而不断发展。亚当·斯密在《国富论》中提出了"自由放任和自由竞争"的思想；英国新古典学派的代表人物马歇尔，在《经济学原理》中利用供需曲线和消费者剩余的概念，详细研究了税收可能带来的效率损失，提出了税收“额外负担最小化”的论断；约瑟夫和杜马1939年以后在“间接税的额外负担”等文中利用无差异曲线来分析税收的“额外负担”，对“所得税非中性”进行了分析；弗里德曼则采用一般均衡模型，分析“一般均衡条件下的税收额外负担”。以上对中性税收理论起源和发展的简述表明，中性税收理论是不断变化，不断发展的。尽管西方税收学说史对中性税收有诸多的研究，而且方法不一、背景各异，但概括起来还是存在共同点，那就是税收会给纳税人带来额外负担。传统的税收中性原则是基于这一理论依据而提出来的。同时，随着理论研究的不断深入和经济现象的日趋复杂化，税收中性原则的含义又在传统理论基础上有了一定程度的扩大和引申。

1. 税收中性原则的传统含义

传统的税收中性原则可以概括为：税收会带来除税额之外的额外负担，要求税收保持中性，就是要求一种税除使人民因纳税而承受税额负担之外，最好不要再遭受其他额外负担或经济损失，也即额外负担最小化。与税收中性相关的因素包括：（1）税种类型；（2）税基大小；（3）税率设计；（4）供求弹性。

2. 税收中性原则的引申含义

随着经济社会的发展，税收中性原则的内涵也在演变之中。时至今日，税收中性原则的含义已不仅指避免消费者因纳税而遭受额外负担，而是已经扩展到包括税收对各种经济活动的影响在内。因此，引申意义上的税收中性原则应为：所谓中性，就是把税收对各种经济活动所产生的不良影响，减少到最低限度。

国际财政文献局1992年版《国际税收辞汇》中将释义改写为：“税收中性”见“财政中性”。

财政中性即进行经济决策时无须考虑税收结果的概念。换言之，税收考查应与各种投资形式或营业组织形式之间的选择无关；从税收的观点看，没有选择一种具体的投资或营业组织形式的有利条件，因为所得最终都要缴纳相同数额的税。由此可见，现代意义上的税收中性原则已不再拘泥于纯理论性的“超额负担”的讨论，而转向研究税收与各项经济活动的关系方面。其研究方法也由抽象到具体，由图表分析到与实际的税收政策相结合。税收中性原则的引申含义应当包括以下几个方面：

首先，传统观点认为，税收中性就是国家在征税时，除使人民因纳税而发生税款负担外，最好不要使人民遭受其他额外负担或经济上的损失，即应使此种额外负担减少到最低限度。其次，从资源配置的角度讲，私人经济中的资源配置应该是最适宜的或至少是有效的。因此，理想的税收不应对资源在经济中的配置起任何影响，而应让市场规则充分发挥作用。各种投资形式或营业组织形式、各种产业的构成等等，都不会由于税收因素而改变其配置方式，影响资源的合理分布。最后，在处理国家间的税收关系时，应就居民纳税人国内外所得一并征税，或是采用抵免法、扣除法和免税法来消除双重征税，不因税收而影响纳税人的国际投资及其经营活动。另外，对进出口商品征收关税，其税率也要适度，既不能让过低的关税税率引起外国商品大量涌入，冲击本国已形成的经济有序状态；又不能采取过高的关税税率，排斥外国商品进入本国市场，使国内效率低下的企业单位的生产受到不必要的保护和鼓励，从而扭曲资源配置。

（二）税收中性与税收效率、税收公平、税收调节

通过对税收中性原则基本内涵的分析，可以看出，中性原则不论在历史上还是现实中都无疑是税制设计的一项重要原则。作

为一项税收原则，它与效率原则、公平原则关系如何呢？作为指导税制实践的一个重要思想，与市场经济下进行宏观调控、发挥税收调节作用有无矛盾呢？

1. 税收中性与税收效率

税收中性与税收效率虽然关系紧密，但并不等同。概括两者的关系，则是税收效率包括税收中性，中性原则是效率原则的一部分。

国家征税必然会给社会带来一定的非税款负担。非税款负担又可分成两大类：一类是税收的额外负担；一类是税收的征纳费用。而税收效率是指政府课税应使社会承受的非税款负担为最小，即以较小的成本换取较多的收入。与非税款负担的两种形式相对应，税收效率也可分为两个方面：一是税收的经济效率；一是税收的行政效率。经济效率要求以较少的额外负担取得较多的税收收入，而行政效率则要求以较少的征管费用和执行费用换取较多的税收收入。从前面对税收中性的分析，我们可以明确税收中性与税收的行政效率是不同的，那么，税收中性与税收的经济效率是否可以等同呢？下面详细分析两者的关系。

（1）从税收经济效率的内涵上分析。税收的经济效率，其内涵可以从完全竞争市场和不完全竞争市场这两类市场状况进行分析。在完全竞争市场条件下，由于不存在外部经济的影响，税收所引起的超额负担，也就是我们研究税收中性时的主要内容，是税收经济效率的主要指标；但是，在不完全竞争的市场条件下，则必然存在外部经济影响。外部经济包括外部收益和外部成本，其中外部收益是指企业生产过程中发生的外部效益，但没有计入企业收益而由社会享用，如果园散发的芬芳，对果园本身来说不是生产收益，但却给社会带来福利；而外部成本是指企业生产过程中发生的由于对外部有损害而形成的成本，但没有计入企业成本而由社会来负担，如环境污染。在没有外部经济影响的情况下，由于不存在外部成本，社会成本与私人成本是一致的。但是在外部经济影响的条件下，由于企业和社会对外部成本处理的方式不同，私人成本与社会成本就会不一致。这时通过征税，则有可能减少外部成本，使社会福利相对增加，此即税收的“负超额负担”。

（2）从税收经济效率的外延上分析。税收的经济效率可以划分为两个方面：

税收的微观经济效率，是针对市场在微观经济中的主导地位提出来的。既然市场要在微观领域发挥主导作用，那么税收就应尽量不干扰市场的正常调节，保持中性，让市场充分发挥其作用。由此可见，税收的中性原则所倡导的让纳税人尽量不遭受额外负担，也是针对每一个纳税人，包括生产者和消费者而言的，它是在微观经济领域与市场机制相连的。要达到税收的微观经济效率，就要求税收保持中性。

税收的宏观经济效率，则是与政府的宏观调控紧密相连的。在市场经济条件下，虽然市场在资源配置方面可以发挥基础性作用，但在一些情况下，市场调节却是难以达到的。这就需要从全社会的整体利益出发，利用税收杠杆，调节积累与消费之间的比例，调节产业结构，调节资源在政府部门与非政府部门间的配置等，从而使经济在宏观上也达到效率最大化。而这种宏观经济效率，则不允许税收保持中性。因此，税收中性与税收的宏观经济效率是相悖的。

总之，通过对税收的经济效率的分析，说明税收中性不但不等于税收效率，甚至与税收的经济效率也不能划等号。因此，中性与效率的关系是包含与被包含关系。效率的两个方面中，行政效率主要通过加强征收管理、简化税制等途径来达到；经济效率则分为两种途径来达到：一是使税收保持中性，二是使税收发挥调节作用，如图 3 – 1 所示。

- 税收效率
  - 经济效率
    - 额外负担最小——税收保持中性
    - 社会收益最大——税收进行调节
  - 行政效率——（征纳费用最低）——加强税收征管

图 3 – 1　税收效率的实现途径

2. 税收中性与税收公平

由于税收中性是税收效率的一个组成部分，而效率与公平作为税收的两大原则，又相互冲突，因此，中性原则与公平原则系两个独立的税收原则，税收是否合乎公平，与其中性程度并无关系。最符合公平原则的税收难以保持中性，而最符合中性原则的税收又恰恰有失公平。

税收中性与税收公平虽然相互矛盾，但也可以用某些手段来进行协调。协调的方式可以分为两种：

一是寻求某些税种，能够在中性与公平两方面均有效，从而达到税收中性与税收公平兼顾，这当然是比较理想的。迄今为止，只有增值税较好地达到了这个目标。一方面，增值税能够体现税收的中性化要求。不论生产采取何种组织形式，只要售价相同，税负也相同，使企业不再因商品流转环节多而承担重复税收，这样有利于企业以最佳方式组织生产，有利于专业化协作，从而可以提高效率。另一方面，由于增值税是就增值额课征，较之过去的按销售收入总额课征的产品税（或销售税）而言，更能体现公平原则。

二是在税收中性与税收公平无法实现兼顾的情况下，则区分某一税种的侧重点，或以中性为基础，或以公平为先导。侧重点的确定，其标准是看该税种执行哪种原则的正面效应为大。如个人所得税，虽然会影响劳动与闲暇之间的选择，降低人们勤劳工作的积极性，不符合中性，但它通过累进税率、宽免额以及生计扣除等规定，能够在调节个人分配不公方面起到十分显著的作用。因此，权衡其正面与反面的影响，还是应当体现公平原则。

总之，税收的中性与公平是一对矛盾，中性排斥税收干预经济，而公平要求通过税收调节来实现。在税制中，这两方面的协调实际也可以归结到税收中性与税收调节孰多孰少、孰强孰弱的关系上来。

3. 税收中性与税收调节

公平与效率两大目标，是现代社会经济发展的重要问题。两者的关系，体现了一定时期经济政策的导向。前面对税收中性和税收效率、税收公平的关系都作了分析，最终形成一个共同点，那就是都可以归结到税收中性与税收调节的关系上来。但两者的情况又有所区别：税收效率原则可以通过税收保持中性和税收进行调节两条途径来达到；而税收公平原则只能通过税收调节来达到。即使如增值税可以将中性与公平进行协调，但中性也不是实现公平的途径，不是为公平服务的，而是为提高税收效率服务的。由此可见，明确税收中性与税收调节的关系十分重要。

首先，概括税收中性与税收调节的关系，是一种对立统一的关系。其对立性，表现在对经济行为干预与不干预的矛盾上；其统一性，则表现为两者可以在经济领域内相互协调、双管齐下，以尽量达到经济效率最大化，并尽量做到公平与效率的均衡。从后者即从统一性观点出发，则税收中性与税收调节的关系是：税收中性是相对的，不是绝对的，倡导税收中性只是尽可能地减少税收对经济的干扰作用的“度”，尽量压低因征税而使纳税人或社会承受的额外负担“量”，但这并不排除通过税收调节来增加额外收益和公平财富分配；同时，税收调节通过干预经济实现特定的经济和社会目标，虽然是对税收中性的有意识的偏离，但并不是对税收中性原则的否定，也并不意味着税收中性原则在税制设计、改革及其评价方面失去意义。

其次，结合公平与效率两大经济目标，从具体实现这两大目标的途径上看，还存在一个中性与调节领域及地位的划分问题。也就是说，不同的经济形态、不同的经济发展战略，可能会形成税收中性与税收调节的不同格局，两者在地位的高低、作用领域的大小上是可以经常变动、此消彼长的。

（1）从效率原则本身来分析，税收中性与税收调节应当有作用领域的划分。税收效率原则的含义就是要求国家征税要有利于资源的有效配置和经济机制的有效运行，提高税务行政的管理效率。其中前两个目标是经济效率的内容，后一个目标是行政效率的内容。税收中性和税收调节，在经济效率方面，是殊途同归的，也即通过不同的途径达到同一个目标：经济效率最大化。

既然税收中性与税收调节是税收效率的两个方面，那么两者孰多孰少、孰轻孰重呢？这就要求有一个作用领域的划分。在不同的经济体制下，两者的作用领域和范围是不同的。

要保证市场的基础性作用，就应尽量减少对市场有效配置资源的干扰和扭曲。从税收上讲，也就是要尽量减少额外负担，使纳税人的投资、经营、购买等决策不受税收因素的干扰，而只受价值规律和市场机制的制约。由此可见，税收中性是市场机制对于税收制度的内在要求。但同时我们也应当看到，由于存在着市场的不完善和市场机制作用的“失灵区”，因而仅靠市场机制配置资源并不能实现效率最优，而需辅之以必要的调节。这时，通过税收的调节有可能带来额外的收益，合理有效的税收调节更能促使额外收益最大化，从而达到经济效率最大化。总而言之，在市场经济体制下，在市场能够有效发挥作用的领域，税收应尽量保持中性；在市场失灵的领域，则需要税收进行调节。

（2）从公平原则与效率原则的关系来分析，税收中性与税收调节应当有地位轻重的划分。前面已经指出，税收中性是为效率原则服务的，而税收调节则可以为效率原则与公平原则两者服务。税收中性只在资源配置中起作用，而税收调节则在资源配置、公平收入分配和保持经济稳定增长方面同时起作用。但在市场经济条件下，中性应是达到效率目标的主要途径，公平目标则主要依靠调节来达到。这样，税收中性与税收调节的地位轻重划分，就要视公平与效率的地位轻重而定。在“效率优先、兼顾公平”的战略思想下，经济要首先讲求效率，税收制度的设计也必须坚持经济效率优先的原则，这时就要着重强调税收中性，促使经济效率提高；相反，在“公平优先、兼顾效率”的战略思想下，偏向于注重公平原则，就必须通过非中性的税收，对个人和法人的所得进行强有力的调节，通过税收干预实际所得的比例来实现收入的重新分配，使社会财富趋于公平。

坚持税收中性原则、追求税收中性目标并不否定和取消税收调节，税收中性只是税制本身在一定的经济环境下调节功能的弱化，而不是对税收调节的否定，只是在市场体系和市场配置资源功能比较完善的体制下，在经济发展战略以效率优先的前提下，对税收中性的要求多一些，而把税收调节的范围限制在宏观领域和市场失灵的区域内。这样才能摆正两者的位置，协调两者的关系。

（三）重视税收中性原则，加强税收调控，深化税制改革

1. 税收中性原则在世界税制改革中的运用

20 世纪 80 年代以来，世界性税制改革以降低税率、减少优

惠、扩大税基、严格管理为共同趋势，也就是提倡税收尽量少干预经济，而通过税收中性化来达到效率的提高，促进经济增长。世界性税制改革的主要措施包括以下几个方面：

（1）所得税税率大幅度降低。

（2）削减税收优惠、扩大税基、强化管理、实现税收“中性”化。

（3）广泛推行体现税收中性的增值税。

这次世界性税制改革的另一个趋势，就是流转税越来越受到重视，其中具有税收中性特点的增值税被广泛地推广开来，可以说，增值税已成为世界税制发展的一种基本趋势，它的大量推行使一些对经济干预很大的税种如所得税等的地位和比重相对降低，因而使总体税制在中性化方面迈进了一大步。

总之，这次以税收中性为特点的世界性税制改革并不是偶然的，它包含了市场经济发展中一系列治税思想的转变。这说明税收的中性原则在经过肯定和否定之后，再一次得到了肯定，而这次对中性原则的肯定，是凯恩斯主义的“国家干预”给经济带来不良影响之后的结果，是经过实践的证明而重新被重视的。因此，可以说它向我们展示了市场经济健康发展的一条有效途径。

2. 我国在新形势下遵循税收中性原则进行税制改革的要求

党的十四大以后，我国提出要建立社会主义市场经济新体制，而且正积极“复关”，向世界经济一体化靠近，在这种新的形势之下，我们认为坚持税收中性原则进行税制改革是必要的，也具有重要的意义。

随着国际间经济合作与交往的加强，国际税收一体化的进程也在加快。特别是 20 世纪 80 年代以来，世界性的税制改革浪潮骤起，使减少国家经济干预、强化市场机制、降低税率、减少优惠、严格管理成了共同趋势。我国处于世界经济大环境之中，加入“世界贸易组织”（WTO），在一定程度上也应与世界性税制改革的方向保持一致。我国税收政策的衔接不能不考虑世界税制改革的一般潮流，而选择降低税率、减少优惠的税收中性倾向。

总之，我国面临新的经济形势，处在新的经济发展阶段，置身于世界性改革潮流之中，都对我国的税收制度提出了中性化的要求。必须指出的一点是，中性税收原则与完全中性的税收制度不同。我们要建设社会主义市场经济，其目的就是要最终形成一个完善的市场体制，使市场机制高度健全，市场对资源配置起基础性作用。市场经济需要有一个与其相适应的税制模式，这一税制模式必须能够给市场以充分的自主性和灵活性，避免对经济行为造成任何不利影响，或至少将此影响降低到最小限度。因此，向完善的市场经济发展要求税收以中性化为趋势，最终建立一个中性程度较高的税制体系。同时我们也应该看到，中性理论所依据的完全竞争的市场是不存在的，在市场机制作用失灵的领域，还需要国家的适度宏观调控。特别是目前我国市场经济建设仍处于起步阶段，在市场培育、企业制度改革、个人消费和基建投资等方面还有赖于国家政策的引导和扶植。因此，在今后相当长一段时期内，中性与调节还应有机协调，在不同的经济领域发挥税收的不同作用。

3. 对现行税制中性化方面的评价

我国的现行税制是1994年税制改革以后形成的。它的指导思想是统一税法、公平税负、简化税制、合理分权，理顺分配关系，保障财政收入，建立符合社会主义市场经济要求的税制体系。因此可以说，这次税制改革已在很大程度上纠正了原税制的不完善之处，在遵循税收中性原则方面采取了重大举措，主要表现在以下几个方面：

（1）增值税的推行。现行税制中最能突出表现税收中性原则的税种是增值税，经过 1994 年税制改革，增值税扩大了征税范围，规范了各项要素规定，在商品生产到零售环节实行普遍调节，其整体改革方向都与现代意义的税收中性原则相符合。

现代税收中性原则要求税收在处理国家之间贸易关系上，不能对纳税人的国际贸易活动和投资活动产生阻碍作用。增值税的实行，有利于鼓励出口。因为按照国际通行做法，都要对出口产品实行退税，以不含税价格向国外输出。实行增值税后，由于一般都采取专用发票制度，只要按发票上注明的数额退税，就可以按照出口企业真正负担的税款一次性退还，这样就可以使出口贸易更加公平和规范。在进口方面，由于增值税的税率是按照产品的整体税负设计的，因此对进口产品只需按进口额的全值乘规定税率征一次税，就可以使进口产品与国产产品税负相同，避免由于进口产品税负轻而干扰对外经济贸易的正常进行。

（2）内资企业所得税的统一。现行税制改变了过去按照所有制形式分别适用不同的所得税制度的状况，将内资企业所得税“三税合一”，形成“企业所得税”，也是税制向中性化发展的重要内容。

4. 重视中性原则，加强税收调控，深化税制改革

经过 1994 年税制改革后，税制已经在很大程度上向中性化发展。但是，在一些具体税种的规定上还存在着偏离中性原则的方面。其中，有些税种是为了发挥税收调节作用而有意识地偏离；有些税种则是属于设计中的缺陷。今后要深化税制改革，应重视中性原则，纠正现行税制中的缺陷，使税制的总体发展趋势，以及主要税种的基本方面都尽可能体现中性原则的要求。同

时也要明确中性只能是一个原则，而不能绝对化，必须同时加强税收的调控功能。

（1）进一步规范、完善增值税制度。增值税从设计原理以及整体制度上看，无疑是典型的中性税种，但落实到我国现在执行的增值税制度，则以下方面还未能体现中性原则对经济存在干扰和扭曲作用：

首先，增值税规定对农产品实行免税，而对购进免税农产品的企业可以按照买价的10%的扣除率进行进项税额的扣除。

其次，虽然增值税扩大了征税范围，从生产到零售实行普遍调节，但是由于服务业领域征收营业税，因而存在着增值税和营业税的范围划分问题。

最后，我国实行生产型增值税，即购进固定资产不允许进行税额的抵扣。从严格意义上说，生产型增值税在一定程度上偏离了经济学理论，仍然存在着重复征税的弊端。

针对以上问题，可采取如下措施来规范增值税制度：

①在增值税的征税范围上，应当将“交通运输业”这一原属营业税范围的税目划入增值税的征税范围；

②在增值税对农产品免税的处理上，鉴于我国农村情况复杂，农业人口很多，而农民收入又较低，应当继续保留对农产品的免税。但是为使下一环节购买农产品的企业免受干扰，应当实行科学的扣除率，据测算，以提高到14.5%为宜；

③在增值税的类型选择上，应逐步实行中长期类型转换，逐步由生产型向消费型转变。

（2）进一步深化关税制度改革。深化关税制度改革一是大幅度、大范围地调低税率，降低关税水平；二是清理各项优惠政策，扩大税基。

（3）合并内、外资企业所得税。统一内、外资企业所得税，对外商投资企业和外国企业实行“国民待遇”，是社会主义市场经济的客观要求，也是税收中性原则的要求。两税合并的核心内容是统一优惠政策。应区分产业差别，按照国家产业政策的要求提高合理的税收优惠。

（4）深化税收征管改革，加强税收征收管理。税收的效率包括经济效率与行政效率两方面。经济效率主要通过税收中性带来的额外负担最小化和税收调解带来的额外收益最大化来实现，行政效率则要依靠改革征管制度来实现。税收的行政效率要求税收的征管费用和执行费用最小化。

（5）进一步完善我国税收调控体系。在按照中性原则的要求对税制进一步完善的同时，要兼顾税收的调控功能。也就是说，要继续保留那些具有良好调节作用的税种，并可适当开征几个新税种，使税收的调控功能得到完善和加强。在现行税制中有些税种具有明显的“非中性”特征，如个人所得税采取累进税率，而消费税对不同商品采取高低不同的税率我们认为，这些税种的“非中性”，正是税收调节作用的表现，是对税收的绝对中性的有意识偏离。这些税种在调节总供给与总需求、消费和投资以及收入分配方面起着重要作用。如个人所得税由于拥有众多的调节手段和税负不易转嫁，可以直接有效地调节收入分配不公；消费税通过对消费品的需求控制，引导消费方向；而资源税、土地使用税、房产税等，则可以调节企业利润水平，剔除或减少客观因素对企业利润水平的影响。此外，社会保障税、遗产税也能在调节个人收入方面发挥重要作用。这些税种的调节作用，如能正常发挥，其带来的正面效果便可以抵消其偏离中性而对经济造成的负面影响，增加税收的额外收益。总之，如果税收调节能够适“度”，即能以不干扰市场对资源配置的基础作用为前提，那么这种调节功能就能和中性原则统一起来，相辅相成，共同促进经济效率的提高。

（摘自中国税务学会1996年课题研究报告“税收中性与税收调控研究”，摘要刊载于中国税务学会《研究报告》1996年第6期，1996年12月19日；并刊登于《税务研究》1997年第4期，与张晓霞合作）

三、依法治税，实现税收与经济的良性循环

在建立社会主义市场经济体制过程中，税收的地位、功能和作用必将越来越重要。如果把市场经济的运行看作一端，把政府部门看作另一端，财政税收恰是处于两端之间，是政府作用于市场的一个渠道。政府在财政税收领域里的行为，以财政税收制度为规范。随着市场经济的发展，政府的职能也在发展，财税制度也要随之发展。市场经济体制下政府的重要职责之一就是如何为市场机制充分发挥功能创造必要的条件，通过统一的财政税收、货币等经济政策把体现社会偏好的经济参数输入市场机制，调节市场供求状况，使追求利润最大化的微观主体对市场信号的变化所作出的反映能够符合宏观调控者的意图，政府部门通过财政税收等经济手段来实现其政治、经济和社会职能。

现代市场经济条件下的税收，具有组织财政收入和经济调节两个职能。无论从理论还是从实践来看，无论对短期还是长期来说，都应该同时重视税收双重功能，有效发挥税收的双重功效。

（一）财政支出增长与税收收入增长

统计资料与现代西方财政学的研究表明，无论是发达国家还

是发展中国家，世界各国的财政支出无论是绝对规模还是相对比率，都呈现出随着人均收入的提高而增长的趋势。一些国家的经济学者从财政支出增长的宏观经济模型、微观经济模型以及政治制度模型等方面，从“政府活动扩张论”“梯度渐进增长论”“发展阶段增长论”等理论，从社会、经济、政治体制、文化、技术等因素说明了这种不断增长的趋势。例如德国经济学家瓦格纳（Wagner，1890）提出了著名的“瓦格纳法则”，认为，随着人均 GNP 的提高，财政支出占 GNP 的比率相应提高，因此市场失灵和外部性的存在需要政府的活动增加，随着工业化经济的发展，不完全竞争市场结构更加突出，市场机制不可能完全有效地配置整个社会资源，需要政府对资源进行再配置，实现资源配置的高效率，而教育、娱乐、文化、保健以及福利服务的需求收入弹性较大，要求政府在这方面增加支出。瓦格纳预测了公共支出不断增长的趋势。英国经济学家皮库克和威斯曼（Peacock and Wiseman，1961）在 20 世纪 60 年代初对英国财政收入支出的历史数据进行了经验分析，认为在正常年份财政支出呈现一种渐进的上升趋势，揭示出 GNP↑→人均收入↑→税收收入↑→财政支出↑这种逻辑过程，说明了在正常情况下财政支出呈渐进增长趋势的内在原因。罗斯（Rose，1976）把国家发展区分为三个阶段，揭示了政府职能的演变过程，而马斯格雷夫（Musgrave，1969）和罗斯托（Rostow，1971）论述了经济发展阶段与财政发生增长的关系，认为在经济发展的三个阶段（初级阶段、中级阶段和成熟阶段），财政支出增长的情况各异，在经济发展的初期，公共积累支出应占较高比重，交通、通讯、水利等经济基础设施的建设需要政府加大投资力度，创造良好的生产经营和投资环境，加速经济“起飞”。一旦经济发展进入成熟期，政府用于社会保障、教育、卫生和福利及收入再分配方面的转移支出规模将会超过其他公共支出，财政支出占 GNP 的比率还会有较大幅度的提高。

如果我们认识到当前世界各国财政支出增长是一种符合规律的趋势，那么，随着经济的发展和增长，我国税收收入的增长也应成为一种趋向。因此，在我国税制建设及税收政策的调整中应充分考虑到这一点。

我国市场取向的经济体制改革已使我国人均 GNP 大幅度增加，从 1980 年的 460 元提高到 1995 年的 4754 元，增长了 10 余倍。可是，从 1980 年到 1995 年，我国财政支出比率却逐年下降，财政支出占 GNP 的比率从 1980 年的 27.2% 下降到 1995 年的 11.9%。财政支出比率递减趋势与其他国家财政支出增长趋势相悖，财政支出规模与经济发展的需要不相称，财政支出的增长速度慢于 GNP 的增长速度。

财政支出比率下滑的直接原因之一是税收制约，税收收入占 GDP 的比率 1986—1995 年几乎年均下降一个百分点，到 1995 年仅为 10.36%。要扭转财政支出比率下降的趋势，除了合理调整财政支出结构，加强预算外资金管理，规范公共收费制度，认真做好清费归税工作以外，重要的是提高税收比率，充分发挥税收的保证财政收入功能。

综合我国的情况，由于我国是一个发展中国家，政府投资性支出所占比重不能过低，从这一要求出发，财政支出—收入应当有一个适当的规模。随着我国社会保障制度的完善以及人口老化问题的加剧，今后财政用于社会保障方面的支出势必不断增加，这也要求财政收入——主要是税收收入有一个适当的规模。

当前，我国社会经济发展正处在一个非常关键的时期，亚洲金融危机使经济增速回落、国内消费需求不足，这些新的经济情况要求我们加强财政宏观调控，强化税收功能，促使宏观经济在更高层次水平上步入良性循环轨道，在经济适度发展中实现结构调整升级和国民收入分配秩序的合理归位。无论是确保政府机构改革、粮食流通体制改革、国有企业改革、住房与医疗制度改革的顺利进行，还是加快建立社会保障体系、实施科教兴国战略，增强基础设施建设和农业投入、妥善解决下岗职工再就业，都必须有税收收入的有力保证。相对而言，我国税收的现状和地位与社会主义市场经济的要求还存在一定差距，税收收入只占全部政府收入（包括债务收入、预算外收入和没有纳入预算管理的各种政府收入）的1/3，占GDP的比重仅在10%左右，这就制约了税收宏观调控功能的发挥。因此，充分发挥税收组织财政收入的功能，提高税收地位具有特殊的政治、经济意义。在经济增长的基础上增加税收收入是国家实施积极的财政政策——增加财政支出的一个主要途径，是当前推动我国经济增长，保持一定增长速度，促进经济发展的客观要求。

（二）组织收入与调节经济

组织收入与调节经济是税收分配的两大职能，两者相互关联、相互依存，不能割裂。

税收的起源与本质决定了组织收入是税收最基本的功能，调节经济的职能从整体上看是相伴于组织收入而产生的，应寓调节于组织收入之中，税制建设的着眼点必须立足于聚财功能的强化，依法、及时、合理、足额地取得税收收入，以保证政府职能的充分实现。通过理顺税收分配领域中的各种关系，规范收入分配的渠道，实现税收的收入功能，税制建设的任务才能顺利实现。

在市场经济条件下，国家赋予税收的主要任务是聚集财政收入满足社会共同需要。

税收的另一职能是调节经济，发挥税收的调控作用。

税收作为国家对经济进行调节的手段，其作用的发挥，一方面是比较明显的，就是通过征税直接改变纳税人的资源配置；另一方面是不为人们注意的比较隐蔽的作用，即税收收入代表国家掌握的一部分资源。这部分资源从纳税人手中转移为国家支配，这是对经济调节的第一个层次。然后，国家再把税收收入以财政支出的形式拨付出去，又一次改变了资源的配置，形成税收调节的第二个层次，这个层次的调节，虽然不是由税收亲自完成的，但是，税收收入是第二层次调节的物质基础。

在社会主义市场经济条件下，国家宏观调控手段转变为主要是靠经济手段和法制办法，税收延伸到社会经济生活的各个领域，理所当然成为国家主要的宏观调控手段。

税收调节的手段主要有税种的设置、税目的确定、纳税人的选择、税源选择、税率设计、计税依据的规定、减税、免税、退税、加成与加倍征税、加速折旧、投资抵免、税收支出（优惠）等。不同的税收调节手段有不同的调节功能，每一种手段又都从不同角度、不同侧面为实现税收调节的目的服务，而各种调节手段能否有机结合、协调运用，又都是税收能否实现预期调节目标的重要影响因素。

（三）依法治税，实行不应多征但也不能少征的政策

实现税收与经济的良性循环以上分析表明，税收的财政收入职能的发挥，离不开经济的有效发展或税源的不断充实丰裕；而经济发展和税源增加，又离不开作为宏观、微观调控重要手段之一的税收调节功能的充分发挥。我们应重视和正确对待税收与经济两者之间的辩证关系，无论从理论还是实践来看，也无论是对短期还是长期来看，都应把同时重视税收的双重职能，有效地发挥税收的双重功效，特别是把促进和刺激经济的持续稳定发展与有效增长，作为处理税制、税政的基本出发点及其归宿。税收收

入的取得离不开经济的发展，经济的发展又离不开税收的调控，1994年税制改革以来的税收工作，使我们从理论和实践上都加深了对这个问题的认识。1998年下半年以来，我国实施积极的财政政策，这就要求税务部门为国家筹措更多的税收收入，这是现实的要求。但是，税收的增加有一个数量的界限，而且离不开经济稳定增长的基础。那么，怎样才能实现税收与经济的良性循环呢？这里要强调的是要合理调整税收政策，要坚持实行依法治税。

最近，学习邓小平理论，从《邓小平文选》中我们可以看出，邓小平同志对合理的税收政策问题是非常重视的，该书中记录了他在不同历史时期，针对这方面的问题，提出的自己的观点：（1）在《太行区的经济建设》（1943年7月2日）一文中，他指出："我们实行的是钱多多出，钱少少出的原则，是量入为出与量出为入的配合，既照顾人民的负担能力，又照顾抗战的需要。而更重要的，是使负担办法适合于奖励发展生产的需要。"① （2）在《贯彻执行中共中央关于土改与整党工作的指示》（1948年6月6日）一文中，他说道"在新区的最大困难，是军队的供应问题。除了在部队进入之前应作必要的准备之外，可以实行征借粮食和派款的办法，并尽可能地使之合理，亦即是实行合理负担的财政政策。""在开始时，我们还应懂得利用旧政权机构来筹办军需（但须同时宣布我们的合理负担办法），避免由我们军队直接去筹，形成混乱。城镇的税收应该保持，可以暂时利用原有的税收机构，而逐渐地加以改造；暂时采用原有的税制，而逐渐地取消几种不合理的苛捐杂税。凡是能够巩固或占领较久的城市，都实行合理的税收政策。只有对某些较富的只能占领几天的城市，才可以由区党委、纵委以上领导机关掌握，经过商会进

① 《邓小平文选》第1卷，人民出版社1994年版。

行一次临时的捐款，其数目不可太大，且应召集商人代表开会，征得同意，千万不得勉强。”[①]（3）在1950年12月21日《在西南局城市工作会议上的报告提纲》（1950年12月21日）一文中提到“我们与资产阶级的关系，主要在税收、劳资和公私等三方面。”“而我们则必须认真地实行‘两利’‘兼顾’的政策，税不应多收但也不能少收的政策。在税收方面，坚持不多收也不少收的政策。凡属不合理者，应主动调整；凡属合理者，必须坚决征收，并与逃漏现象作斗争，以保证税收任务的完成。”[②]

通过以上三段话，我们可以看出邓小平财经理论中有关税收政策的部分，其内涵十分丰富，涉及了税收负担、税收制度和税收征管等有关税收政策的各方面，是我们进行社会主义建设过程中制定税收政策的指导思想。其中的精髓可概括为三点：首先，合理、主动调整税收政策，使税收负担政策适合于奖励发展生产的需要，实行不应多征但也不能少征的政策；其次，在税收征管中，要与逃漏现象作斗争，保证税收任务的完成，加强税收征收管理；最后，要贯彻依法治税，加强税收法制建设。这三点相辅相成，其中后两点是为了确保第一点的实现而提出的。实际上，目前我们在税收领域所做的各项改革也都是围绕这三方面进行的，并且仍将是我们今后工作的重点。下面我们分别从这三方面加以详细论述。

第一，合理税收负担，使之适合于奖励发展生产的需要，实行不应多征也不能少征的政策。

这里强调的是确定合理的税收负担，“不多征”“不少收”即指不合理的收入不能征，税负不能太低也不能太高，税负要合

---

① 《邓小平文选》第1卷，人民出版社1994年版。

② 同上。

理。这里涉及的是宏观税负与经济增长的相关机理分析。从税收与经济的关系来看，税收本身要有一个合理的度，只有将适度的课税规模与政府职能的实现及经济的有效增长有机地统一起来，才是宏观税负政策合理的选择。

“经济决定税收，税收反作用于经济”的基本原理告诉我们，作为财政收入分配基本形式的税收，其税收负担的客观限量应以经济发展水平为基础，而税收实际负担是否合理又会影响经济稳定和经济增长。

我们应采取合理税负的政策，将税收增幅保持与 GDP 增幅的稳定比例关系。我国合理的宏观税负的区间选择应从当前我国宏观税负水平的现状出发，通过国际上宏观税负水平的比较，结合政府职能的现状，确定宏观税负水平，保持宏观税负的适度规模。“不应多收也不能少收”，就是要合理征收，正确处理税收与经济的关系。为此，应合理调整税收分配格局、理顺分配体制、规范非税收入、强化税收征管、防范税收流失，而对于一些地方存在的预征收税款、虚假入库、“寅吃卯粮”问题则要认真加以纠正。

第二，加强税收征收管理，控制偷漏税，保证税收任务的完成。

第三，依法治税是税收与经济相互依存的连接点和关键所在。

贯彻邓小平同志“保证税收任务的完成”“税不应多收但也不能少收”的要求，归根到底是要合理征收，怎样才算合理征收呢？那就是要坚定地依法征收、依法治税。

税收征收任务是要努力去完成的，但征收任务的确定、下达要尽可能符合经济发展状况，保证政府职能的实现，而税收征收任务的完成要符合税法。

市场经济是法治经济，它是在一定的法律规范的保护和约束下，按照一定的规则运行的，税收分配制度本身就是一项重要的法律制度，在参与社会产品分配过程中要体现简明、高效和规范的法律特征，避免随意性和任意性。

税收的本质决定了法是税收存在的形式，因此，及时、合理、足额地取得税收收入必须依法治税。有理由认为，依法治税已成为我国当前进一步完善税制结构，深化税制改革，发挥税收的双重功能，促进税收和经济进入良性循环的连接点和关键所在，舍此没有他途。税收与经济两者相互依存的连接点只能是依法治税。

（摘自国家税务总局“一九九八年税收与经济座谈会”（宽沟会议）发言稿，1998 年 8 月；载于《走向市场经济的中国税制改革研究》，中国财政经济出版社，1999 年 10 月版）

四、世界性税制改革的相关理论评析与中国现行税制的进一步完善

21 世纪初叶，经济全球化、国际化、法治化的发展趋向对包括各国税收制度在内的各个方面产生了深远的影响。税收制度的改革是中国经济体制总体配套改革的一个重要组成部分。随着世界各国经济的发展与可持续发展战略的实施，21 世纪的税制将是以可持续发展为核心的税制，将全面体现国际化、法治化的发展趋向。本文将对影响世界性税制改革的若干相关理论进行评析，并就进一步改革、完善中国税制进行探讨。

世界性税制改革的相关理论主要有：“公平课税论”“最适

课税论”（或“税收优化论”“最优税制论”）“财政交换论”（或“宪法经济学”）。几十年来，这些理论对一些国家的税制改革直接或间接的产生了影响①。

（一）从公平课税论视角的分析

在税制建设理论中首要的是课税原则论。课税原则从大方向上可分为公平和效率两个方面，这里着重阐述的是“公平课税论”。

英国早期重商主义的财政学家托马斯·霍布斯（1588—1679）认为国家起源于契约，按照建立的“政治国家”的一切行为，包括征税都来自于人民的授权；英国晚期重商主义的经济学家约翰·洛克（1632—1704）基于他们在国家起源问题上的社会契约论，提出税收应该反映人民受自国家的利益，从而阐述了以消费为基础的税收公平，认为税收应以个人支出为课税标准，符合税收平等原则。

威廉·配第（1623—1678）作为古典政治经济学的奠基人和财政理论的先驱，在其《赋税论》（1662 年）中提出了公平、便利、节省的税收原则。

把课税原则首先明确化、系统化的是古典政治经济学派的创始人亚当·斯密（1723—1790）。斯密著名的税收四原则的第一条就是关于税收公平。他说，每一个国家的人民都应该纳税以资助政府，这种缴纳应尽可能与个人和能力成比例。之后，萨伊、穆勒、瓦格纳、维克赛尔、林达尔都先后阐述了他们的税收公平观。

福利经济学的创始人庇古（1877—1959）提出以公平和效

① 郭庆旺，赵志耘：《财政理论与政策》，经济科学出版社 2002 年版。

率这两项准则作为社会经济福利这一总目标的评价准则。庇古认为公平准则是税收课征的首要准则。他进一步把公平原则区分为两个概念：横向公平和纵向公平。

作为当代的经济学家，马斯格雷夫将他以前的经济学家提出的税收原则概括为六条，其中不乏涉及税收公平的内容。他提出，税负应该是公平的，政府应采取社会愿意接纳的公平原则来制定税收政策，并将公平原则与人们的收入状况、有效率的财政支出政策等结合起来。

公共选择学派的代表人物布坎南则从税权的伦理极限的角度，探讨了税收公平的问题，即国民收入中到底拿出多大部分来作为税收才符合公平目标。

总体而言，衡量课税或纳税是否公平一般有两种主张：一种是受益原则，也就是谁受益谁纳税；另一种是能力原则，也就是按能力纳税。公平课税论与能力原则直接相关①。

从税基的角度讲，衡量纳税能力的标准可以有三种选择：一是收入，二是消费，三是财产。收入作为纳税能力的标准已为大多数人所接受。实际上，所得类税收的税基选择就是以收入为依据的。以消费作为衡量支付能力的标准是基于这样的理念：消费则标志着一个人对社会的索取，索取越多，就应缴纳较多的税。许多国家的税收政策都或多或少地反映了以消费为衡量支付能力的观点。另一个衡量纳税能力的指标是财产。通常情况下，一个人的财产越多家境就越富裕，支付能力就越强，因此，也有人主张以财产为衡量纳税能力的标准，因此将财产税作为财政收入的一个补充，同时发挥其抑制贫富不均的作用的做法相当普遍。

公平课税论下的理想税制，主要是根据综合所得概念，对宽

① 郭庆旺，赵志耘：《财政理论与政策》，经济科学出版社 2002 年版。

所得税基课征累进的个人直接税[①]。

公平课税理论的核心内容是税收的公平原则。税收的公平原则可以从两个方面来把握：一是经济能力或纳税能力相同的人应该缴纳数额相同的税收，即以同等方式对待条件相同的人，这所谓“横向公平”；二是经济能力或纳税能力不同的应该缴纳数额不同的税收，即以不同的方式对待不同的人，这所谓“纵向公平”。

目前我国税制在公平税负方面的不足主要表现在以下几个方面：

1. 现行增值税存在纳税人之间税收不公的问题。

2. 资源税征税范围狭窄，不利于消除企业间不合理的客观条件。

3. 个人所得税的税收不公平问题。

（二）从最适课税论（或“税收优化论”“最优税制论”）视角的分析

所谓“最适课税论”（或最优税制论），是探讨什么样的税制才能最体现和符合税收原则的基本要求的理论。“最优”税收就是一种能够充分反映社会对效率与公平权衡的税收，这种税收将使不公平和扭曲操作都达到最低限度。从纯理论分析，最优税收应当是依据税收中性原则设置和征收的，不产生税收额外负担或不造成任何经济扭曲，且符合公平原则的税收。其基本特点使之产生收入效应而不产生替代效应，不干扰相对价格。但这种理想的最优税收是建立在市场机制充分有效，即市场引导的资源能实现帕累托最优，并且由市场决定的收入和财富分配状况能为社

① 郭庆旺、赵志耘：《财政理论与政策》，经济科学出版社 2002 年版。

会所普遍接受的基础上的，但实际这种情况并不存在。同时由于存在政府与纳税人之间的信息不对称、政府的税收征管能力有限以及税收受财政收入目标的限制等问题，理想的最优税收就缺乏现实的基础。因此，充分信息条件下的理想的最优税收，仅在于为政府设计税制和制定税收政策提供一种参照标准。

英国剑桥大学庇古教授的学生拉姆齐 1927 年在其经典性论文中，建立了最优税制论的一个简单框架，他的最大贡献是提出了最优税制问题。

自从 1996 年英国剑桥大学经济学教授詹姆斯·米尔利斯和美国哥伦比亚大学名誉教授威廉·维克里凭其“最优课税理论”获取诺贝尔经济学奖，最适课税理论越来越成为各国优化和完善其税制结构的理论依据。最适课税理论以资源配置的效率性和收入分配的公平性为准则，在信息不对称的情况下，对政府如何构建经济合理的税制体系进行分析。最适课税论基于三个方面的假设：第一，个人偏好、生产技术（一般可获得连续规模效益）和市场结构（通常是完全竞争的）要明确地表现出来。第二，政府必须通过一套管理费用低廉的、有限的税收工具体系来筹措既定的收入。其中，纳税义务与其经济政策无关的一次性总付税一般不予考虑，而且，在对经济作出某些假定的情况下，税收工具的任何选择都将与个人的消费情况相关。第三，在多人模型中，以效用的社会福利函数（对个人的效用水平进行加总，用来测定社会福利）作为标准函数，计算出各种结果，据此在有限的税收工具中选择最优税制。

最适课税理论研究了在政府对纳税人和课税对象等的了解不完全及信息不对称的情况下，如何实现税制的公平原则与效率原则的兼顾。它主要包括三个组成部分：直接税与间接税的搭配理论、最适商品课税理论和最适所得课税理论①。

1. 直接税和间接税搭配理论的基本要求

第一，直接税和间接税应当是相互补充而非相互替代的关系，两者都有其存在的合理性与必然性。一般而言，直接税有助于实现收入的公平分配，间接税有助于实现社会资源的合理配置，因此，直接税与间接税两者不可偏废。第二，在所得税和商品税并存的复合税制情况下，一国税制模式的选择取决于该国经济发展阶段和政府的政策目标。

2. 最适商品课税理论的基本要求

最适商品课税理论首先研究了逆弹性命题。所谓逆弹性命题是指在最适商品课税体系中，当各种商品的需求相互独立时，对各种商品课征的税率必须与该商品自身的价格弹性成反比例。该命题也称为拉姆齐法则。逆弹性命题的含义表明，一种商品的需求弹性越大，征税的潜在扭曲效应也越大。因此，最适商品课税理论要求，对弹性相对小的商品课以相对高的税率，对弹性相对大的商品课以相对低的税率。可以看出，逆弹性命题具有一定的局限性。例如，对低弹性商品课以高税率，会使贫困者的税收负担高于富裕者的税收负担，不符合税收公平原则的要求，所以必须课征其他扭曲性税收。就现实一般情况而言，需要具备如下两个前提条件：一是对商品课税要有一套差别税率；二是对必需品适用低税率或免税，对奢侈品适用高税率。②

3. 最适所得课税理论的基本要求

最适所得课税理论认为，在政府目标是使社会福利函数最大化的前提下，社会完全可以采用较低累进程度的所得税实现收入

① 郭庆旺、赵志耘：《财政理论与政策》，经济科学出版社 2002 年版。

② 同上。

的再分配，过高的边际税率会导致经济效率的损失。低收入者所获得的免税额或补助额并没有因此而增加，所以，无助于收入的公平分配。正因为如此，米尔利斯进一步提出了“倒 U 理论”，认为最适所得税率应呈倒“U”型，即从社会公平与效率的总体角度来看，中等收入者的边际税率适当高些，而低收入者和高收入者应适用相对较低的税率，拥有最高所得的个人适用的边际税率甚至应当为零。[①]

最适课税理论研究了在信息不对称的情况下，政府以怎样的方式、方法征税才能既满足效率原则的要求，又符合公平原则的要求。应当说，最适课税理论提供了设计良好税制的理论标准，但这些理论标准必须适应特定国家的经济、政治、管理、文化、历史等各方面的实际条件才具有指导意义。同时，我们应该看到最适课税理论本身也存在缺陷。例如，这一理论的重点是如何使人们的效用最大化，没有考虑其他社会目标，该理论的几个假设前提也往往并不能同时存在，我们在借鉴时必须注意到这一点。

根据最适课税理论的基本要求，结合我国当前税制结构的实际情况，我们认为，我国税制结构主要存在这样一些问题：

（1）最适课税理论认为，在信息不对称的情况下，无差别税制不能实现效率目标和再分配功能。因此，良好的税制结构要保留适当的差别待遇。但我国目前税制中的差别待遇却导致不同所有制企业之间、不同产业之间、不同地区之间的税收负担不公平。

（2）根据最适所得税理论，对所得税最好采用低累进税率制度。我国现行个人所得税税率采用累进税率和比例税率相结合的制度，工资、薪金所使用九级超额累进税率，生产经营者使用

① 郭庆旺、赵志耘：《财政理论与政策》，经济科学出版社 2002 年版。

五级差额累进税率，劳务报酬所得加成征收，实际上是三级超额累进税率，其他所得实行比例税率，这就造成了各项所得之间税收负担不一致，不规范。而且，最高的个人所得税率为45%，已明显偏高。过高的边际税率，一方面会加强纳税人逃税和避税的动机，或者会产生劳动者选择劳动亦或闲暇的问题，另一方面，由于45%的税率在现实中极少运用，这一税率只起象征性作用。至于个人所得税最低税率5%，似乎也有适当降低的空间。

（三）从财政交换理论或宪法经济学视角的分析

税收的财政交换论最初起源于魏克塞尔关于财政学的自愿交换理论以及布坎南等对这一传统理论的现代研究成果。布雷纳恩和布坎南在《征税权力》中所发展的财政交换论，是一种注重结果的理论，研究的核心问题是不良政府行为的可能性。他们采取一种最大中的最小方法来设计社会制度，以限制政府权力过度膨胀的可能性[①]。布坎南因其“公共选择”理论于1986年获诺贝尔经济学奖，他认为最优税制如果要想从理想变为现实，就不得不考虑社会抉择即“公共选择”问题。布坎南认为，公共选择学派税收理论的一个主要任务是要分析预测各种税收制度对作为“公民——投票人——纳税人——受益人”的个人所作决定或选择的影响。这种决定或选择和市场的选择不同，个人不能够选择他最喜欢的纳税方式和纳税数量，而必须根据所有人选择的方式或数量履行纳税义务。

因为个人对公共商品的需求通常都是由政府预算来满足，而政府预算资金的绝大部分又是通过税收筹集的，政府活动的支出

① 郭庆旺、赵志耘：《财政理论与政策》，经济科学出版社2002年版。

主要依赖于税收。公共选择学派主张对政府的税收和支出进行约束，只有约束了政府和税收，才能从根本上建立起符合公共选择制度要求的政府行为框架。布坎南认为，这种约束可以从政府建立预算的程序和数量两方面入手。在程序约束方面，要求立法机关在预算批准程序上更好地保持税收收入与预算支出的平衡；在数量约束方面，要求对政府税收和支出的增长，应当直接与国民生产总值增长的速度相适应[①]。

公共选择学派主张采用公共选择规则和立法形式，约束政府的征税行为和预算规模，主张通过重新确立一套经济和政治活动的宪法规则，对政府权力施加宪法约束，这也是布坎南等人倡导的“宪法经济学”的重要内容。在他们看来，对政府的征税能力必须从宪法上予以限制，税制设计属于宪法设计问题，税制改革大概属于立宪会议或其他纳税人组织的事情，而不是政府本身的事情。在这种注重结果的财政交换论中，研究的重点问题是选择税基和税率结构，以把政府的总税收收入限制在理想的水平范围内[②]。

财政交换论所倡导的“宪法经济学”，即政府的征税能力必须从宪法上予以限制，其实就是要求贯彻税法最为重要的基本原则——税收法定主义原则，即税法主体及其权利和义务必须由法律加以确定，税法的各类构成要素皆必须且只能由法律予以明确规定，没有法律依据，任何主体不得征税，国民也不得被要求缴纳税款。与这一要求相比，我国税法体系建设虽然取得了很大成效，还需要全方位切实落实税收法定原则。

① 许建国、蒋晓蕙：《西方税收思想》，中国财政经济出版社 1996 年版。

② 郭庆旺、赵志耘：《财政理论与政策》，经济科学出版社 2002 年版。

参考文献

［1］刘溶沧、赵志耘：《中国财政理论前沿Ⅱ》，社会科学文献出版社 2001 年版。

［2］郭庆旺、赵志耘：《财政理论与政策》，经济科学出版社 2002 年版。

［3］许建国、蒋晓蕙：《西方税收思想》，中国财政经济出版社 1996 年版。

［4］《中国统计摘要 2002》，中国统计出版社 2002 年版。

［5］孙小系：《总量平衡、收入分配与宏观调控》，中国计划出版社 2002 年版。

（摘自中国税务学会学术研究委员会 2003 年课题《深化税制改革研究》的研究报告之一，摘要刊于《税务研究》2004 年第 1 期，并以《世界性税制改革背景下的中国税制的进一步完善》为题摘要刊于《2004 中国税务年鉴》，中国税务出版社 2004 年 12 月版）

五、着眼入世　调整税制

加入 WTO 是我国经济全面与世界经济接轨，参与经济全球化的一个切入点，是我国又一次深化税制改革的新的起点，是自 1994 年工商税制改革后的又一次良机。我国一直随着经济的发展对税收制度进行逐步调整，使税收制度更好地适应社会主义市场经济体制的要求。而加入 WTO，必将会使这种调整过程加速，我们应以此为契机，适时调整某些不符合世贸组织规则和国际惯例的税制，与世贸组织的规则或原则相衔接，进一步加快我国税收法律制度的规范化，为21世纪中国经济的发展提供更加良好的制度基础和法律保障。

世界贸易组织的规则实质上是市场经济规则在世界范围内的运用和发展，它包括最惠国待遇原则、国民待遇原则、反补贴反倾销原则、透明度原则、统一性原则等五个原则，按照这些原则，对照我国现行税收制度，有哪些方面急需加以调整、修改呢？

1. 目前我国内外资企业所得税征收的法律规章并存、政策不统一、税负不公平，应加快合并内外资企业所得税，尽快按程序通过全国人大制定统一的《中华人民共和国企业所得税法》，对目前存在着的一些外资企业税率优惠过度等问题，也需要按照产业政策的导向进行适当的调整。

统一后的企业所得税的纳税人，宜采取以企业作为纳税人的基本原则，按照国际通行的税收管辖权原则，企业所得税的纳税人应分为居民企业和非居民企业，统一后的企业所得税法，要强化所得税的会计核算，建立规范的税前法定扣除制度，明确规定应纳税所得额的计算和成本、费用、税金、损失等扣除中各项列支的范围及标准，确保所得税税基不受侵蚀，应明确企业所得税中的应税所得与财务会计所得之间的关系，使我国的企业所得税法与国际惯例接轨。

从世界各国税制改革发展的历史看，公司所得税的税率变化有两个明显的趋势：一是降低边际税率；二是缩小税率跨度。我国统一后的企业所得税的税率也应有适当降低。

税收优惠问题是合并企业所得税遇到的最大难点问题。由于现行内外资企业所得税优惠政策在优惠内容、优惠形式等方面存在较大差异，通过“两税合一”，对企业所得税优惠政策应进行必要的调整，以建立一个较为合理、科学的税收优惠制度。

2. 目前国际上通行的是消费型增值税，即对固定资产所含增值税税款允许抵扣，在我国增值税是主体税种，实行的是生产型增值税，即不允许扣除固定资产中所含的增值税税款。这样做，导致重复征税，不利于鼓励企业投资和采用先进技术、先进设备，一定程度上阻碍了经济的发展，也不利于我国出口产品在国际市场上的竞争。为适应市场经济的需要，当前应将增值税转型问题提到议事日程，尽快研究具体实施方案。

3. 改变关税和我国进口环节代征的流转税减免的不适当办法。目前我国进口环节的流转税即进口商品由海关代征增值税，如果关税减免代征增值税也要随着减免，背离了进口产品与国内同类产品在征收国内税上要实行同等待遇——国民待遇原则，不符合国际惯例。

4. 要修订一些与国民待遇原则不相适应的税种，如适用于外商投资企业和外国企业的城市房地产税、车船使用牌照税应相应并入房产税和车船使用税等。

5. 继续降低关税水平、优化关税结构、进一步加快关税制度改革的步伐，清理减免税政策。

主动降低关税水平、调整关税税率是我国在关税方面为适应建立市场经济体制的需要，适应加入 WTO 的需要而采取的重要改革步骤，原来的关贸总协定和世贸组织已经进行了多轮多边贸易谈判，把世界关税总水平从 40% 降低到 6% 左右，我们既然要入世，必然要顺应这个大潮流。目前世贸组织成员的总体平均关税水平为 6% 左右，发展中国家为 10% 左右，发达国家为 3%，我国约为 17%，比发展中国家平均水平要高，现在的关税改革是要把我国名义关税和实际关税逐步统一起来，1998 年我国实际关税 7.9%，名义关税水平约 17%，仍有一定差距，降低关税水平，实际上是我国参与经济全球化的必要前提和措施。

我国已不需要太多时间就可以把关税总水平降至15%，而且这也已经不是很大的难题，关键是关税总水平降至15%以后，我国还要根据国家产业政策的要求随时对关税结构进行调整，这将是今后调整关税税率的主要工作和政策目标。要形成投入品、中间产品、最终制成品、比较优势明显的产品、比较优势不明显的产品、不具有比较优势的产品由低到高的梯形的关税结构。

随着关税水平的降低，关税减免所起的作用也将相对减弱，要将地区优惠更多地转向产业优惠，关税优惠的重点将逐步倾斜到国家重点扶持的支柱产业上来，并要按照“国民待遇”原则的要求，注意外资企业和内资企业在关税政策上的平等待遇，总之，必须调整减免税政策，避免税基被侵蚀，使关税的实际税率接近其名义税率，只有“低税率、宽税基”的关税模式，才能保持关税现有的收入水平。

此外，为适应市场经济的发展，一些新的税种的开征和立法问题也应提上日程，如遗产税、社会保障税、环境保护税、证券交易税等，要作为这些税种的调查研究及做好配套设施的工作，使这些税种税法的出台具有可操作性。

要使税制全面适应加入WTO之后新的经济形势，必须统筹兼顾，加速税收立法进程，将大多数考虑较为成熟或者一段时间内不会发生很大变化的税收政策，都以法律或行政法规的形式公布实施，比较成熟的税收行政法规可以上升为法律的应上升为法律，需要废除的应适时予以废除。总之，入世促使我国税制、税法须加快调整，按照市场经济与经济全球化的要求加以规范。

（摘自《地方税务》2000年第1期）

六、关于入世后加强中国农业保护和推进农业税收制度改革的思考

由于农业是具有弱质性、需要特殊保护的产业，因而对农业进行保护已成为一种国际惯例。我国是一个有近 14 亿人口，其中 9 亿多在农村的农业大国，农业问题在我国始终占有举足轻重的地位。然而，我国多年来实行的是以农补工、优先发展工业的战略，这种对农业的负保护，导致了我国农业积贫积弱。我国经过 15 年的艰苦努力，现已成为 WTO 新成员。如何在更激烈的国际市场竞争中保护低效率的农业，如何在自由贸易下保护处于比较劣势的农业，是我国经济发展中面临的重大课题。

第一，农产品市场面临强大的竞争压力。按照 WTO 农业规则，我国农产品的边境保护实际上将失去其有效性。与此同时，由多年负保护政策所形成的多数农产品价格低于国际市场价格的竞争优势，将随着日益增高的农产品成本（如主要粮食成本以平均 10% 以上的速度增长），以及农业政策倾向转变而逐步消失，农产品价格水平出现了接近或超过世界价格水平的趋势。

第二，农产品生产面临着巨大的冲击。加入 WTO 后，外国质优价廉的农产品对国内市场的冲击，将引起国内市场农产品价格下跌，销售市场缩小，势必对农业生产的结构和数量产生重大影响，从而影响农民收入的增加。

第三，农产品进口的外汇支出负担加重。

第四，解决农村社会经济矛盾的难度加大。农民收入增长缓慢是我国当前亟待解决的问题之一。加入 WTO 以后，大量农产品的进口必然对国内农产品形成挤压态势，由于农业生产的部分

收缩，据估计大约有近千万农业劳动力需要转移。由于我国农业劳动力转置成本太高，农民的再就业困难很大，亿万农业剩余劳动力的存在，不仅影响农业劳动生产率的提高，而且也影响到农业现代化和农村城市化的进程，制约我国产业结构的调整和专业化程度的提高，并在一定程度上危及农村社会的稳定和进步。

目前，我国城乡居民收入存在较大差距，而且差距趋势还在不断扩大。全国城镇居民家庭人均可支配收入 1985 年为 739 元，2001 年为 6814 元，比 1985 年增长 9.22 倍。但是，全国农村居民家庭人均收入 1985 年为 398 元，2001 年仅为 2348 元，增长 5.89 倍，相比之下，乡村与城镇居民的收入比例 1985 年为 100∶186，2001 年拉大为 100∶290。1995 年以来农村居民家庭纯收入增长率比上一年呈现下滑趋势，其间分别为 29.2%，22%，8.5%，3.4%，2.2%，1.9%。2001 年虽然有所回升，但仅为 4.2%，且不稳定，就城乡综合比较，居民收入差距相当悬殊[①]。

根据 WTO 农业规则的要求，借鉴发达国家的经验，我国加入 WTO 后加强农业保护，增加农民收入的主要对策，应集中在以下几个方面：

1. 建立良好的农业政策扶持环境

除加大对农业的投入外，还要采取其他措施：一是必须控制农用生产资料价格攀升，规定其销售价上限，或者对低收入农民购买生产资料给予直接补贴。二是建议在制定新的农业税制时，调整课税对象，改变养殖业不纳税，而农业税集中于种植业的政策，适当降低税率，减轻农业税费负担，以此作为加入 WTO 后，政府保护农业的举措之一。三是在农业信贷方面，要改变农

① 参考财政部财政科学研究所《研究报告》第 30 期：“我国居民收入差距拉大的现状与对策思考”，2002 年 8 月 7 日。

业信贷占国家信贷总额比重下降，占农业银行、农村信用社贷款比重较低的状况。

2. 并用“绿箱”和“黄箱”政策

在国内支持方面，农业协议将国内农业支持分为两类：一类是不引起贸易扭曲的政策，称“绿箱”政策，可免予减让承诺；另一类是产生贸易扭曲的政策，称“黄箱”政策。

由于“绿箱”政策无需减让，且与我国农业可持续发展的要求一致，因此我国应加大对“绿箱”政策措施的保护力度。

在“黄箱”政策方面，虽然我国只有485亿元人民币的支持空间（我国今后对农业的支持水平不能超过1986—1988年平均农业生产总值的10%，约485亿元人民币），但是，这一数字与我国目前的实际支持水平相比，还是可观的。今后的重点是加大农产品价格支持和农业生产资料补贴力度，在深化农产品流通体制改革的基础上，调整农产品价格支持补贴结构，提高补贴效率。

3. 完善农业保障体系

我国是一个农业高风险国家，加入WTO后，农业风险尤其是经营风险会加大。为了抗御农业的各种风险，保障农户收入和生产发展，建议建立符合我国国情的农业保险制度和体系，充分发挥农业保险在农业保护方面的作用。

4. 积极推进农村税费改革和农业税收制度的改革，改变城乡“二元结构”税制

为适应加入WTO后我国农业保护与农业发展的需要，当前应进一步积极推进农村税费改革。国务院已决定进一步扩大农村税费改革试点范围。必须全面贯彻中央有关农村税费改革的各项政策，坚持“减轻、规范、稳定”的原则，切实把减轻农民负担放在首位，坚决杜绝各种名目的乱收费。

我国农业税的改革似应当分两步走，第一步应先进行农村税

费改革，切实减轻农民负担，在此基础上，第二是加紧推进农业税制度的全面改革，取消农业税。

据有关资料分析，与其他国家比较，我国农业成本最为突出的有两个方面，一是农民负担的税费所占比重过高（农业税、期间费用和成本外支出三项合计约占 19.1%）；二是人力成本过高（约占 32.80%），而农民的平均农业剩余微乎其微。加入世贸组织以后，农产品价格还要下跌，农民收入增长滞缓，因此，建立在剩余分配上的税费制度的基础是薄弱的。为此，作为加入 WTO 后政府支持和保护农业的重大举措，近期应切实免除由农民负担的各种不合理收费，凡应由政府支付的，一律不再向农民摊派。在此过程中，应最大限度地减少乡村“吃皇粮”的人员，并改革村提留征收和使用办法，调整农业税、农业特产税的有关政策。

随着农村经济的发展，1958 年的《农业税条例》规定的税制要素的内容，与农村经济发展的实际已不相适应。

现行的农业税制度的缺陷主要表现在：（1）我国现行农业税是按不同土地的不同常年产量进行征收的，常年产量的测算大多是在 20 世纪 60 年代初调整确定的，随着农业生产条件的改善和土地增值的变化，不少地方“有税无地”“有地无税”，农业税已演变成一种包税制，不能有效调节土地级差收益。（2）农业税和农业特产税并存，对农业经济结构调整起阻碍作用。这里，价格竞争使粮食作物与农业特产作物收益平均化，农业税的特产税负重于粮食作物，政策起“逆向调节”作用。（3）农业税制与土地产权归属无关，无法起到界定土地产权归属的作用，也无法限制各种税后摊派。（4）农业税与工商税相比，计税依据不合理。农业税以常年产量和平均产量为计税依据，其不合理性主要表现在：其一，农业税的计税依据具有不确定性。其二，农业税计税依据的确定与市场经济脱节。（5）农业税相对税负远远高于工商税收。农村税费改革试点方案中农业综合税率为8.4%。与工商业的增值税纳税人相比，农业税税率偏高，农业税率比一般纳税人的平均税负高出3.4个百分点；比从事商品生产活动的小规模纳税人6%的税率高出2.4个百分点。(6) 农业税缺乏完善的免征额和起征点的规定。

鉴于减轻农民负担、调整我国现行农业税制已刻不容缓，而我国市场经济条件下农业和农村公共事务的存在，又需要政府向农民集中一部分财力，因此，一方面切实减轻农民负担是十分必要的；另一方面现阶段农业税收制度需要进行调整和改革。

对于近期我国农业税制的调整与改革有如下建议：

按中央要求，现在我国大部分地区已经具备取消农业特产税的条件，这些地区应适时取消农业特产税。少数地区一时取消不了的，要缩小征收范围，降低税率，逐步取消。

农业税改革，目标是取消农业税。

《农业税条例》是由全国人大通过并颁布的，该税法的修订或废止，农业税收制度的改革和创新，应尽早列入全国人大立法议程。

参考文献

[1] 程国强：《WTO农业规则与中国农业发展》，中国经济出版社2001年版。

[2] 蒋永穆：《中国农业支持体系论》，四川大学出版社2000年版。

（摘自2002年9月29日在天津财经大学“中国个人收入分配的现状与对策高级研讨会”上的发言，有删减，原载《涉外税务》2003年第3期，并刊于《中国个人收入分配的现状与对策》，中国财政经济出版社2003年1月版，与李淑湘合作）

第四章

税制改革依法前行（下）

一、中国实施增值税转型问题研究

当前，中国经济正处于向市场经济转轨的关键阶段，市场经济的发展、经济体制各项改革的深入，要求现行增值税应该适时地继续完成其未竟的改革任务。面对"入世"后的严峻竞争形势，适应激活投资和促进技术进步的需要，中国实施增值税由生产型向消费型的转型已急切地提到了议事日程。

（一）世界各国增值税类型的比较分析——实施消费型增值税是世界增值税制的主流

增值税从法国产生到欧共体范围内推广，20世纪70年代开始，其他亚洲、非洲、拉丁美洲国家引进增值税，其主要的出发点就是彻底消除重复征税问题，因其对经济具有中性效应。而为使其真正具有中性效应，必须允许对外购资本品所含税款彻底扣除。至今在国际增值税实践中采用消费性增值税是世界增值税制的主流。根据世界货币基金组织提供的1999年的最新统计资料，世界上已有100多个国家实施增值税，其中只有11个采纳非消费型增值税，仅占10%左右。

世界统一市场要求形式统一的流转税体系。消费型增值税以终点征税原则适应了国际性的要求。国际税务专家、鹿特丹大学西布雷·克诺森教授认为，增值税实施中具有决定性意义的优化选择，即规范化目标是：消费型、多环节、目的性原则，这就是通常所说的EEC模式，构成了增值税发展的目标模式。各国在实施增值税过程中都以此为基准。目前实施收入型和生产型增值税的国家出于经济长远发展的需要正在实现或考虑增值税转型为消费型增值税。作为走向市场经济的中国税制改革一个重要内容的增值税的改革也正在朝这一目标迈进。

（二）从中国现行生产型增值税存在的主要问题看进行增值税类型转换的必要性和迫切性

经过十多年的增值税实践，中国生产型增值税的一些固有的问题已经显现出来。从这些问题中我们可以看出对现行中国增值税进行类型转换的必要性与迫切性。

1. 现行生产型增值税与我国产业政策有矛盾。基础产业和高新技术产业由于资本有机构成较高，投资资本品支付的增值税得不到抵扣，等于要多付一笔“投资税”，不利于产业政策的实现。

2. 现行生产型增值税不利于我国出口产业在国际市场上的竞争。对出口产品实行零税率是各国的通行做法。生产型增值税对外购资本品部分不允许扣除其税额，使我国现在对出口产品虽然实行了零税率，也不能做到彻底退税，因为出口企业在产品出口后的得到的退税中还没有包括为生产该产品而外购的资本品部分已经缴纳的税金。

3. 生产型增值税对外购资本品的重复征税问题并没有解决，因而是一种不彻底的增值税。

4. 生产型增值税对价格形成产生了扭曲，引起产品成本的不真实，从而成为引发成本推进通货膨胀的一个重要因素。

5. 生产型增值税对统一的购进扣税法的完整链条产生了一定程度的断链现象，给规范化增值税的征管带来了矛盾。

从上面对中国现行生产型增值税存在的主要问题的分析看出当前转换增值税类型是很有必要的，将转型问题摆上议事日程已很迫切，不能再拖。我国加入 WTO 后，要进一步降低关税，开放市场，我国产品如仍背着隐性的“投资税”，无异于带着枷锁与人赛跑，势将越来越落后，因此增值税类型转换既很有必要，也很迫切。

（三）中国增值税类型的最终选择是消费型增值税

从长期来看，在今后的十年甚至更长的时期内，即到 2010 年左右，中国增值税的类型选择应该是消费型增值税，理论依据是：

1. 消费型增值税符合中国市场经济体制改革的方向。市场经济要求市场对资源配置起基础性作用，税收应对经济保持中性效应，而消费型增值税完全彻底地解决了对外购项目的重复征税问题，对不同行业、不同组织形式的企业真正做到了公平税负。

2. 消费型增值税与国际增值税实践相一致，有利于使中国的增值税制与国际惯例相符。

3. 消费型增值税比现行的生产型增值税更符合增值税的抵扣原理。

4. 消费型增值税符合我国税制改革的整体方向。

（四）设法弥补财政收入缺口是增值税类型转换中的关键问题

1. 增值税类型转换对财政收入的影响

增值税类型的不同就在于税基的不同，因此类型转换在短期内将对经济的各个方面如对投资规模从而对通货膨胀，对税负结构的重新分配和产业结构，对分税制体制等产生影响，但以政府来说在此过程中首先必须面临的实际问题就是对财政收入的直接影响，实际上该问题也是转换过程中最为现实和棘手的问题。

2. 财政收入缺口的产生

由于消费型增值税的税基比收入型增值税，尤其是生产型增值税要小得多，采用消费型增值税初期会较大地影响政府现有的财政收入规模。这又分两种情况：第一种是引进增值税时一次到位地采用消费型增值税对财政收入的影响问题；二是原来采用其他类型的增值税的，向消费型增值税转换过程中遇到的收入减少问题。对第一种情况相对比较容易解决，即对新增值税的收入能立刻进行总体预测，在此基础上设计税率，就可维持政府收入的需要。要解决的是对期初已购进固定资产所含税款的抵扣问题，即如果实施增值税时将原有的固定资产存量所含税款一次扣除，会使当期财政收入由于抵扣税额过大而减少过快，最终影响到政府职能的实现和社会的稳定。我们将由于对起初固定资产所导致税款的处理而产生的财政收入缺口称为收入缺口Ⅰ。对第二种情况除了要解决收入缺口Ⅰ外，还要解决由于生产型增值税转换，造成新税基比老税基减少而影响收入的问题。由于该原因而产生的财政收入缺口我们将之称为收入缺口Ⅱ。因此对增值税类型转换过程中收入减少问题的解决要分两个层次来进行。

3. 收入缺口Ⅰ的弥补

对如何解决收入缺口I，一般可以采取几种方式：一是对存量固定资产所含的税款不允许抵扣，如匈牙利。二是允许部分抵扣，但有一些限制性规定，包括购置年限的规定，即在实施新增值税以前一定年限内购进的资本品所含的税款允许扣除；或规定扣除比例，即一定期限内扣除的比例根据不同的购置年限来确定，一般离实行增值税当年越近，允许抵扣的比例越高，如意大利从1973年开始实施消费型增值税，规定前一年购置的资本性货物中所支付的流转税允许从增值税中抵扣，但抵扣额不得超过应纳的增值税的一半。三是可以无限期抵扣，直至彻底抵扣完毕，但为保证收入的稳定性规定有抵扣限额。

结合我国实际，我们认为对收入缺口I的处理可采取部分抵扣制。具体规定在实施消费型增值税前5年购置的固定资产所含税款允许抵扣，但不得全部扣除。可以规定一个扣除比例，如果从2010年实行增值税类型的转换，则2005年购置的资本性货物可以抵扣15%，以后每年增加5%，到2009年购进的资本产品要可以扣除税款的35%。

4. 对收入缺口Ⅱ的弥补

由于实施消费型增值税引起税基的减少，为保证政府收入一定的稳定性，政府可以采取一定的措施，主要有：一是实行抵扣的过渡性措施，即允许抵扣外购自本品部分的税款，但在实施消费型增值税的最初若干年分年限按一定比例进行抵扣，一般当年抵扣的比例最低，越往后抵扣比例越高，直至全额抵扣。欧共体成员国实施消费型增值税通常有一个渐进的过程，各国采取了不同的过渡性和临时性措施，如比利时1971—1980年10年间对投资货物允许部分抵扣（1980年以后允许全部抵扣）。

总之对增值税类型转换过程中的收入缺口问题，我们认为对新类型实施前后新增的固定资产所含税款原则上都允许按一比例进行抵扣（或参照比利时、瑞典的做法在过渡期采用低税率抵扣），但可加一些措施，以避免产生较大的波动，在收入缺口的弥补上可采取多种可能的措施。

（五）关于涉税投资的测算

由于全社会固定资产投资总额中有相当一部分是不能计入增值税相关税基的，因此每年新增固定资产中涉及增值税的投资额只是其中一部分，如何经过筛选推算出涉税投资是很重要的。

1. 安徽省的材料

我们查阅了全国的有关统计资料，又以安徽省为例，经过综合分析，形成一个想法：拟主要统计“更新改造投资”的涉及增值税的部分。具体来说：如果以“基建加更改”为100计算，其1997年两者的金额和比例是：全国为9863亿元∶3870亿元即71.82∶21.18；全省为240亿元∶105亿元即69.57∶30.43从总体看是三七开，更改三，基建七。如表4－1所示。

表4－2[①]　1996年、1997年全国及安徽涉税四业更改投资额与含税情况表

单位：亿元

年度	范围	全社会固定资产投资	其中基建投资	其中更改投资	更改中涉及四业投资	含税（按17%算）
1996	全国	22974	8610.84	3622.74	2401.97	349
1997	全国	25300	9863	3870	2565.81	372.81
1996	安徽	571.76	196.61（国有）	102.35（国有）	89.44（国有）	13（国有）
1997	安徽	720	240（国有）	105（国有）	91.76（国有）	13.33（国有）

① 引自安徽省税务学会会长马千里：“关于增值税课题方面的一些素材”。

在涉税四业的更改投资额中，据亳州市统计局、经委、计委反映，有设备和土建两块，大体比例是8∶2。如果土建部分不扣税，仅就设备部分扣税，则投资中的扣税量还要打八折。

2. 有关测算材料

据测算，我国每年新增资本投资税收约2000亿元，按17%税率计算，要增加扣除290亿元［2000/（1+17%）×17%］，但因此会增加所得税96亿元（按33%计算），实际影响税收194亿元[①]。

根据国家有关统计资料分析：1997年全国基建投资9863亿元、更新改造投资3870亿元，两项合计13733亿元。其中涉及增值税征收范围的“涉税四业”“采掘业”“制造业”“电力、煤气及水的生产和供应业”以及“批零贸易”部分为7206亿元，按17%税率换算不含税价后计算税额为1047亿元。由于种种原因，基建投资和更新改造投资中有些支出是取不到增值税专用发票的（如进口免税的设备，各种税费支出，土地及建筑安装支出，贷款利息、保险费、设计、咨询、仓储、自营工程人工费用支出等等），再加有些基本建设单位未能交生产经营单位或不能投产等等，因此估计可抵扣的税款大约在800亿元左右，这就是财政要承担的风险。

（六）关于中国增值税类型转换的几点建议

迫于财政压力，我国目前实行的是税基最宽、抵扣范围最小，离效率、公平目标也最远的生产型增值税。在现实经济生活中，它对资本品的重复征税问题日益突出，已成为产业结构化、社会专业化程度提高、影响国内投资、吸引外资、区域均衡发展

① 北京市国税局完善增值税运行机制课题组：“借鉴国际经验，完善我国增值税运行机制”。

的一个重要制约因素，因此，增值税的转型是必然的，问题的关键在于财政收入缺口的弥补。基于对各种类型的增值税功能的比较分析，为推进走向市场经济的中国税制建设，我国增值税的发展趋向，应是消费型增值税。

鉴于我国增值税类型转换的迫切性，推动社会主义市场经济体制建立的紧迫，当前政府的政策取向如果首先考虑扩大内需，刺激投资以振兴经济，则转型更是迫切，应采取断然措施，转型可考虑在近期全面推开。按照这一思路，我们有如下建议：

第一，政府有关部门积极组织力量进一步进行调查研究，测算数据，提出方案，在 2001 年全面转型，宣布对增值税一般纳税人当年新增的固定资产已支付的增值税准予凭专用发票在纳税时一次全额扣除，以鼓励投资。

第二，转型中减少的收入由财政负担一点，企业也相应负担一点。采取这个方案，财政约需承担 400 亿元。从财政承受能力分析，由于 1994 年税改时，为解决企业期初存货已纳税款的扣除问题、外商投资企业超原税负返还问题和一部分减免税先征后返，1999 年这些问题已陆续处理完毕，国家每年可以少拿出约 400 亿元，这大大增强了财政的承受能力。

我们设想，从生产型增值税向消费型增值税过渡的阶段需要五六年乃至十年左右的时间，即可以在 2010 年前后完成增值税类型的转换。为了顺利实现我国增值税中长期类型转换，可借鉴国际增值税类型转换的经验，我国在现有范围内实施由生产型向消费型增值税的转换可分阶段实施，采用过渡措施保证税制改革平稳顺利进行，为此建议，从 2001 年到 2010 年这 10 年采取渐进方式进行下列工作：

1. 从 2001 年起，通过调查测算，制定方案，依照国家产业政策，选择若干对资本品重复征税比较严重的行业、国家需要特别鼓励发展的行业，以及关系到国计民生的高新技术、电力、能源等基础产业，先允许对当年新增固定资产应扣税款给予实际扣除，在一定的范围内先予试行，在增值税税率保持不变的情况下，在限定行业内实现转型。还可考虑与增值税范围的进一步改革相配套，先从交通运输业入手，进行增值税类型转换的试点，交通运输业改征增值税，有利于保持增值税征抵税“链条”的畅通，有利于与国际惯例接轨。通过上述试点积累对资本品扣税的经验。可以抵扣的资本物限定为技术设备，而不包括房屋和建筑物，旨在促进国有企业转换经营机制，鼓励高科技产业的资本投入，改善投资结构。

这一步所实行的有限制的或定向的消费型增值税，向资本有机构成高、抵扣比重大的基础产业倾斜，消除了税负在产业结构、地区结构上的过高累退性，推动了基础产业，以及基础产业密集的中西部地区的发展，体现了税收政策与政府产业政策、加快中西部发展的区域政策的协调。资本物的抵扣限定规则，与政府搞活大中型企业的重大经济政策相协调，有助于资本有机构成高的国有大中型企业的技术更新、改造及经营转换。上述规则的配合，还能有效抑制投资扩张，改善投资结构。

2. 从 2005 年前后起，至 2010 年将消费型增值税推向所有纳税人，按一定比例抵扣（例如 20%—30%），对当年新增生产型固定资产价值内所含税款，本着“存量不扣，增量慢慢扣”的原则进行抵扣，逐年推进（如按 30%、40%、50% 抵扣比例），朝全面实施消费型增值税方向迈进，通过几年达到全额抵扣，不提高增值税税率，使财政逐步适应消费型增值税的运行。

固定资产的存量不予抵扣，以保证财政收入的基数，这一条要事先宣传，并予坚持。

增量慢慢扣，是指实施当年（如 2005 年）纳税人购入的固定资产支付的增值税额（专用发票上列明的金额），抵扣一定比例（如二成），以后逐年提高抵扣的比例（如三成、四成……），数年后，最终达到全额抵扣，完成转型。

按前文匡算，如果一年新增固定资产价值所含税额为800亿元，则第一年国家财政承担160亿元（800×20%），以后每年增加80亿元（每年比上年的增加量未计）。由于新增固定资产理应带来新的生产能力，一般说来，国家财政还是有可能承受的。

3. 深化整个税制改革，推进税收立法，不断完善税制，通过开征新税种，完善旧税种，为类型转换提供一定的财力支持。美国税务专家艾伦·A. 泰特在他所编《增值税：管理与政策问题》一书中指出，要“与其他税结合起来考虑增值税”“我们不应当从增值税本身来考虑增值税，而应把它看成是整个税制的一部分。”从整个税制来考虑，我国对个人所得税征收的加强，对遗产税、个人消费税、社会保障税等税种的开征都能增加财政收入，从而为增值税类型的转换提供一定的财力支持。

4. 进一步加强增值税征收管理，从加强征管中增收，为增值税类型转换创造条件。

5. 建议财政、税务有关职能部门当前抓紧选择重要行业或代表性的企业进行典型调查，并进行有关数据的普查测算工作，对企业资本品的存量和未来预期的投资进行清查和预测，更全面的掌握类型转换的改革对收入影响的具体规模和结构，为制定相应的投资政策做依据，进一步准确确定与增值税税基相关的数据，从而对转型中的财政收入缺口等问题进行更深入的研究，在此基础上制定出中国增值税转型的具体实施方案。

鉴于目前对外商投资企业超税负返还已到期，期初存货已征税款亦将抵扣完毕，一些过渡性的税收优惠也将停止执行，这些增收因素可以缓解实行消费型增值税税基对财政收入的冲击程度，再加上宏观经济状况好转，税收收入形势较好（1999年前三季度财政收入完成9561亿元，比去年同期增加1649亿元，是历年来同期增加额最多的，同比增长21%），应该说，目前不失为推行消费型增值税的较佳时机。

参考文献

[1]　张忠诚："制定增值税法需要解决的两个问题"，《中国财经报》，1997年第1期。

[2]　各国税收制度比较研究课题组：《增值税国际比较》，中国财政经济出版社1996年版。

[3]　[美]艾伦·A. 泰特：《增值税：管理与政策问题》，中国财政经济出版社1995年版。

[4]　韩绍初："积极创造条件，推进增值税立法"，《1996国际税收理论研讨会论文集》，中国税务出版社1997年版。

[5]　陆炜、杨霞："中国增值税转型可行性实证分析"，《税务研究》，2000年第9期。

[6]　汤贡亮、马千里、阮宜胜："中国增值税类型转换问题研究"，《1999年国际税收理论研讨会论文集》，中国税务出版社2000年版。

[7]　汤贡亮、计金标："试论我国增值税类型转换过程中的若干问题"，《财贸经济》，1997年第7期。

（摘自1999年世界银行/中国财政部技术合作项目"中国增值税分项目实施方案"课题研究报告之一，1999年8月"中国会计与财务研究第一届国际学术研讨会（香港）"论文，刊于《中国会计与财务发展：回顾与前瞻》，牛津大学出版社1999年版；2000年3月财政部主办"2000年商品和劳务税国际研讨会（上海）"论文，刊于财政部税政司编《流转税的改革与政策选择》，中国财政经济出版社2002年6月版）

二、我国增值税转型试点经验与转型方案选择

（一）我国增值税转型试点的经验

1. 我国增值税转型试点的基本情况

从 2004 年 7 月 1 日至 2006 年年底，在两年半的时间里，东北试点地区的试点企业发生的新增固定资产增值税进项税额 121.9 亿元，共抵扣增值税 90.62 亿元[①]。其中 2004 年下半年，东北地区共认定增值税转型试点企业 40306 户，占东北地区增值税一般纳税人总户数的 32.24%，占工业增值税一般纳税人总户数的 60.87%。2004 年下半年，东北地区转型试点企业允许抵扣的新增固定资产进项税发生额 24.72 亿元，实际抵扣税额 12.72 亿元，占进项发生额的 51.5%。

2. 我国增值税转型试点的成效

（1）对促进东北地区经济增长和发展发挥了重要的作用。

一是转型对固定资产投资起到了促进作用，使东北地区在一定程度上成为企业投资的“洼地”。增值税转型后企业增值税实际税负普遍降低，对固定资产投资起到了一定的积极作用，平均固定资产投资有了稳步增长，国家宏观统计数据证实了这一结果。东北地区实施增值税转型试点后，2004 年至 2006 年东北地区固定资产投资增长率均超过 30%。二是有力地促进了东北地区的经济增长。

---

① “中部六省扩大增值税抵扣范围座谈会召开”，《中国税务报》，2007 年 4 月 9 日。

（2）为了解在全国范围实现增值税转型对财政收入的影响提供了依据。

财政承受能力是影响增值税转型的重要因素。从 2004 年 7 月到 2006 年年底，在两年半的时间里，东北地区共抵扣增值税 90.62 亿元，平均每年不超过 40 亿元。这和有关部门在 2004 年测算的，将对东北三省收入影响 200 亿—300 亿元的数据相差甚远。而且这 90.62 亿元中，还有一部分实行全部抵扣。这就为测算在全国范围实现增值税转型将对财政收入产生多大程度的影响提供了依据。

3. 我国增值税转型试点存在的主要问题

（1）增值税转型试点不适合较长时间当作税收优惠政策来运用。

（2）增值税转型试点并非真正意义上的增值税转型。

（3）适用范围偏窄、受惠面偏小，对税收管理造成了人为的漏洞。

（4）采用增量抵扣的方法不符合税收公平的原则。

（二）我国增值税转型方案选择

1. 增值税转型改革应尽快在全国铺开，避免将增值税转型改革在较长时期当作税收优惠政策

我们认为，增值税转型改革应尽快在全国铺开，基于以下三点理由：

第一，我国实行的是市场经济，市场经济的资源和要素流动是没有地区边界的，不管是产品市场还是要素市场，在全国应该是一个完整的市场。国家税收是现代市场经济的重要组成部分，因此税收工作要有利于形成完整统一的市场，而不对市场经济产生扭曲。特别是增值税，与市场的关系更为紧密，需要在统一的

市场中形成完整的链条。作为我国主体税种的增值税制的完善，其转型工作在全国推开具有必要性和紧迫性。

第二，目前我国的财政收入水平和增长形势完全有能力支撑在全国范围内实施增值税转型改革。

第三，东北和中部增值税转型试点搞得越久，增值税转型改革在全国推开就越晚，风险就越大，这些风险包括企业偷漏税的风险、企业推迟投资的风险、全国经济增长速度放慢的风险等。

2. 实施“全额抵扣”方式

我们认为，应该改“增量抵扣”方式为“全额抵扣”，理由如下：

第一，实施“全额抵扣”对财政的冲击影响不大。增量抵扣的出发点是为了缓解由于实行增值税转型产生的对财政收入的短期冲击，但上述分析表明，实际上这个冲击并不比预想的大，甚至还小很多。

第二，实施“全额抵扣”更接近改革目标。“全额抵扣”符合真正意义上的消费型增值税的基本要求，既然改革的成本不高，不如一步到位。

第三，实施“全额抵扣”符合税收公平原则。一是有利于老企业发展，二是有利于消除企业存在的加重负担的隐患。

3. 适当扩大允许抵扣的行业范围

我国增值税转型试点向全国推开的方案选择可为：

方案一：在维持现行增值税税率水平的基础上，在全国范围内、对所有行业实现增值税转型，即允许对全国各省所有增值税一般纳税人（或类似东北、中部地区的“八大行业”）新购入的机器设备所含进项税金予以抵扣，适时将“增量抵扣”调整为“全额抵扣”。

增值税转型在全国各省推开后，原有在生产型增值税制背景下出台的税收优惠政策需要做出相应调整，并对增值税暂行条例及其实施细则进行修订。

方案二：从2008年或2009年起，将消费型增值税推向全国所有增值税一般纳税人，按一定抵扣比例，对当年新增生产性固定资产价值内所含税款，本着“存量不扣，增量逐年扣”的原则进行抵扣，不提高增值税税率，使财政逐步适应消费型增值税的运行。

4. 做好相关配套制度的改革

增值税转型问题涉及财政工作的方方面面，必须进行相关配套制度的改革：

第一，逐步降低流转税的比重，提高所得税的比重。我国于1994年税制改革后，形成了以流转税为主体的税制结构，增值税成为我国的最大税种，其收入占税收总额的比重很高。因此，在新一轮税制改革过程中，应适当降低流转税的比重，提高所得税的比重。

第二，在全面推行增值税转型改革的同时，应积极推进其他税种的改革。如当前应积极推进资源税的完善，并推进房地产税制（不动产税制）的改革与完善，继续推进消费税、营业税、企业所得税、个人所得税等税种的改革与完善，同时开征新税种，如环境保护税等，完善税种结构、税负结构和收入结构，优化我国的税制结构。

第三，在增值税转型改革的同时，出台一些配套改革措施，如财政转移支付制度改革、财政补贴制度改革和增值税分成比例的调整，弥补由于增值税转型所带来的地方财政收入的减少，推动增值税转型工作的积极开展。

参考文献

[1] 《中国统计年鉴（2003—2007）》，中国统计出版社 2003—2007 年版。

[2] “中部六省扩大增值税抵扣范围座谈会召开”，《中国税务报》，2007 年 4 月 9 日。

[3] 吉林省税务学会：“增值税转型试点中存在的问题及思考”，《税务研究》，2005 年第 9 期。

[4] 赵恒：“局部地区增值税转型将造成西部大开发政策优势边缘化”，《公共经济评论》，2007 年第 9 期。

[5] 陆炜、杨震：“中国增值税转型可行性实证分析”，《税务研究》，2000 年第 9 期。

[6] 汤贡亮：“中国实施增值税转型问题研究”，财政部税政司：《流转税的改革与政策选择——2000 年商品和劳务税国际研讨会论文集》，中国财政经济出版社 2002 年版。

[7] ［美］艾伦·A. 泰特：增值税：《管理与政策问题》，中国财政经济出版社 1995 年版。

（摘自 2007 年 11 月 26 日全国人大常委会预算工作委员会主办的“中国增值税转型与立法国际研讨会（重庆）”的发言稿）

三、“营改增”前瞻性研究与推进增值税立法

（一）当前实施“营改增”需要研究解决的一些问题

选择将营业税（BT）逐步转化为增值税（VAT）总体上看是符合经济发展阶段特点和市场主体需求的。“营改增”方向正

确，效应明显。但是，由于改革选择在经济相对低迷的周期启动，使得减税或者说保持税负水平不得不成为税制改革必须要考虑的因素，因此，在税率设计上较多地考虑了市场主体的接受程度，在对“同一产业链条上适用同一税率”的税制设计原则方面做了一定让步。改革进度的较快推进，使得一些制度设计在细节上还需要进一步完善。未来预期将加入试点改革的行业情况将更为复杂，特别是金融、房地产行业的税制选择将对经济的持续发展产生极大影响。此外，“营改增”为主的税制改革将是倒逼财政体制改革的原动力之一，中央与地方的财权配置，特别是省以下政府间财权配置的科学性，在很大程度上也取决于此次营改增的成败。相应地，分税制财政体制的改革，将引发税收征管方面行政管理的调整。总体来说，目前继续推进“营改增”主要面临以下几方面问题。

1. 促进产业升级与长期税率规划：增值税税率的简并

实施“营改增”之前，增值税一般纳税人适用的税率主要有两档，17%普通税税率和13%低税率。实施“营改增”后，为配合改革的实施，新增两档低税率11%、6%。“营改增”试点行业中，交通运输业适用11%的税率，有形动产租赁业适用17%税率，其他参与试点的现代服务业适用6%税率。这种政策设计主要是基于在对相关行业原营业税税负进行测算的基础上，按照保持赋税水平稳定或略有下降的原则倒挤税率的方法得出的，同时，从中性原则的角度出发，部分考虑了相似行业之间的税率平衡（如租赁业与批发零售业的税率保持一致）。因此，各行业税率的确定对纳税人来说相对容易接受，较好地维持了税改的稳定性，即使是改革初期税负上升表现显著的交通运输业，也随着改革的不断推进，固定资产购入的增加而使税负上升现象有所缓解。

法国是世界上最早实行增值税的国家，1978 年法国将增值税扩大到与经济、生产直接相关的设计师、建筑师、工程师等自由职业者后，形成的征收范围包括农业、商业、工业、服务业和自由职业者在内，法国境内所有有偿提供产品和服务的经营活动都应缴纳增值税，也就是全面的增值税。在广泛征收的基础上，法国对税率档次的设定却是谨慎的。一般税率为 19.6%，大多数商品和服务都适用这一税率；5.5% 的低税率主要适用于食品、部分农产品、客运、大多数剧场经营、出版、部分第一住宅工程；2.1% 的低税率适用于社会福利范围内可报销的药品、产肉牲畜的出售、电视、某些演出、已注册的新闻出版物。总之，低税率的应用范围是相对较窄的。

过多档次的税率设计不利于增值税中性特征的发挥，也给税收征收带来较多难题，因此研究完善增值税标准税率，适时进一步简并税率是后营改增时期建设现代型增值税必须要解决好的问题。

2. 明确行业分类与特殊行业的税制选择

选择分行业、分步骤实施“营改增”的总体思路是正确的，但是各阶段纳入试点的行业是要有总体规划的。实施“营改增”以前，征管营业税的主要行业分类依据是国家税务总局发布的《营业税税目注释》，这一部门规章发布于 1993 年，显然对服务业内涵的界定已经不适用于新的经济发展阶段。因此，“营改增”行业选择是在《营业税税目注释》中抽取一部分征税范围，再补充上相关的新兴业态来完成的。随着“营改增”的实施，“部分现代服务业”的概念被引入税改，现代服务业这一概念显然是从发展规划领域引入的，目前，国际经验和相关规划中都没有对现代服务业的明确界定，与之相关的类似概念是“生产性服务业”。根据《服务业发展“十二五”规划》，生产性服务业包括金融服务业、交通运输业、现代物流业、高技术服务业、设计咨询、科技服务业、商务服务业、电子商务、工程咨询服务业、人力资源服务业、节能环保服务业以及新型业态和新兴产业。与之相对的概念是生活性服务业，主要包括商贸服务业、文化产业、旅游业、健康服务业、法律服务业、家庭服务业、体育产业、养老服务业和房地产业。随着“营改增”行业的不断扩展，解决电信增值服务与动漫的交叉，会展业、旅店业、餐饮业、旅游业、客运业之间的交叉等问题，都需要通过系统科学的行业或者税目规划来实现。

3. 尊重市场行为与税制细节安排、启动增值税立法研究

进行“营改增”的最主要的技术目标是消除重复征税，究其根本是全面实现流转税的中性，最大限度地减少税收对市场的干预，让市场主体在决策的过程中最低限度地受到税收规制的影响。从这个角度上讲，“营改增”作为一个方向性的选择是正确的。2008 年以后，实施“营改增”之前，大陆关于流转税改革最受关注的学术话题之一是增值税立法研究。全国人大预工委也启动了相关研究，于 2010 年编写出版了《增值税法律制度比较研究》。

对部分行业进行特殊处理的问题。表现显著的主要是金融业和不动产相关行业，这将是大陆深入推进“营改增”的难点。房地产业难以按照一般计税方式实行增值税的主要问题在于，一般来说，房地产会随着时间的推移而升值，若按照一般计税方式在每次房产转让时都征收增值税，将会使房地产泡沫链接到国家财政上来，对房地产市场的稳定和财政收入的稳定都是巨大挑战。为此，要进一步完善小规模纳税人和简易计税等政策，研究税制设计中的细节安排。

4. 保障各级政府财力与分税制的优化

2011 年，中央财政收入 51327.32 亿元，其中，国内增值税

18277.38亿元，归属中央的营业税174.56亿元；地方财政一般预算收入52547.11亿元，其中，国内增值税5989.25亿元，归属地方的营业税13504.44亿元[①]。根据上述数据计算，中央与地方的预算内财政收入比为100∶102.38，基本相当。中央级财政收入中，国内流转税占预算内财政收入的比重为35.95%，各级地方财政收入中，国内流转税占预算内财政收入的比重为37.10%，流转税对央地各级财政的贡献也是持平的，且均占比较大。如果试点后将原归属地方的改征增值税收入按现行比例分成，按照2011年数据静态测算，地方财政收入中的10128.33亿元（13504.44×0.75）将成为中央收入，中央与地方的预算内财政收入比将变为100∶69.02，极大改变收入分配的结构。从支出的角度看，2011年中央对地方转移支付决算数是34881.33亿元[②]，已经占到中央财政收入的68%，如进一步加大中央财政支出中转移支付的比重，对财政资金管理的科学性和统筹难度也将提出更高的要求。因此，“营改增”后，如何继续完善1994年确立的分税制财政体制，是关系未来各级财政稳定运行的重要问题。

5. 加强税收征管与税务行政建设

实施“营改增”后，改征增值税由国税部门征管，地税部门负责的征管任务减少，相应地，人均征税额减少，就这使得税务机关征管效率问题以及由此引出的国地税合并问题被再次提出，要切实调整好国税与地税两个系统的职责分工，税务行政管理的方案，也将是“营改增”后期需要解决的现实问题。个人

---

① 数据来源：国家统计局网站，http：//data.stats.gov.cn/workspace/index？a=q&type=simple&dimension=zb&dbcode=hgnd&m=hgnd&code=A0801。

② 数据来源：财政部《2011年中央对地方税收返还和转移支付决算表》，http：//yss.mof.gov.cn/2011qgczjs/201207/t20120710_665277.html。

认为国地税分立是与分税制财政体制相配合的，保持分离有利于保障各级财政收入。

（三）关于“营改增”的前瞻性建议

1. 整合现行各档税率，研究完善增值税标准税率

针对目前增值税税率档次多的问题，总体上讲税率还应简并。一些学者提出，可行办法是降低17%的基本税率，用5—10年的时间将基本税率降低到10%左右，将低税率降到5%左右①。这一观点笔者是赞同的，一方面是出于对国内市场主体承受能力的考量，此外，从国际税收竞争的角度考虑，10%左右的基本税率也是与亚太地区相邻国家水平保持基本一致的需要。

2. 增值税抵扣制度的完善

增值税抵扣制度是影响增值税中性作用的最主要因素，要进一步健全增值税抵扣链条，更好地解决金融、建筑业等行业和小微企业税收抵扣不足的问题。由于税制模式选择及税收征管的原因，即使是较早实行增值税发达国家也难以做到完全的抵扣，使得增值税制度只能在不同程度上减少重复征税，而不能完全消除重复征税。随着我国增值税征收范围全覆盖，从中国的国情出发，由于存在大量的小规模纳税人，我们不宜追求彻底、全面纳入抵扣链条，而是要分别情况不断完善增值税抵扣制度。

3. 对金融业、房地产业建议要有特殊安排

各国（地区）典型的金融业增值税模式主要有三种：一是欧盟国家采取的基本免税模式，即对显性收费（金融业务直接体现金融服务的增加值的情形，包括手续费和佣金收入等中间业务收入在内）的金融业务收入征税，对隐性收费（金融业务收入

① 杨志勇：“‘营改增’加重税负了吗”，《人民论坛》2012年第9期。

中包含金融服务增加值和通货膨胀补偿和违约风险补偿等因素，因而金融服务的增加值不能由收费水平明确反映的情形，包括利息和金融商买卖收入等金融企业的核心业务收入在内）的金融业务收入免税，应税项目允许进项税额抵扣，而免税项目不能获得进项税额抵扣；二是新西兰实行的零税率模式，即对免税项目也允许进项税额抵扣；三是新加坡和澳大利亚两国实行的部分抵扣进项税的免税模式，即对免税项目的进项税额给予一定比例的抵扣①。根据国际经验，结合我国金融业发展现状、行业监管和税收管理水平，欧盟所确定的征税范围对我国具有很大借鉴意义，有利于降低企业的信贷方面的行政成本。

在计税方式上，我国台湾地区对金融业采用的特殊税额计算方法值得借鉴，这种做法便于征管，且与原营业税税制有很好的衔接。

从理论研究和实践经验看，对金融行业征收增值税是一个世界性难题，需要不断总结和探索。

4. 增值税优惠制度的设计与完善

少优惠或没有优惠是实现增值税增收链条完整的前提，但根据实际需要，对于增值税优惠及零税率、免税率等制度设计，如何考虑我国国情，借鉴国际经验，优化增值税优惠政策体系，需要深入探讨。

5. 加强行业分类研究，提高行业分类对税收征管的适应性

增值税是具有普遍意义的流转税，相互抵扣、交叉审计的税制原理本身就要求这种税的税基一定具有广泛性。在货物、劳务范围内全面实施增值税制度以后，应该对货物、劳务生产、销售等涉及的行业进行重新规划、分类，科学的设置征税范围和税

① 刘友荣：“金融业‘营改增’前景展望”，《金融经济》，2012 年第 23 期。

目，维护税法的确定性。

6. 完善分税制财政体制，逐步建立地方税体系

上述前瞻性建议实际上是营改增向前发展的思路之一，即设想全面“营改增”后，继续坚持税种划分为主、收入分享为辅的分税制模式，重构地方税主体税种，完善地方配套税种。如何重新设计新的分税制体制构架，如何科学地选择新的地方主体税种是需要我们加以深入研究的。

7. 加快推进我国主体税种——增值税的立法进程

在对课税对象、税率、税目、纳税地点等基本税制要素进行充分研究的基础上，要加快增值税立法进程。

贯彻落实“税收法定”是党的十八届三中全会确定的一个重要改革目标，也符合党的十八届四中、五中全会确立的依法治国方向。“营改增”后的增值税是我国“第一大税”、主体税种。增值税制在我国的开征又是1994年税制改革迈向市场经济的重要标志之一，因此，增值税的立法问题成为贯彻税收法定原则、完善我国税法的重中之重，意义重大。

由于“中性”原则最能体现增值税的特征，增值税的改革和立法要朝着中性的方向发展。

要在不断深化改革、凝聚好税制要素的基础上积极推进我国的主体税种——增值税的立法。增值税的立法要具有战略高度的总体规划，其立法目标和理念、立法基本原则的确立、立法级次的提升、立法技术、程序的要求以及立法内容的完善等等，应当既要借鉴国际经验，又必须立足于中国的国情。

通过深化改革，凝炼好税制要素是推进增值税立法的基础。

一是要简并税率，将目前的多档税率合并为两档最多三档税率。

二是规范一般纳税人和小规模纳税人的合理标准，慎重处理

好抵扣问题，明确允许抵扣和不允许抵扣的范围。

三是规范和完善增值税优惠政策，逐步清理与适当整合试点期间临时出台的增值税过渡性优惠政策，严格控制增值税减免税的范围。要贯彻增值税的中性原则，使其对经济扭曲最小，尽量避免对中间行业、企业和部分地区的减免税按低税率计算征收。

四是完善增值税进出口税收管理，健全增值税退税制度。

还要切实调整好国税和地税两个系统的职责分工，加强对增值税的征管，还要认真研究并实施增值税的国际税收协调。

要在广泛借鉴有些国家和地区增值税立法经验的基础之上，充分发挥全国人民代表大会及其常务委员会的立法主导作用，按照我国增值税改革的方向，制定一部符合增值税基本原理，适应我国国情，较为规范的现代增值税法，并授权国务院制定增值税实施条例。

参考文献

［1］ 许建国："在'营业税改征增值税学术研讨会暨2013中国财政发展报告'新闻发布会上的发言"，载于中国公共财政研究院《中国公共财政高层论坛》会议全纪录，2013年6月。

［2］ 刘友荣："金融业'营改增'前景展望"，《金融经济》2012年第23期。

［3］ 杨志勇："'营改增'加重税负了吗"，《人民论坛》2012年第9期。

（摘自2013年10月26日在厦门大学召开的"2013海峡两岸财税学术研讨会"上的演讲，与李子姮合作）

四、从消费税职能定位看“营改增”全面实施后的消费税改革

“营改增”全面落地后，消费税成为流转税体系中除增值税之外的主体税种，在税制改革和理顺中央与地方收入划分中扮演着重要角色。本文从消费税组织财政收入、调节经济行为及调节收入分配的职能出发，讨论了消费税在税制要素设计方面的优化方案及改进建议。提出消费税符合中央与地方共享税的特征，在配合增值税税收中性特征的同时，可通过扩大税基、动态调整税目、调整税率和征收环节、加强征管来推进改革并考虑与整个税收体系的衔接。

自 2016 年 5 月 1 日起，在全国范围内全面推开营业税改征增值税（以下称“营改增”）试点，金融、建筑、房地产和生活服务业等全部营业税纳税人纳入试点范围，我国流转税的主体税种此后只有增值税和消费税。在这种背景下，作为我国新一轮税制改革重要举措的消费税改革，在税制改革和理顺中央与地方收入划分中扮演着重要的角色，消费税能否最大限度的发挥其税种功能，能否科学合理的与其他税种衔接，将成为其改革的重点。

（一）消费税的职能定位及其现实意义

自 19 世纪以来，以所得税为主体税种的直接税比重越来越高已成为税制发展的趋势，但消费税由于其独特功能，仍是世界各国广泛开征的税种。而且在已开征消费税的国家和地区中，消费税在其税收收入中占有较高的比重。

消费税的三大职能为：组织财政收入、调节经济行为和调节

收入分配。从国际先进经验来看，能否充分发挥消费税的职能，与税种的税收职能定位以及国家发展水平是密不可分的。同一国家在不同的发展阶段，通过税制设计体现不同的税种职能定位，实现不同的税收职能组合。

从消费税发挥的作用来看，2015 年我国消费税收入为 10542 亿元，与 2005 年相比增长了 6.45 倍，但占我国税收收入的比例为 8.44%，占我国 GDP 的比重仅为 1.56%[①]，远低于发达国家。这说明我国消费税比重偏低，发挥的作用有限，还有进一步调整的空间。我国可以进一步提高消费税占 GDP 的比重，这也符合结构性减税中“有增有减，结构性调整”的思路[②]。

我国正处于加快转变经济发展方式的攻坚时期，“营改增”的全面实施，有利于发展第三产业，推进经济结构调整。增值税作为流转税第一大税种，税基广阔、税源充足，可充分发挥其税收中性的特点。“营改增”后，消费税的三大职能定位也应有所调整：在发挥组织财政收入职能的同时，更应该作为“营改增”后调节财政收入分配格局，理顺中央地方收入划分的抓手；更加充分发挥增值税所不能完成的调节职能，引导消费行为，尤其是纠正负外部性，保护资源环境；更注重发挥调节居民收入分配职能，促进社会和谐。在新一轮税制改革中，通过对消费税税收职能的清晰定位，在设计税种要素和税收制度时，全面考虑是否有利于税收职能的实现，既能使税制改革事半功倍，也可以使作为流转税主体税种的消费税发挥其不可替代的重要作用。

① 数据来源于国家统计局网站。

② 中央财经大学税务学院编：《中国税收发展报告——中国地方税改革研究（2013/2014）》，中国税务出版社 2014 年版。

（二）优化消费税组织财政收入、调节财政收入分配格局职能

与增值税一样，消费税也有着组织财政收入的基本属性，我国消费税收入占全国税收收入比重从2005年5.5%左右上升到2015年8.4%。“营改增”前，营业税作为地方税的主体税种，对地方财政有着重要贡献，“营改增”后，消费税的收入归属，对于中央与地方收入格局和分配方式起着重要作用。

1. “营改增”后我国税收收入分配格局的变化

“营改增”在推进税制更趋公平合理的同时，也提出了重新构建地方税体系、补充地方税源的问题，消费税似乎能够为这一问题的解决提供思路。例如在实行奢侈税的我国台湾地区，近来就不断有将奢侈税征管权下放到各地的呼吁。

在“营改增”背景下，有学者提出将国内消费税作为地方税，在一定程度上减缓“营改增”带来的地方自有收入减少的问题，也有学者提出改变增值税中央与地方分享比例来解决财政收入问题[①]。但“营改增”过渡方案中分享比例的确定并不能解决地方主体税种缺失的问题，或者说，这样的分享比例是为保持中央与地方之间大的收入格局整体稳定而制定的过渡方案，一段时间后分享比例是否调整，是否确定新的地方主体税种，都是需要研究探讨的问题。

2. 统筹设计消费税组织财政收入职能，发挥消费税构建中央地方政府间收入划分格局的作用

虽然“营改增”后增值税收入分配比例保证了地方财力基本不变，但地方税体系建设不能单纯考虑税收收入增减的多少，

① 张秀莲、李建明：“‘营改增’后中央和地方增值税分享比例的测算”，《税务研究》2014年第12期。

而更应该从税种的性质与功能出发，统筹考虑中央与地方之间的事权与财权划分问题。我国税种划分的基本原则为：具有宏观调控意义的税种划分为中央税，包括与维护社会经济稳定、促进社会公平分配、提高资源配置效率等与大局密切相关的税种，而宏观调控职能不大，地域特征强、具有弥补负外部性的税种则划分为地方税。同时具有上述两种特性的则划分为中央地方共享税。从消费税的性质和功能看，其征税对象的选择兼具调节消费行为、促进社会公平、节约利用资源和保护生态的意义，符合中央与地方共享税的特征。

国际上，根据收入分享的差异共享税种可分为比例分享、税基分享、税率分享和混合分享等，基于消费税的性质与功能，消费税可以实行税基分享：具有宏观调控职能的税基，即征税对象为不鼓励消费类的商品，如烟、酒、成品油等，可以作为中央税，此类商品的生产具有地区分布不均的特点，若作为地方税会造成地方间收入分配不公平，而作为中央税，由中央进行统一支配，通过转移支付可以均衡区域、产业协调发展；而一些具有奢侈品属性的税基则可以作为地方税，一方面，高档奢侈品和环境类商品的征税范围会不断扩大，这就有利于保证地方税源的充足，另一方面，将一部分商品的税收收益权给予地方政府，可以调动地方政府的积极性，为地方公共服务建设提供资金支持。

在划分消费税税基的过程中，也应配合考虑征税环节的设计。如针对具有奢侈品属性的这一部分税基，将征税环节后移至零售环节征收消费税，一方面能减小企业通过各环节纳税筹划规避纳税义务的动机，另一方面又可将税收收入划归地方，既符合事权与财权的统一，也能调动地方政府的积极性，使地方政府将更注重消费环境的改善，符合刺激内需、释放生产环节资金、促进产业结构的转型升级这一大的经济战略目标。

（三）优化消费税调节经济行为、纠正负外部性的职能

作为"营改增"后流转税两大主体税种之一，消费税的职能更应该区别于增值税，发挥其调节经济行为的作用。在增值税普遍征收的基础上，对少部分消费品和少数消费行为征收消费税，可以形成更具调节力度的流转税体系。

1. 消费税的调节职能及效果

增值税的普遍征收及对生产、服务行业设定的固定税率决定了其税收中性特征。所谓税收中性，即税收对经济行为包括企业生产决策、生产组织形式等，不产生影响，或把税收对各种经济活动所产生的不良影响减少到最低限度，由市场对资源配置发挥基础性、主导性作用。政府在建立税制时，以不干扰经营者的投资决策和消费者的消费选择为原则。而在这一意义上，消费税正好属于"非中性"。

目前我国消费税的调节效果还不够显著，从税制本身分析，消费税征税范围仍较窄，税基相对偏小，税率、征税环节的调整跟不上经济发展与时代进步。因此，优化消费税的调节职能需要推进消费税征税范围和税率的调整。

2. 从环境资源保护出发，发挥消费税纠正负外部性职能

当消费行为产生负外部性时，对相应行为的选择性征税也被看作是矫正税[①]，体现了消费税惩罚性的性质，并将这一惩罚性收入用于减少负外部性的影响。20 世纪 90 年代，随着环保意识强化，很多国家相继开征了与保护环境相关的消费税，我国现行的消费税经过近些年来的不断调整和改革，在促进节能减排和支

① William F. Shughat Ⅱ. Taxing choice: the predatory politics of fiscal discrimination［J］. Oakland: The Independent Institute, 1997.

持环境保护方面的政策导向日益凸显，与环境保护、节约资源有关的税目有鞭炮焰火、成品油、小汽车、摩托车、木质一次性筷子、实木地板、电池、涂料，15 类消费税税目中有一半的税目与环境保护有关，但总体来说，对于纠正负外部性的作用仍比较有限，消费税与环境改善关系并不显著。

国际上，有的国家（如英国）在消费税外单独开征环境税，有的国家（如美国、丹麦、瑞典、斯洛文尼亚）将与环境污染有关的税基归入消费税项下①。现阶段，我国经济发展所带来的环境污染物种类日益增多，与人民的日常生活和健康息息相关，在设计消费税调节经济行为，纠正负外部性的过程中，应考虑消费税与资源税和环境税之间的衔接，做好共同涉及的外部性问题的税目和税基的整合。消费税应着力于税率设计、征税环节范围设定和选择等方面，更好地发挥其调节经济行为、纠正负外部性，保护环境和资源的作用。

3. 科学设定消费税税率

我国消费税体系中与环境保护有关的课税对象的税率仍然相对偏低，进一步优化消费税税率的空间仍然较大。通过横向比较我国不同课税对象的消费税税率，可以发现税率设计的科学性有待提高。例如，游艇的消费税税率统一为 10%②，而 7 档不同税率的乘用车，最高的税率为 40%，而游艇消耗的能源和汽油排量并不比乘用车少，而且不同型号的游艇的排量也不尽相同，所以游艇的消费税税率还可以进一步优化。另外，虽然已取消对气缸容量在 250 毫升（不含）以下的小排量摩托车征收消费税，

① 贾康、张晓云："我国消费税改革的重点"，《中国财经报》，2014 年 1 月 28 日第 006 版。

② 2006 年将游艇纳入消费税税目是将游艇认定为奢侈品来考虑，而非更多的考虑污染排放因素。

但乘用车最低排量为1升，税率只有1%，一般情况下，乘用车的排量会比摩托车大很多，但是税率却低于摩托车，这也不能体现出横向公平，需要加以调整。

4. 科学设定征收环节，考虑在其他税种之上叠加征收的方式

消费税的征税环节会影响消费者的行为。我国消费税体系中大部分商品是在生产环节征收消费税，生产者可以控制成本而不额外收取消费者的费用使消费税不宜被察觉，如果将征税环节后移，同时将价内税改为价外税，让消费者清晰的感觉到消费特定的商品需要支付的税金是多少，那么消费税调节经济行为的作用就可以更好实现了。当然，将征税环节改在零售环节应需要综合考虑征管成本、征管效率以及与增值税同步课征等问题。

（四）优化消费税调节居民收入分配、缩小财富差距职能

消费税调节居民收入分配，发挥的是一种“抽肥补瘦”“劫富济贫”的作用。我国消费税税目中具有奢侈品属性的商品包括贵重首饰、高尔夫球及球具、高档手表、游艇等，而奢侈品的需求价格弹性往往较小，对其征收消费税，使购买者在消费过程中多付出一些财富，可以发挥消费税调节居民收入分配的职能，一定程度上缩小了财富差距。但我国消费税的征税范围不应该是一成不变的，应该在整体拓宽具有奢侈品属性税目、扩大税基的基础上，动态调整消费税征税范围。

1. 保持消费税税目的动态调整

应该在整体拓宽税目的基础上，动态调整消费税征税范围。

一方面，部分日新月异的高端消费品和高端服务进入民众生活并成为潜在税源，应及时梳理、分类、制定金额标准，动态将其纳入消费税的征税范围，如私人飞机、娱乐性帆船、高档皮

具、高端茶座、俱乐部等；另一方面，应将部分调节效率较低的消费税税目移出，以消除无谓的超额负担，如之前取消的汽车轮胎及酒精。另外，化妆品、摩托车也已逐渐成为一般水平消费品和生活必需品，其奢侈品属性已不再明显，也可适时考虑不再征收消费税，减小对此类消费征税的累退性。

2. 在高档消费品基础上选择高档服务征收消费税

除了对高档消费品征收消费税外，也可考虑对高档服务的消费征收消费税。消费税改革应充分考虑与“营改增”后的流转税体系相配套。在增值税普遍征收的基础上，应有针对性地对原营业税下娱乐业税目中部分高端消费劳务开征消费税进行调节，如夜总会、桑拿按摩、游艺厅等。针对某类消费行为，消费税可以进一步发挥调节收入分配的作用。在高档消费品基础上选择高档服务征收消费税，能有针对性地发挥消费税调节收入分配的职能。

消费税改革在此轮税制改革中的作用不容小觑，尤其在“营改增”后，地方财政面临减收压力，给予消费税适当的定位，并将其融入到确定地方主体税种的进程中，可以调节中央地方政府财政收入划分，更好地发挥消费税组织财政收入的职能。同时，整体扩大税基，科学地设计消费税的税制要素，通过合理设定消费税税率和征收环节，动态调整消费税税目等，可以有效发挥消费税调节经济行为和收入分配的职能。消费税改革过程中，既应配合增值税税收中性特征统筹考虑，也应考虑与整个税收体系的衔接和与其他税种的相互配合。

参考文献

［1］ 龚辉文：“消费税征收范围的国际比较与启示”，《涉外税务》2010 年第 5 期。

［2］ 中央财经大学税务学院：《中国税收发展报告——中

国地方税改革研究（2013/2014）》，中国税务出版社 2014 年版。

[3]　张秀莲、李建明："'营改增'后中央和地方增值税分享比例的测算"，《税务研究》2014 年第 12 期。

[4]　William F. Shughat Ⅱ. Taxing choice: the predatory politics of fiscal discrimination [J]. Oakland: The Independent Institute, 1997.

[5]　贾康、张晓云："我国消费税改革的重点"，《中国财经报》，2014 年 1 月 28 日第 006 版。

[6]　郭维真："'营改增'背景下我国消费税制改革的方向"，《税务研究》，2014 年第 10 期。

（摘自"从消费税职能定位看营改增全面实施后的消费税改革"，《税务研究》2017 年第 1 期，与郑涵合作）

五、个人所得税费用扣除项目及标准问题研究

党的十六届三中全会通过的《中共中央关于完善社会主义市场经济体制若干问题的决定》对税制改革提出了明确的要求，其中，将个人所得税提到了重要的高度，将其作为调节收入分配的重要手段，指出要"改进个人所得税，实行综合和分类相结合的个人所得税制""健全个人收入监测办法，强化个人所得税征管"。因此，完善个人所得税制，特别是个人所得税费用扣除项目及标准问题，成为亟待研究解决的问题。

从其他国家和地区个人所得税的实践看，无论实行综合所得税制，还是实行分类所得税制，都必须确定费用扣除项目及标准。费用的扣除能真实地反映、保留纳税人纳税能力；解除纳税

人税负压力，不致影响个人劳动的效率和市场配置资源效率。各国在费用扣除项目的选择上，不仅考虑家庭成员构成与经济状况，而且还考虑子女的多少、有无老人与残疾人以及经济能力和赡养人口等，以此决定生计扣除与一般扣除的额度及标准。

本研究报告从理论与实践相结合的角度，以个人所得税工资薪金费用扣除标准为重点，论述了个人所得税费用扣除标准的一般理论，比较借鉴国际经验，分析现行个人所得税费用扣除标准的历史沿革、现状及存在的问题，明确了确定个人所得税费用扣除标准遵循的指导思想和原则，并对合理调整个人所得税费用扣除标准的观点进行了评述，提出了下一步改革调整以及个人所得税费用扣除标准具体测算的对策建议。

（一）我国现行个人所得税费用扣除标准亟待改革调整

与国际平均水平相比，我国个人所得税费用扣除考虑因素偏少，数额偏低，造成大量低收入者进入纳税人行列，甚至于纳税侵蚀了他们的必要生计费用，使得个人所得税偏离了其调节收入分配，特别是调节过高收入的本意，未能充分体现“等量贡献获得等量报酬”原则，亟待改革调整。

（二）合理调整个人所得税费用扣除标准的观点评述及下一步改革调整的建议

1. 国内关于个人所得税费用扣除标准改革的观点评述

国内关于个人所得税费用扣除标准改革的观点可以归纳为三种：一种观点认为在当前的条件下，不应提高个人所得税的免征额；一种观点则认为个人所得税的免征额应当提高；第三种观点认为个人所得税免征额应该予以取消，实施全民纳税。

当前情况下，必须尽快研究提高工资薪金所得的扣除标准，并在此基础上提出意见和建议，但如何准确地确定出工资薪金所得的扣除标准的额度和范围，目前尚缺乏严格的定量上的分析，这是本课题报告所要着重研究解决的问题。

2. 个人所得税费用扣除标准下一步改革调整的建议

通过对个人所得税扣除费用标准的上述分析，就工资、薪金免征额标准方面，我们对下一步改革调整提出如下建议：

（1）提高现行个人所得税免征额标准。其原因主要有三：首先，在确定个人所得税免征额标准时，应综合考虑整个国家的经济和社会发展情况，考虑全国人均收入水平和支出水平，考虑财政的承受能力等因素；其次，免征额标准应随着人民生活水平的提高和物价指数的变动情况适时进行调整；再次，在未来3—5年我国个人所得税不做大的调整的背景下，应及时提高免征额标准。建议由全国人民代表大会授权国务院及时调整现行免征额标准，具体包括调高基本生计费用标准以及增加附加费用扣除标准。从总体上测算，如果2005年修改《个人所得税法》，工资、薪金所得的基准免征额可以从800元提高到1500元左右；如果在2005年以后修改，其免征额需进一步提高（详见以下具体测算）。

（2）充实现行个人所得税免征额内容。近些年来国家陆续出台了一些与个人利益相关的改革政策及措施，使个人支出项目大为增加，个人所得税工资、薪金所得应及时补充一些免征额内容，例如对城镇居民个人为取得工资、薪金而支付的继续教育费用，为因取消福利分房而购买自用住房发生的贷款利息支出等，这些费用应作为新的免征额内容，在计算应纳税所得额时予以扣除。

（三）个人所得税费用扣除标准调整的具体测算：基数分析法

本部分应用定量实证基数分析法，以社会统计数据为基础，以当初确定的个人所得税工资薪金所得费用免征额（以下简称免征额）800 元是合理的为假设前提，通过计量分析，力求研究确定 2005 年的个人所得税工资薪金费用扣除标准。

随着我国经济体制改革的不断深入，我国经济状况和家庭消费状况已经发生了很大的变化。应该调增个人所得税的免征额。因此，个人所得税费用扣除标准的确定，必须依据居民家庭人均消费支出来进行分析研究。由于个人所得税的纳税人主要是城镇居民，因而应该以城镇居民为分析研究对象。

根据《中国统计年鉴》数据（见城镇居民家庭平均每人消费性支出表、城镇每一就业者负担人数表），1994 年全国城镇居民家庭人均消费支出为 2851 元，月均 238 元；由于平均每一就业者负担人数（包括就业者本人）为 1.74 人，则平均每一就业者负担的月消费支出为 414 元，与 800 元相差 386 元。个人所得税费用扣除标准显然不是或主要不是依据全国平均的人均消费支出水平确定的，而应该照顾到消费水平高的地区。1994 年城镇居民家庭人均消费支出水平最高的省区是广东省，消费支出水平最高的计划单列市是深圳市，2003 年消费支出水平最高的省区是北京市。因此，我们的计量回归分析将以全国、广东、北京、深圳城镇居民家庭人均消费支出数据作为依据。

假定城镇居民家庭平均每人消费性支出是时间的函数，建立回归模型，以预测出 2005 年的人均消费性支出数；再根据预计的 2005 年度城镇每一就业者负担人数，计算出平均每一就业者负担的月消费支出数；最后分析确定 2005 年的个人所得税费用扣除标准（或扣除额）。

1. 以全国数据进行回归分析

现以全国城镇居民平均每人消费性支出表中全部数据为基础进行线性回归分析。1994 年全国城镇居民家庭人均消费支出为 2851 元，月均 238 元，平均每一就业者负担人数（包括就业者本人）为 1.74 人，则平均每一就业者负担的月消费支出为 414 元，与 800 元相差 386 元。先绘制柱形图，从柱形图看，城镇居民平均每人消费性支出随着时间的推移，基本上呈不断上升趋势。如图 4－1 和表 4－1 所示。

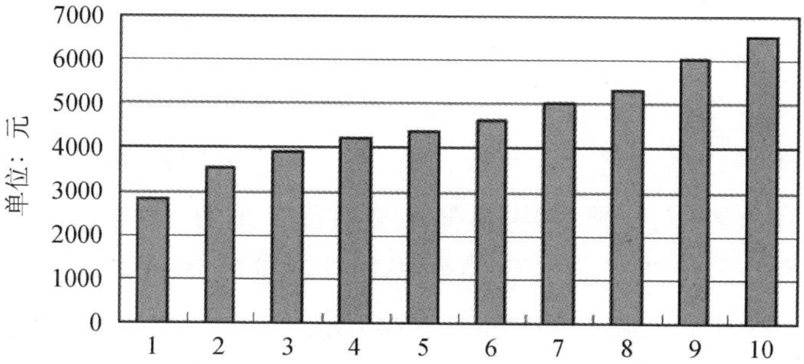

图 4－1

注：1 代表 1994 年，2 代表 1995 年，依次类推，下同。

根据表列数据，如果以时间作为解释变量（X），人均消费支出作为被解释变量（Y），运用 OLS 法进行回归分析，则回归方程为：

$$Y = 2627.2 + 364.0X \quad \cdots\cdots (1)$$

$$Se = (135.52)\ (21.84)$$

$$t = (19.39)\ (16.66)\ R^2 = 0.9720$$

表 4－1　　全国城镇居民人均消费支出　　单位：元

年　份	1	2	3	4	5	6	7	8	9	10
支　出	2851	3538	3919	4186	4332	4616	4998	5309	6030	6511

按照方程式（1），则 2005 年预计的全国城镇居民人均消费支出为：

$$Y = 2627.2 + 364.0 \times 12 = 6995.2\ (元)$$

2005 年全国城镇居民月均消费支出为 583 元。若 2005 年平均每一就业者负担人数（包括就业者本人）与2003年相同为1.91人，则平均每一就业者负担的月消费支出为1114元。若2005年与1994年相同，也在平均每一就业者负担的月消费支出的基础上增加386元作为费用扣除额。则增加386元之后的1500元应为2005年的个人所得税费用扣除额。

2. 以广东省数据进行回归分析

2005年广东省城镇居民每月人均消费支出为849.31元。若2005年平均每一就业者负担人数（包括就业者本人）与2003年相同为1.93人，则平均每一就业者负担的月消费支出为1639元。因此，按照个人所得税费用扣除额略高于此的原则，2005年个人所得税费用扣除额应为1700元。

3. 以北京市的数据进行回归分析

按照以上方法进行回归分析可得，2005年北京市城镇居民每月人均消费支出为1023.61元。若2005年平均每一就业者负担人数（包括就业者本人）与2003年相同为1.40人，则平均每一就业者负担的月消费支出为1433元。因此，按照个人所得税免征额略高于此的原则，2005年个人所得税费用扣除额应为1500元。

4. 以深圳市数据进行回归分析

照以上方法进行回归分析可得，2005年深圳市城镇居民月均消费支出为1814元（若2005年平均每一就业者负担人数与2003年相同为1.88人，则平均每一就业者负担的月消费支出为3410元）。因此，若2005年与1994年遵循同一规律，每人月均消费支出大体是费用扣除额，则2005年个人所得税费用扣除额应为1800元。

5. 本部分小结

综上所述，2005年个人所得税费用扣除额可确定为1500元或 1500—1800 元。因为该额度是按照全国城镇居民家庭人均消费支出水平最高的省市自治区为依据而确定的，所以具有广泛的适用性，只是对于个别计划单列市如深圳特区等还可在 1500 元的基础上适当调增。

（四）个人所得税费用扣除标准调整的具体测算：因素分析法

本部分以定量实证的因素分析方法，主要对我国未来 3—5 年（从 2005 年开始）个人所得税工资、薪金所得的费用扣除标准进行具体测算。假定前提是：未来 3—5 年我国个人所得税除费用扣除标准外不作大的调整，仍实行现行的分类课征制。本课题的研究是直接根据 1994 年到 2003 年十年间相关经济指标的变化情况进行科学的定量和定性分析得来的。

1. 基本生计费用扣除标准的测算

本课题所称基本生计费用，特指城镇居民及其抚养、赡养人口的食品、衣着、家庭设备用品及服务、医疗保健、交通和通讯、娱乐文化服务、杂项商品和服务，不包括教育和住房。

为此，我们根据 1994—2003 年城镇居民人均消费性支出指标（资料来源：《中国统计年鉴 2004》），运用统计学的二元指数滑动法（该方法较适合于中长期预测），测算了 2005—2009 年的相关指标数额，以确定近期纳税人自身的生计费用扣除标准。

城镇居民人均消费性支出统计指标包括八大类，即食品类、衣着类、家庭设备用品及服务类、医疗保健类、交通和通信类、娱乐教育文化服务类、居住类、杂项商品和服务类。为了单独研究教育支出和住房支出的费用扣除标准，以更好地反映我国居民消费支出的新变化，我们在生计费用的研究中将教育和住房两项支出从八大类消费性支出中剔除。

在生计费用的扣除标准上除纳税人本人的生计费用外，还应包括纳税人抚养、赡养人口的生计费用，这是因为抚养子女、赡养老人是每个公民应尽的义务，该项费用支出应作为纳税人税前扣除的项目，只有这样才能较好地体现量能负担的原则。从个人所得税长远改革方向看，税务部门应掌握每一个纳税人及其抚养子女、赡养老人的真实情况，只有这样才能真正体现纳税人的实际负担能力。

根据相关指标计算出2005—2009年城镇居民及其抚养、赡养人口月生计费用明细表。

2. 教育、住房贷款利息两项生计费用扣除标准的测算

（1）教育费用扣除标准的测算。未来3—5年的费用扣除额必须包括教育费用的标准，以适应纳税人的实际支出情况。我们仍然选用了人均消费性支出这一统计指标，通过对该指标的相关数据进行加工整理，测算城镇居民承担子女教育支出金额。

根据1994—2003年城镇居民人均教育文化娱乐服务统计指标，运用统计学的二元指数滑动法，测算出2005—2009年各年城镇居民教育支出占教育文化娱乐服务的比例，以及教育文化娱乐服务的支出金额，并据此计算出城镇居民年人均教育支出。

（2）住房贷款利息费用的测算。住房支出作为生计费用中的一项扣除项目，本课题只研究购买普通商品住房按揭贷款利息的扣除问题。根据我国相关政策，个人贷款购房首付款一般通常最低为购房支出总额的20%，按揭贷款从5年到30年不等。以20年（240个月）按揭贷款为例，贷款利率为5.31%（自2004年10月29日起四大国有商业银行个人住房贷款参考利率5年，含5年，利率4.95%；5—30年，含30年，利率为5.31%）进行测算。

3. 2005—2009年工资、薪金所得费用扣除额标准的测算

工资、薪金费用扣除额包括纳税人抚养、赡养人口生计费用、抚养子女的教育费用、纳税人本人继续教育费用和住房贷款利息费用等四项费用。如表2所示。

表4－2显示近三年（2005—2007年）费用扣除额的平均数为1277元，近五年（2005—2009年）费用扣除额的平均数为1368元。

4. 本部分小结

根据上述测算，我国个人所得税工资、薪金所得近三年（2005—2007年）费用扣除额的平均数为1277元，近五年（2005—2009年）费用扣除额的平均数为1368元。如果2005年修改《个人所得税法》，工资、薪金所得的费用扣除额可从800元提高到1200—1300元左右；如果2005年以后修改，其费用扣除额需进一步提高。如表4－2所示。

表4－2　2005—2009年工资、薪金月费用扣除额明细表　单位：元

年　度	纳税人及其抚、赡养人口生计费用	抚养子女教育费用	继续教育附加费用	住房贷款利息费用	免征额合计
2005年	984.63	25.73	51.46	125.87	1187.69
2006年	1056.64	27.61	55.21	136.51	1275.97
2007年	1130.18	29.42	58.83	147.55	1365.98
2008年	1205.22	31.17	62.33	159.02	1457.74
2009年	1281.68	32.87	65.73	170.89	1551.17

（五）个人所得税费用扣除标准改革调整总体建议

通过对个人所得税扣除费用标准的具体测算，综合考虑各种因素，对其改革调整提出如下总体建议：

提高现行个人所得税费用扣除额标准。首先，在确定个人所

得税费用扣除额标准时，应综合考虑整个国家的经济和社会发展情况，考虑全国人均收入水平和支出水平；考虑财政的承受能力等因素；其次，费用扣除额标准应随着人民生活水平的提高和物价指数的变动情况适时进行调整；最后，在未来3—5年我国个人所得税不作大的调整的背景下，应及时提高费用扣除额标准。建议通过全国人大立法议程修改确定，及时调整现行费用扣除额标准，具体包括调高基本生计费用标准以及增加附加费用扣除标准。从总体上测算，如果2005年修改《个人所得税法》，工资、薪金所得的基准费用扣除额可从800元提高到1500元左右。如果在2005年以后修改，其费用扣除额需进一步提高。

参考文献

［1］ 朱广俊：《中国香港税收制度》，中国税务出版社1997年版。

［2］ 於鼎丞：《港澳台税制》，暨南大学出版社2000年版。

［3］ 苏启林：“港台与内地个人所得税比较”，《南方经济》1996年第8期。

［4］ 朱青：“个人所得税免征额初探”，《税务研究》2003年第10期。

［5］ 赵迎春，张巍：“我国个人所得税改革的思路”，《税务与经济》2002年第4期。

［6］ 计金标：“论我国个人所得税制改革的目标模式”，《财政研究》1997年第5期。

［7］ 马国强，王椿元：“收入再分配与税收调节”，《税务研究》2002年第2期。

［8］ 刘尚希，应亚珍：“个人所得税：功能定位与税制设计”，《税务研究》2003年第6期。

[9] 荷兰国际财政文献局，中国国际税收研究会：“中国加入世贸组织与税收制度改革”，中国税务出版社2004年版。

[10] 中国税务学会学术研究委员会：“完善个人所得税问题”，中国税务出版社2002年版。

（摘自财政部2004年科研课题“个人所得税费用扣除项目及标准问题研究”的研究报告，课题主持：汤贡亮；课题组成员：汤贡亮、陈守中、杨虹、周仕雅、李玉红、李晓嘉。该研究报告摘要以《个人所得税费用扣除标准调整的具体测算》为题刊于《税务研究》2005年第9期，执笔人：汤贡亮、陈守中、杨虹、廖奎、张博）

六、论中国大陆个人所得税制的进一步完善

——兼及两岸个人所得税制的比较与借鉴

本文提出了进一步完善中国大陆个人所得税制的建议，主张根据降低边际税率的发展态势，在个人所得税制度设计上应体现保护低收入者、适当照顾中等收入者、重点调节高收入者的原则，建议将中国大陆个人所得税制中工资薪金所得适用最高边际税率由45%调低为40%，适用最低和较低税率的面还可以适当扩大。通过对我国台湾地区按综合收入确定包括标准扣除额、列举扣除额、特别扣除额在内的减除费用制度与实行不完全的指数化管理的经验借鉴，建议大陆个人所得税实行浮动的、指数化的减除费用标准。

（一）在结构性减税中进一步完善中国大陆个人所得税制的背景分析

中国大陆 1994 年发布了《个人所得税法实施条例》，从 1994 年 1 月 1 日起实施以来，先后对个人所得税法做了六次修订。

在个人所得税改革上，国际上的态势是降低边际税率（“最优税制理论”）和个人必要生活资料价值不征税原则。

本文试图通过海峡两岸个人所得税几个税制要素的比较分析，阐述大陆个人所得税制的进一步完善。

（二）进一步完善大陆个人所得税制：几个主要税制要素的分析

1. 实行个人与家庭并行的申报单位

与分类所得税制相适应，中国大陆个人所得税纳税单位是个人，只对纳税义务人本人计税，不考虑配偶或家庭其他成员。

我国台湾地区综合所得税主要采用合并申报制度，也称消费单位制。这种制度在计税时要对家庭的各种关系进行综合考虑。具体来说，台湾地区综合所得税的计税单位有如下四类：

第一类，单身申报单位，这种纳税申报单位多为未婚者。

第二类，夫妻合并申报，这是夫妻双方都有收入时使用的一种申报方式。在具体申报时可以丈夫为纳税人、以妻子为纳税人、夫妻全部所得合并计税、合并申报，即以一个家庭为申报单位。纳税人可根据这三种情况，试计算后择一而用，较为灵活。

第三类，家庭结构有变化时的报税单位，这种方式主要是对新婚或刚离婚的家庭规定的。

第四类，已分居夫妻，一般是夫妻双方分别申报。

考虑到大陆目前如以家庭为单位纳税，在纳税征管上存在相当多技术问题，建议大陆近期的改革，可借鉴台湾的办法，采用个人和家庭两种申报单位，允许纳税人自主选择其中一种方法的过渡性办法。

2. 适当降低税率水平、优化税率结构

建议在进一步完善大陆个人所得税制时应适当降低税率水平。

（1）分类课征适用的税率。

①工资、薪金所得适用的税率。实践证明，多档次、高税率不一定会缩小收入差距，反而有悖于效率原则，大陆现行个人所得税工薪所得最高税率45%，高于大多数发达国家，如美国最高税率为35%，日本为37%。因此，无论是从与国际接轨、阻止人才外流和吸引境外人才，还是从调节收入分配角度考虑，税率水平的设计都应有所降低，建议将工资薪金所得适用最高边际税率由45%调低为40%。

考虑到中低收入者的收入来源主要是工薪所得以及其年终通常情况下不汇总纳税的情况，税率设计应做到级次少、各级次的幅度宽、税率低，因此，笔者认为工资薪金所得适用最低和较低税率的面还可适当扩大。建议本月应纳税所得额（第二级）超过1500—4500元的部分调整为超过1500—5000元的部分，税率为10%（第三级）超过4500—9000元的部分调整为超过5000—9000元的部分，税率由20%调低为15%。

②承包承租经营所得和劳务报酬所得适用的税率。考虑到承包承租经营和提供劳务仍属于劳动所得，为鼓励劳动、调动劳动者的劳动积极性，将现行承包承租经营所得和劳务报酬所得的税负降低，并与工资、薪金所得享受同等待遇。

③个体工商户生产经营所得适用的税率。考虑到个体工商户从

事生产经营取得的收入，与一般企业的经营活动基本一致，建议将税率设计为比例税率，税率水平略低于小型微利企业，为15%。

④对分项征收的股息和红利所得考虑其为缴纳企业所得税的利润，为减少重复征收，建议调减按5%的税率征收。

⑤对利息所得调减按15%的征收率征收，在负利息条件下停止征收。

⑥对其余的分项所得调减按15%的税率征收。通过税率调整进一步调低中低收入者的税收负担，缩小居民收入差距。

（2）综合课征的适用率。在实行交叉性分类综合所得税制下，由于纳税人在取得收入时实行分类课征，并由支付单位源泉扣缴税款，因此，在年终汇总各项所得后，年所得超过20万元的实行综合课征，适用五级超额累进税率（5%—40%），同时，抵免分类课征制已纳的税额。

3. 实行幅度的、指数化的减除费用标准

中国大陆目前个人所得税法确定统一的法定减除费用标准和实际成本费用标准，不考虑物价变动情况，不考虑配偶和家庭成员情况，尚未建立与物价变动的机制，只能通过全国人大及其常委会修改税法来调整。随着经济增长，物价上涨，工资、薪金所得的费用扣除标准在2005年至2011年间调整了三次，从每月800元上升至每月3500元。

台湾地区按综合收入确定包括标准扣除额、列举扣除额、特别扣除额在内的减除费用制度，区分了单身者和有配偶者，实行指数化调整，更能适应经济形势的变化。台湾地区综合所得税法规定："个人之综合所得税，就个人综合所得税总额，减除免税额及扣除额后之综合所得净额计征之。"其中"免税额"和"扣除额"都带有生计扣除费用性质。纳税人可以减除其本人、配偶及其父母、子女和抚养的其他亲属的免税额。纳税人本人及其配偶或者其父母年满 70 岁的，免税额增加 50%。扣除额细分为标准扣除额、列扣除额和特别扣除额三种。纳税人就标准扣除额或列举扣除额择一减除，并减除特别扣除额。因生育率持续下降，台湾地区行政主管部门于 2011 年 9 月 8 日通过了“综合所得税法修正草案”，增加了每位 2 至 5 岁幼儿每年 25000 新台币（约合 5395 元人民币）的“幼儿园特别扣除额”。

我国台湾地区“所得税法”第一章第四条中列举了包括现役军人薪饷、教职员薪资等 24 项免税所得。另外，台湾地区在 20 世纪八九十年代陆续增加了购屋贷款利息扣除额，2011 年又新增了“幼儿园特别扣除额”，进一步减轻居民负担。

台湾地区个人所得税实行不完全的指数化管理，年初由财政主管部门依据税法计算后公布。当消费者物价指数上涨累计达到 3% 以上者，各课税级次对应的综合所得税额就会按照上涨程度进行调整。

为了贯彻公平税负的原则，建议大陆个人所得税制实行幅度的、指数化的减除费用标准，使减除费用标准接近于纳税人的实际费用开支。

建议大陆综合征收个人所得税的扣除项目可设计为基本扣除、生计扣除和特殊扣除三个部分。

一是基本扣除。主要指国家规定的免税限额，不足免税限额的全额免除。免税限额可以根据平均工资水平、人均基本生活费用和物价指数等因素确定。

二是生计扣除。是为了维护最低生活保障费用的进一步扣除。参照台湾地区的经验，大陆将各种经常性劳动所得综合计入净所得后，也应设立以最低生活保障为标准的生计扣除，即标准扣除额。

三是特别扣除。主要指除上述情况之外的降低纳税人纳税能力的特殊生活支出扣除。根据大陆的实际情况，特殊扣除可设计成三类：一是医疗费用扣除。有保险支付的部分不予扣除，治疗费、处方药费等超过未报销部分可以进行扣除，并可设立最高扣除比例。二是教育费扣除。对义务教育阶段的费用可全额扣除，对高中、技校、专科以及高等教育系统可设定扣除比例。三是住房贷利息或房租扣除。为保障纳税人的基本住房需求，对纳税人唯一自住房屋的租金和贷款利息可申请扣除。

通过比较海峡两岸个人所得税法几项税制要素，笔者认为，为更好地发挥个人所得税的调节作用，在结构性减税中进一步完善大陆个人所得税制，在个人所得税制度设计上应体现保护低收入者，适当照顾中等收入者，重点调节高收入者的原则。通过个人所得税的调节，缩小居民收入差距，促进社会和谐。

参考文献

［1］ 熊伟、罗昕：“量能负担与课税公平——台湾个人所得税的启示与借鉴”，《国际法与比较法论丛（第九辑）》，中国方正出版社 2004 年版。

［2］ 杨卫华、陈会林：《海峡两岸个人所得税法比较——中国法学会财税法学研究会年会论文集》，中国税务出版社 2011 年版。

［3］ 靳东升：“我国个人所得税的改革仍然任重道远”，《大连税务研究》2011 年第 9 期。

［4］ 汤贡亮：《中国税收发展报告 2010/2011——“十二五”时期中国税收改革展望》，中国税务出版社 2011 年版。

（摘自 2012 年 4 月在中央财经大学税务学院与国务院参事室共同举办的“结构性减税与民生问题学术研讨会”上的发言）

七、新企业所得税法：中国市场经济体制迈向成熟和规范的标志

在中国经济体制改革整体、全面推进的历史发展中，在落实科学发展观、建立创新型国家的进程中，在加入 WTO 五年过渡期届满之后，十届全国人大五次会议高票通过了《中华人民共和国企业所得税法》，实现了国人、世人之所盼。

“两法”合并，实现了内外资企业所得税制的统一，实现了内外资企业公平竞争、共同发展的“双赢”，有力地推动了中国经济融于世界经济。与税收的国际规则保持一致，是中国市场经济体制走向成熟和规范的一个显著标志，成为中国税制进一步迈向国际化、法治化，进一步完善中国市场经济体制的新的开端，意义重大，影响深远。

（一）统一、规范的具有现代税制特点的新企业所得税法适应了市场经济统一性的要求

现代市场经济具有资源配置市场化、市场主体自主化、交易关系平等化、市场管理法制化、经济生活国际化等一般特征。现代市场经济的发展对税收制度具有内在的要求。

市场经济的统一性要求税制的统一。市场应是统一的，而不是分割的。发展市场经济，要求打破地区界限、行业界限，在不同经济形式、不同地区的企业间形成平等的商品交换关系，使社会资源在全社会范围内实现最优配置，形成全国统一的大市场。

党的十六届三中全会提出了关于建设统一开放竞争有序的现代市场体系的要求，新的企业所得税法为各类企业共同发展提供

了一个规范、统一、透明的税收制度和税收政策平台。这部法律旗帜鲜明地提出了适用范围、税率、税前扣除办法和标准、优惠政策的“四个统一”，实现了企业所得税制的统一和规范，在税制上适应了现代市场经济统一性的要求，建立了统一公正的市场规则，维护了中国大市场的统一。可以说，“统一”成为新企业所得税法的关键词。

（二）新企业所得税法坚持了税收公平原则，符合现代市场经济公平竞争、促进发展的要求

市场活动的竞争性和市场关系的平等性要求建立公平的税收环境。竞争是市场经济的必然产物，只有竞争才能促进企业进步。马克思曾说商品是天生的平等派，这就决定了市场关系的平等性。市场关系的平等性要求价值实现的市场平等和生产条件获得上的市场平等，还要求为市场主体的活动创造平等的宏观经济环境，以使他们享有平等的竞争条件和平等的发展机会。税收是保证各市场主体进行公平竞争的外部条件，税制建设中遵循公平税负是市场经济竞争规律的内在要求。

企业所得税是纳税人税收负担的重要组成部分，公平竞争、公平税负要求各类企业的所得税在税率水平、税基计算确定、税收优惠政策享受等方面享有同等待遇。新企业所得税法按照WTO的公平竞争原则，将内外资企业的名义税率统一降为25%。税率的下调、税基和税收优惠的规范为各类企业创造了公平竞争的税收政策环境，必将使各类企业步入良性竞争的轨道，促进国民经济又好又快的发展。

（三）新企业所得税法遵循税收国际惯例，更好地贯彻了WTO国民待遇原则，体现了现代市场经济的开放性

市场经济是开放的，而不是封闭的，它要求冲破一切市场分割和地区封锁现象，使一切商品和生产要素在全社会范围内自由流通，并走向世界，通过国际市场合理地配置资源。市场经济的开放性要求建立与国际接轨的税收制度，遵循税收的国际惯例，其实质是按市场经济的规律办事，因为这些国际惯例都是适应市场经济发展需要的产物，应该被众多的实行市场经济的国家所采纳和遵守。

中国经济市场化的主要表现之一是中国经济日益紧密地融入了世界市场经济体系之中。中国加入世界贸易组织使中国经济在更广的范围内和更深的层次上与世界经济融为一体。中国包括企业所得税在内的税收法律必须符合世贸组织的要求。新的企业所得税法质疑了“超国民待遇”而进一步贯彻了 WTO 国民待遇原则。

新的企业所得税法规定对重点扶持和鼓励发展的产业和项目，给予企业所得税优惠，规定了逐步过渡到该法规定的税率的五年过渡期，延续了引资优惠政策，对外资更加开放。新税法调整了优惠范围，对符合条件的小型微利企业实行 20% 的优惠税率，只要企业是经过认定的高新技术企业，无论是否在开发区内，都可以享受 15% 的优惠税率，另外对企业投资西部地区，以及环境保护、节能节水、安全生产等方面的税收也将实施优惠，还扩大了对创业投资企业的税收优惠，全方位地坚持了 WTO 的国民待遇原则。

对于税收优惠，首先从认识上需要明确几点：一是我国对外资实行优惠政策，并不违背 WTO 规则的要求。因此新的企业所

得税法仍然保留了涉外税收优惠政策。二是适应形势发展对税收优惠进行必要的调整变革是世界各国的通常做法。经历了改革开放二十多年的实践，我们已有经验和能力在更宽领域、更高层次上利用外资。在这样的新形势下，新的企业所得税法对国家的税收优惠政策进行一些合理的调整或变革，体现由过去的区域优惠为主转变为产业优惠为主的政策，采取更加科学和更加规范的税收优惠措施，配合国家产业政策、投资政策和法制规范，提高对外商投资的吸引力，不仅是必要的，也符合国际上的通常做法，适应了现代市场经济开放性的要求。新税法中关于“过渡期”的规定实事求是，充满智慧，符合市场经济的规律，受到了社会各界的普遍赞赏。

（四）新企业所得税法使内资企业所得税的法律层级得到提高，推进了税收法制建设，符合市场经济法制性、规范性的要求

市场经济的有序性、法制性要求税制建设体现依法治税，加强税收法制建设。市场经济发展的有序性要求市场主体（企业）的经济关系和经济行为的有序性，使它的经济行为和互相间的经济关系合理化、契约化、规范化。这就要形成一整套保证市场正常运营的规则和制度，形成一整套有利于市场正常运行的外部条件和社会保障。对市场经济的有序性所要求的方方面面，不仅要加以规范化、制度化，更重要的是法制化，建立一整套相应的法律和法规加以保证。从一定意义上说，市场经济是法制经济，它是在一定的法律规范的保护和约束下，按照一定的规则运行的。市场经济运行的有序性要求坚持税收法定主义原则，健全税制，完善税法，依法治税。新的企业所得税法经过全国人大表决通过，使1993年国务院发布的《企业所得税暂行条例》上升为人大正式立法，符合税收法定主义原则和完善税收立法的要求，符合现代市场经济法制化的要求，这也为增值税、消费税、营业税等行政法规创造条件逐步上升为正式法律起到了示范和推动作用。

（五）新企业所得税法体现了制度创新，是中国市场经济体制迈向成熟和规范的显著标志

企业所得税作为我国直接税的第一大税种，在促进企业和市场经济的发展方面发挥着重大作用。新企业所得税法的通过，使党的十六届三中全会提出的统一各类企业税收制度的重大改革举措得以实现，我们为此而欢欣鼓舞。“两税合一”是一种制度创新，其直接效应是增加企业的竞争力，长期来看必将促进税制结构和经济结构的优化，为经济增长提供持久的推动力，它的实际效果将会是既提高内资企业的竞争力，又保持改革开放、引进外资的连续性，实现内外资企业的“双赢”。税制的规范化必将进一步促进市场秩序的规范化和税收法治的加强。从新企业所得税法的立法实践，我们欣喜地体会到中国的市场经济体制正在迈向成熟和规范。

（原载《中国税务报》，2007 年 3 月 21 日，中国人民大学复印报刊资料《财政与税务》2007 年第 5 期全文转载）

八、关于合理划分税收立法权与税收管理权的思考

十六届三中全会通过的《中共中央关于完善社会主义市场经济体制若干问题的决定》中关于分步实施税制改革的战略，

提出了“在统一税政前提下，赋予地方适当的税政管理权”的重要任务。

合理划分税收立法权限，适当下放税收管理权，完善税收管理体制又是我国当前制定《税收基本法》（或称《税法通则》）过程中不可回避的重大问题。

国家税务总局许善达副局长在《中国税权研究》一书中指出，只有合理划分税收立法权限，才能创制出科学、严密的税收法律规范，为税收执法、司法等活动提供明确、充分的法律依据，确保税收组织收入和宏观调控职能的有效发挥，确保税收行政法律关系始终处于良性的互动状态①。

为了完善社会主义市场经济体制，适应分税制财税管理体制的要求，适当下放税收立法权限，适当下放税收管理权限已成为目前大多数学者的一种共识。但问题有：一，如何真正统一认识，以法律的形式明确中央与地方的税收权限划分；二，税收立法权限与税收管理权限下放的范围和程度应如何确定；三，如何协调中央与地方的税收立法关系和管理权限；四，如何对地方的税收立法权限、管理权限实施必要的监督和控制。

（一）税权的含义与税权划分

由于公共产品所具有的层次性，因而税收也相应具有层次性，这就涉及到中央政府与地方政府之间的税权划分问题。

税权是整个税收法律研究的核心问题，也是分税制体制的核心内容，划分财权的关键就是划分税权。

所谓税权，是指税收的管辖权。其内容包括两个方面：一是国家与居民间的税权关系；二是国家机构与国家机构间的税权关

① 许善达：《中国税权研究》，中国税务出版社 2003 年版。

系，即税收的立法、执法、司法权在国家机构间的配置。所谓合理分权，主要是指这些权力在国家机构间的合理划分问题[①]。税权的具体内容应包括税收立法权、税收执法权（税收行政权）和税收司法权。其中，税收立法权是基本的、原创性的权力；税收执法权是最大量、最经常行使的税权；税收司法权是必不可少的，是为税法有效实施和税务部门依法行政提供有力保障的权力。

1. 税收立法权

税收立法权是国家立法权的重要组成部分，是国家立法机关或者国家政权机关，依据法定权限和法定程序，制定、认可、修改、补充和废止税收法律、法规的权力。它是国家的一项专有权力，是国家权力体系中的最高权力之一，它的行使就在于对整个社会成员制定有关税收方面的行为准则和规范。

2. 税收行政权

税收执法权（税收行政权）依法执行税收法律、行政法规和其他规范性文件的权力，是执行税收法律、进行税收征收和管理的行政权，是政府的政权机关拥有的税收征收管理方面的权限，包括税收征收权和税收管理权。这些权力对于有效地保障税款的实现，保障社会资源从私人部门向公共部门的转移，有着十分重要的作用。

3. 税收司法权

税收司法权是国家专门的法律机构，根据国家意志，按照固定的法律程序，拥有的专门审理、判决税务纠纷案件、税务犯罪案件方面的权限。税收司法权的正确行使和司法保障制度的建立

① 中国税务学会“税权划分问题”课题组：“关于税权划分问题的研究报告”，《财贸经济》2001 年第 1 期。

完善，可为税法实施和税务部门依法行政提供有力保证。

（二）税权划分的前提条件和一般原则

从实践看，各国都是根据各自不同的政治体制、法制水平、经济情况及历史文化等具体国情来确定本国的税权划分模式，因而不可能完全相同。因此，在确定税权划分内容时，既要紧跟世界各国制度建设的趋向，看到某些国家税权划分的成功一面，又要具体分析其税权划分的背景，以综合考虑影响税权划分的各种因素。

代表国家的中央政府和既代表国家又代表地方的地方政府之间的各种关系，都需要法律界定，税权划分也不例外，即税权划分必须有法可依、有章可循，应在宪法或税收基本法中对划分税权作出原则性规定。通过法律形式界定从中央到地方各级立法机构、执法机构、司法机构的税权权限之后，各级政府各尽其职，各行其是，在一定程度上减少了税收征管上的随意性、盲目性，避免相互扯皮、相互越权行为，有利于依法征税和依法行政。

由于地方政府相对中央政府而言更了解当地的情况，提供区域性公共产品或地方公共产品更有针对性，因而可以避免由于中央政府提供区域性公共产品需统筹全局而造成的效率损失。鉴于各国的国情不同，其税收管理权限的集权和分权程度也各不相同，但一国应结合自身的具体状况，合理分权，使得地方能够在不违背中央宏观调控意图的条件下，拥有完成自身职能所应具备的税收管理权限。

税权划分的一般原则如下：[①]

第一，财权、税权与事权相一致，政策目标与政策手段之间

① 王雍君、张志华：《政府间财政关系经济学》，中国经济出版社 1998 年版。

大致平衡的原则。

第二，课税权宜划归中央政府的若干原则：

与宏观经济稳定密切相关的税种的课税权宜划归中央；与公平收入分配密切相关的税种的课税权宜划归中央；与资源流动性密切相关的税种的课税权宜划归中央；辖区间税基分布不均匀的税种和容易导致辖区间税负输出的税种宜划归中央。

第三，课税权宜划归地方政府的原则：

地方政府要完成其职能，必须有相应的财力保证。将某些税种的课税权赋予地方政府，是保证地方政府财力的必要条件。

地方税是以地方税收收入的归属为标准来划分的，遵循的是居住地原则。对于居民个人来说，公共服务提供的利益是一种最终受益，按照受益原则，要求人们在其受益地付费，而受益地也就是服务消费的发生地，也就是居住地。基于受益原则，某些税种的征收对象获得收益大小与当地政府提供公共服务的优劣息息相关，因此，此类税种若税负较重则意味着享受了较好的公共服务，不会出现税基向税负较低的地方转移的现象，适合地方征收。

从理论上讲，应将税基比较固定的税种即税基具有非流动性的税种划给地方政府，地方税一般地说只能是以居住地为基础的税，这些税只对本辖区居民征收，并且税负最终归宿于本辖区居民。从这个角度讲，财产税宜划归地方。

另外，从征管角度讲，某些税种收由于自身特点，如税源分散、计税依据或税率的确定较复杂等，地方政府及其部门的协助对税收的征管尤为重要。这类税种由地方征收较为适当，因为这样做可以调动地方政府的积极性，降低税收征管成本，提高征管效率。

（三）赋予地方（省级人大）一定的税收立法权和税政管理权

从公共物品或公共产品理论来说，由于政府最主要的职能是提供公共物品。而公共物品是分层次的，从效率的角度说，不同层次的公共物品应当由中央政府和地方政府分别提供。因此，对税权进行有效配置，合理界定各级政府税权范围，有利于政府为社会、为国民提供更好的公共物品，实现国家职能。同时，我国区域经济发展中的不均衡，对不同层次的公共物品也存在着不同的偏好。以上情况说明，税权适当下放的确需要。

地方享有税收立法权符合中央、地方立法权限适当划分的宪法原则。宪法规定，省、自治区、直辖市和国务院批准的较大的市的人大及其常委会和人民政府在不与宪法、法律、行政法规相抵触的情况下，可以制定地方性法规和规章。

地方享有一定的税收立法权也符合《立法法》的具体规定。

为此，我们认为，除了应将那些为保证全国政令和税收政策统一，维护全国统一市场和公平竞争的地方税的税收立法权集中在中央外，可将其余地方税税种的税收立法权限作如下划分：

（1）对税源流动性、外溢性较小，不易引起经济波动，适宜由地方征收的地方税，应允许省、自治区、直辖市在其行政区域内开征，可由全国人大统一立法，省级人大制定实施细则，如财产税。（2）税源较为普遍，税基不易产生地区之间转移，且对宏观经济影响较小的税种，以及涉及维护地方基础设施的税种，如城镇土地使用税、车船使用税、耕地占用税、城市维护建设税等，全国人大负责制定这些税种的基本税法，其实施办法、税目税率调整、税收减免征收管理等权限可赋予地方（省级人大）。（3）对全国统一开征，对宏观经济影响较小，但对地方经济影响较大的地方税种，除由中央制定基本法律和实施办法外，税目、税率调整、征收管理等权限可下放给地方（省级人大）。（4）对全国统一开征且对宏观经济影响较大的地方主体税种，如个人所得税，由中央制定基本法律法规及实施办法，可将部分政策调整权下放给地方（省级人大），由地方在中央规定的幅度范围内结合当地经济发展及其他情况自行确定，如对税率、扣除标准等可规定一定的浮动幅度。（5）地方税收管理权原则上宜掌握在省级政府（人大），不能层层下放，属于地方立法的必须经过立法程序的批准，不得由有关部门自行决定处理。按照《立法法》第八条第八款的规定，有关税收基本制度方面的事项属于法律保留的范围，只能制定法律，而法律的制定权限是全国人大及其常委会，地方权力机关只能按照《立法法》第六十三、六十四条的规定，由省、自治区、直辖市的人大及其常委会以及较大的市的人大及其常委会来制定地方性法规。因此，税收立法权下放的范围应该只能是省、自治区、直辖市的地方权力机构以及较大的市的人大及其常委会。（6）建议建立地方税收立法、中央审查备案制度。省、自治区和直辖市根据有关原则，通过税收立法在本行政区域内开征新的地方税种，须经过全国人大常委会审查同意，并于事后报中央备案。

合理划分税收立法权限，在统一税政的前提下，适当下放税收管理权事关重大，应当建立健全相关的税收法律制度对其进行规范，以保证其规范有序地得以实施。为此应加快制定《税收基本法》，以法律的形式明确中央与地方税收权限的划分，并进一步健全地方税制度，规范财政管理体制，完善中央对地方的转移支付制度，坚持依法治税。在我国进一步完善分税制的财税管理体系的进程中，我国税法体系的完善应当是使中央和地方各自的税收权限划分明晰化、合理化，为此建议在《税收基本法》的设计中作出规定，借鉴国际经验，采用中央集权并有效实施宏观调控前提下的适度分权的模式。

参考文献

[1] 许善达：《中国税权研究》，中国税务出版社 2003 年版。

[2] 王雍君、张志华：《政府间财政关系经济学》，中国经济出版社 1998 年版。

[3] 中国税务学会学术委员会《税制改革》课题组："关于我国税制改革中几个问题的研究报告"，2004 年 11 月 30 日。

[4] 中国税务学会"税权划分"课题组："关于税权划分问题的研究报告"，《财贸经济》2001 年第 1 期。

（摘自作者 2004 年 12 月 25 日在"2004 年国际税收与中国税制研讨会"上的发言，刊于上海财经大学公共经济与管理学院《2004 年国际税收与中国税制研讨会论文选编》）

九、赋予省级政府（人大）适当的税政管理权与完善地方税体系

——兼论推进《税收基本法》立法的必要性

适当下放地方税收立法权，赋予省级政府（人大）适当的税政管理权，是中国市场经济发展与改革的迫切需要。本文从新疆率先进行资源税改革、广东出台 5 类 12 项地方税收优惠政策、上海与重庆进行房地产税改革试点谈此问题。

其一，2010 年 6 月 11 日，经国务院批准，财政部、国家税务总局印发了《新疆原油天然气资源税改革若干问题的规定》，

明确从 6 月 1 日起在新疆率先进行资源税改革，主要内容为原油、天然气资源税以其销售额为计税依据，实行从价计征，税率为 5%，同时明确了三种免征或减征的相关规定。资源税改革选择在新疆试点，可与 2004 年 9 月财政部、国家税务总局发文将增值税扩大抵扣范围作为优惠政策在东北三省先行试点类比，都必将在全国推开，是符合市场经济发展的客观要求的。

该项举措体现了中央对新疆的特殊支持，也能为资源税改革的全面推行提供经验和借鉴。但是，当时在统一的经修改后新的《资源税条例》尚未出台的情况下，由财政部、国家税务总局以规范性文件的形式在一个省先行改变原行政法规，将其作为一项优惠政策来对待，其税法依据是否充分？

其二，2010 年 6 月初，广东省委、省政府出台《关于加快经济发展方式转变的若干意见》，在地方税种方面，广东省给予了创新企业 5 类共 12 项税收优惠政策，包括促进企业自主创新、促进节能减排等 5 个方面。这些政策是符合市场经济发展需要的。但是，按现行规定，省级人民政府仅对城市维护建设税、房产税、车船税等地方税种享有制定税种条例实施细则的立法权，目前，中央并未授予地方对这些税种的基本税收要素享有调整变动的权力。

其三，2010 年 12 月 8 日，国务院第 136 次常务会议同意在重庆和上海对个人住房征收房产税改革试点，重庆市政府与上海市政府分别在 2011 年 1 月 27 日出台“试点暂行办法”，均规定自 1 月 28 日起开展对部分个人住房征收房产税试点。我国现行房产税制度是 1986 年 9 月 15 日国务院发布的《房产税暂行条例》，至今已有 25 年，期间既没有进行过修改，也没有通过全国人大上升为法律。特别是规定对个人居住房屋免税，这不仅使现行房产税组织财政收入的规模有限，难以成为地方的主体税种，也使我国房地产保有环节缺乏税收调节，因此，房地产税制改革意义重大，是完善我国税制的一个重要方面，而且将其改革交由省或直辖市级政府试点，方向是正确的。

问题在于试点开征的房产税在征税范围、计税依据等税制要素上，是对现行房产税的根本性改造，实质上是开征了一个新的税种，为此，由一个省或直辖市政府直接出台新税种或改变税制要素，是否具有税法依据，房产税试点是否具有足够的合法性引起了争论，如何将好事办好，也就成为人们关注的热点话题。我们建议国务院常务会议尽快通过修订《房产税暂行条例》，明确规定房产税相关税制要素，使各省（直辖市）下一步制定各省的房产税实施细则有一个充分的税法依据。

我国现行的地方税体系是由 1994 年的分税制改革进行税权配置而形成的，分税制改革显著提高了中央财政收入占全国财政收入的比重，增强了中央政府的宏观调控能力，1993 年中央本级财政收入占全国财政收入的比重仅为 22%，分税制改革以来，这一比重迅速提高到 50% 以上，2010 年这一比重达到 51.1%。而地方财税收入占比则相应下降，地方税收入比重从 1996 年的最高值 33.33% 逐渐下降，2001 年仅为 21.04%，2009 年也仅为 25.2%，现行地方税制缺乏对地方税收规模影响较大的支柱税源，但地方政府实际发生的财政支出占全国财政支出的比重则呈现不断上升趋势，2010 年这一比例达到 82.2%，多数地方政府面临责任与财力严重不对称的局面。

中国经济发展取得的成就，在很大程度上得益于分权化改革中地方作用的加强，然而，十余年之后，分权化改革的积极效应正在递减，而并不彻底的改革所带来的消极影响却在加剧。地方政府自有税源不足，体制外土地收入激增，转移支付透明度不高，地方税地区差异扩大，以至于扭曲了地方政府的很多公共服务职能。因此，在经济增长方式转变的形势下，正迫切需要完善财政分权体制，完善分税制，理顺中央地方财政税收关系，降低地方政府不规范扩张，实现基本公共服务均等化等改革目标。

如何在中央政府和地方政府之间合理配置税权，既使中央政府具有实施宏观调控和提供全国型公共产品所需的财力，又使地方政府具有与履行地方公共事务责任相匹配的财力，是完善分税制财政体制的根本问题，也是完善地方税体系的核心。

2003 年 10 月，党的十六届三中全会通过了《中共中央关于完善社会主义市场经济体制若干问题的决定》，明确指出：“在统一税政的前提下，赋予地方适当的税政管理权。”2011 年“十二五”规划有关税收改革的规划中明确指出“加强县级政府提供基本公共服务的财力保障……逐步健全地方税体系，赋予省级政府适当税政管理权限。”适当下放地方税政管理权（含地方税收立法权与征收管理权）是中国市场经济发展与改革的迫切需要。

问题是按照税收法定主义原则，凡税收工作必定要有税法依据，中央《决定》和“十二五”规划所提赋予地方适当的税政管理权应有怎样的税法依据方能落到实处？中央《决定》和“十二五”规划中所提赋予省级政府适当的税政管理权又应包括哪些方面？

合理划分中央和地方税权，适当下放地方税收立法权的思路与建议。

1. 中央与地方税权划分的模式选择——基本集中、适度放权

所谓基本集中，就是凡属全国性开征的税种，包括中央税、共享税、地方税，其立法权应当集中于中央，由全国人大统一立法。所谓适度放权，就是赋予省级政府（人大）适当的税政管

理权，赋予省级以下政府一定的税收征收管理权。

2. 完善两级分权，探索三级分权

实现适度放权，要分两步走。

首先，要完善中央与省之间的两级分权。具体包括：

一是赋予省级人大立法征收区域性税种的权限。但为了保障和维护全国税政的统一，应当报经全国人大依法审查和批准。2007年受全国人大财经委员会的委托，由北京大学刘剑文教授任组长，人民大学徐孟洲教授、中央财经大学汤贡亮教授等任副组长完成了《中华人民共和国税收基本法（专家稿）》。建议在《税收基本法》中规定，全国人大认为必要时可授权省级人大根据当地的区域、资源特色，有决定开征区域性地方税种的权力，同时须保障和维护全国税政的统一。或由省、自治区、直辖市人民代表大会在认为必要时向全国人大提出申请，报经全国人大常委会备案和批准后作出授权决定，使地方拥有适当的税收立法权并处于中央的监督和约束之下。

二是赋予省级人大和省级政府适当的税政管理权。我们理解，“十二五”规划提及的赋予省级政府适当的“税政管理权”应当包括一定的税收立法权，适当的地方税种开征、停征权，税目、税率调整权，税收优惠调整权，税法实施细则制定权和税收征管权。

三是在赋予民族自治地区立法征收区域性地方税种权限的同时赋予这些地区适当的税收优惠权，更好地支持这些地区的经济社会发展。

其次，直接探索到县的三级分权。一是探索赋予县（市）级地方适当的税政管理权；二是建立县（市）级地方税收体系。现行的两级分税制如何向市、县纵向延伸，更好地调动基层地方政府运用税收手段促进经济发展的积极性，应当是未来发展的趋向。

综上所述：（1）当前我国地方税改革的关键问题是优化税权配置，使地方政府有较充足的税收收入来源。（2）税权配置应选择基本集中，适度分权。（3）税权配置选择可设为三级——中央、省、县。（4）赋予省级政府（人大）适当的税政管理权；对全国统一开征、与稳定经济和收入分配密切相关的地方税种，其税收立法权应由中央掌握，但可允许地方（省级人大）拥有在中央既定的税率浮动范围内确定本地区使用税率的权力；对于税源较为普遍，税基不易在地区间转移，且对宏观经济影响较小的税种，如房产税、土地使用税、车船税、耕地占用税、城市维护建设税等，由全国人大负责制定基本法律，其实施办法、税目、税率、减免调整及征管权限可赋予省级政府（人大）。

为此，我们建议继续积极推进《税收基本法》（或《税法通则》）的立法进程，争取列入第十二届全国人大立法规划，使适当下放税收立法权具有充分的法律依据，使中央《决定》所提赋予地方适当的税政管理权和“十二五”规划所提“赋予省级政府适当税政管理权限”得以具体实施。

（摘自2011年7月27日在中国国际税收研究会“完善地方税制体系的国际借鉴研究”研讨会上的发言）

十、供给侧结构性改革与全面“营改增”背景下地方税体系的完善

优化财政税收权是根本性的公共产品供给，当前“结构性”的问题之一表现在如何正确处理中央与地方的经济关系、财税关

系、中央与地方财权与税权关系的处理上，体现在如何合理构建中央税、共享税和地方税制体系上。在全面“营改增”背景下，需要落实税收法定原则，推进增值税、消费税、房地产税、资源税、环境保护税、个人所得税、城乡维护建设税等税种的改革与立法，全面构建和完善地方税体系，完善中央与地方税收法律制度，在保持现有中央和地方财力格局总体稳定的情况下，理顺中央和地方收入划分。

（一）优化财政税收权，推进地方税体系的完善

我国“十三五”发展规划提出了“供给侧结构性改革”发展战略，旨在以“创新、协调、绿色、开放、共享”的理念解决经济发展的“失速、失衡、失力”问题。

这是研究“供需在长期内处于均衡状态下经济发展的动力”问题。我们要坚持以推进供给侧结构性改革为主线，全面深化改革开放。

公共产品和公共服务供给主要靠财政税收。因此，正确行使政府的财政税收权力，优化财政税收权是根本性的公共产品供给。

政府的财税权力决定了财税体制，而财税体制又决定了社会公共产品的供给。财税权力的合法性与正确行使从根本上决定了财税体制的优劣，决定了公共产品的质量与数量。一切真正的财税体制改革，其核心都在于财税权力的优化。因此，政府财税权的优化成为有效供给财税体制、有效供给公共产品的必要前提与条件。

优化政府财税权要求我们依宪理财、依宪治税、依法治税。优化政府财税权标志着国家治理总体水平的提高。作为国家协调公共产品和公共服务供给的核心主体——政府无疑在财政、税收

领域做好组织方式创新与制度创新方面作用重大。

要切实按中央十八届三中、四中全会的《决定》精神，从国家治理、落实税收法定原则、保证中央与地方财力格局总体稳定，立法引领改革，推动经济改革发展，国际化、法治化背景等多维度全面把握当前税制改革的多项任务，发挥好税收在现代经济条件下作为财富分割利器和资源配置手段的重要功能，推动税收和整个经济治理、改革与法治的深入发展。

我们应坚持肯定税收收入是一个国家财政收入的主要来源，因此要构建完整的中央税、地方税、共享税体系，要解决好“土地财政”等“非税收入”问题、保持地方债的适度规模，尤其要着力研究如何实现税收收入作为地方政府财政收入的主要来源的问题（而不是报载土地财政与地方政府其他收入之比为1:1.7的状况）。

“财政是国家治理的基础和重要支柱”① 赋予了税制改革新的定位。2015年1月1日起执行的《预算法》所规定的政府全部收支都要纳入预算赋予税收与预算完整、公开、透明的紧密关联。中央十八届三中全会《决定》明确提出了“落实税收法定原则”，中央并提出了《贯彻落实税收法定原则的实施意见》。

当前税制改革与落实税收法定原则，加强税收立法应是相互推动，相得益彰。只有税制改革推进了，到位了，税制要素才能较为统一、规范，才能推动税收立法。中央十八届四中全会提出“重大改革要于法有据”，税制改革又必须在法律的框架下进行，税收立法引领税制改革，税制改革要依法前行。税制改革是否完成，关键是能否使改革成果法律化，通过改革，优化制度设计，

① 《中共中央关于全面深化改革若干重大问题的决定》，2013年11月。

形成结构合理、科学有效的税收法律体系。

对于解决“市场失灵”和“外部性”问题，公共选择学派布坎南寄希望于“新制度”的产生，而主要不是国家干预。

税收问题的解决，更希望以法来规范，要靠落实税收法定原则这一税收、税法的基本原则，要靠法治。政府财权与税权的规范也要靠法治、法律的规范。

从国家治理、落实税收法定原则的高度，税制改革将进一步规范政府与企业、政府与纳税人、政府与市场之间的关系，保障国家的长治久安。

当前“结构性”的问题之一表现在如何正确处理中央与地方的经济关系、财税关系、中央与地方财权与税权的关系上，体现在如何合理构建中央税、共享税和地方税制体系上。

我们的研究认为：

地方税税收收入仍应是地方政府财政收入的主要来源。

目前一些地方税收收入占财政收入比重减少，非税收入比重过量增加的局面应予改变。

要建立和完善地方税体系，加快培育地方主体税种，建立中央税收法律体系和地方税收法律体系。

要积极落实在中央税权基本集中的前提下，赋予省级人大（政府）适当的税政管理权。贯彻落实新《预算法》的要求，政府全部收支都要纳入预算。

要调整好事权、财权、税权、调整转移支付、调整支出责任。

要用国家层面治理与地方层面治理两级治理框架来考虑中央与地方之间的事权划分、财权与税权划分问题。

总之，要落实党的十六届三中全会《决定》所提出的“在统一税政的前提下，赋予地方适当的税政管理权。”落实党的十八届三中全会“深化税收制度改革，完善地方税体系，在保持现有中央和地方财力格局总体稳定的情况下，理顺中央和地方收入划分。”保持税负稳定和中央与地方财力格局总体稳定是税制改革顶层设计和推动实施税制改革方案进程中应遵循的重要准则。

（二）全面“营改增”背景下地方税体系的完善

完善地方税体系是中央十八届三中全会《决定》所提出的全面深化改革的关键环节——建立现代财政制度的重要内容，既涉及“深化税收制度改革”，又涉及完善分税制财政体制，理顺中央与地方收入划分。

1994 年税制改革的成果和影响应予充分肯定，我国地方税体系薄弱，是 1994 年税制改革尚未来得及解决的“历史遗留问题”，又是当前“营改增”背景下亟待解决的重要问题。

1994 年的税制改革与分税制改革的实施是适应我国社会主义市场经济发展的重大改革，充分认识我国社会主义市场经济体制与法治经济的要求，是我们正确认识市场经济下的财政分权理论，进一步完善分税制财税管理体制，进一步完善税收法律体系的基础。

目前我国地方税收入规模较小、税种偏少，立法层次较低，地方税法律体系还不健全，中央与地方税权配置有待进一步完善，这些多属于制度层面的问题，需要通过全面构建和完善地方税体系、完善地方税收法律制度加以解决。

中央对完善地方税体系的精神：

2003 年 10 月党的十六届三中全会《决定》：“在统一税政的前提下，赋予地方适当的税政管理权。”

2011 年“十二五规划”：“逐步健全地方税体系，赋予省级政府适当税政管理权限。”

2013 年 11 月党的十八届三中全会《决定》：“深化税收制度改革，完善地方税体系，在保持现有中央和地方财力格局总体稳定的情况下，理顺中央和地方收入划分。”

“营改增”倒逼分税制财政体制的改革与完善，需要通过完善分税制进行调整，在全面“营改增”背景下，完善地方税体系已成为当务之急。

目前，围绕“营改增”的税制改革正在稳步推进。对于1994 年推进我国社会主义市场经济体制标志性成果的增值税，作为我国主体税种的增值税，当前亟需按照中央十八届三中全会《决定》精神，“推进增值税改革，适当简化税率”，并在深化改革中落实税收法定原则，推进增值税立法。

“营改增”试点改革全面推进，营业税征收的最后四大阵地——建筑业、房地产业、金融业、生活服务业从 2016 年 5 月 1 日起全面改征增值税。

“营改增”改革的全面实施，意味着对货物和劳务全面征收规范、统一的增值税和对特定货物和劳务征收具有特定调节目的的消费税的现代双层流转税制的建立。

面临征管上的挑战，包括国地税征管力量的优化组合，从制度的设计完善方面，还需认真研究。

对于现行 17%、13%、11%、6%、0% 五档增值税税率和 3%、5% 两档简易征收率，简化税率，推进立法是发展方向。

为推进增值税改革，建议：

1. 兼并优化增值税税率，税率档次尽量降低。增值税要朝着中性的方向发展。

2. 加快增值税立法进程。在推进增值税制改革中不断凝炼税制要素，努力将《中华人民共和国增值税暂行条例》上升为

《中华人民共和国增值税法》，通过立法升级促进增值税制度的完善和定型。

3. 调整增值税优惠方式，引入终端消费环节退税机制。

2016 年 8 月 13 日公布了调整后的十二届全国人大常委会立法规划，为落实税收法定原则，将环境保护税法、增值税法、资源税法、房地产税法、关税法、船舶吨税法、耕地占用税法列入一类立法项目。

关于地方税体系，建议税种划分设想：

1. 消费税、房地产税、资源税、城乡维护建设税与企业所得税、个人所得税等可作为地方税（其中有的仍可作为共享税）；车辆购置税、印花税与车船税等可作为地方辅助税。

2. 清费立税。包括排污费改征环境保护税，社保费改征社会保障税。

3. 适时开征新税。一是开征环境保护税；二是在适时推出房地产税后准备开征遗产赠与税。

为了弥补“营改增”后地方收入的缺口，有学者提出将消费税部分改为地方税的建议：

第一，调整消费税征税范围。

第二，实行有差别的较高税率。燃油消费税设定浮动税率，对不同车型征收不同税率。

第三，调整消费税征收环节，由生产环节征收改为零售环节征收。

“营改增”在推进税制更趋合理公平时，带来地方主体税种缺位问题，重新构建地方税体系，补充地方税源显得愈发必要和迫切。消费税似乎能够为解决这一问题提供思路。而在实行奢侈税的我国台湾地区近来也不断有将奢侈税征管权下放到各地的呼声。

"营改增"背景下对消费税进行改革，扩大消费税征收范围，并按税目进行划分，除烟草和进口环节消费税仍然归属中央外，其他税目消费税划归地方。这种重新划分税权的共享方式值得进一步研究并探索实施的可能性。

这一改革建议的出发点在于：消费税由地方政府征收符合受益原则，可促使各地改善消费环境，刺激消费需求，有利于促进我国经济增长模式从过度依赖出口和投资拉动向消费驱动型战略转变。从收入影响上看，消费税收入及车辆购置税收入可部分弥补地方财政因"营改增"扩围的收入损失。

但是，这一改革也存在一定的难度。消费税改为零售环节征收，需要依托商品销售终端强大的税收信息及交易系统，可能面临一系列的征管难题，例如众多的消费终端会推高征收成本、增加征收难度，地区间的税收收入差距也会因此加剧。这些问题都会影响消费税改革的推广与实施。

开征独立的环境保护税，有利于明确环境保护在整个税收体系中的地位。

（1）立法宗旨。以环境保护为专门目的，遵循"谁污染、谁缴税"的原则，将环境污染和生态破坏的外部成本内化到生产成本和市场价格中，征收的环境税全部用于环境保护和污染防治。

（2）征税对象。即造成环境污染的排放行为等。

（3）纳税人。以"谁污染，谁缴税"为原则，以污染者为纳税主体，将污染者的外部成本内部化。具体为在中国境内排放污染物的单位和个人，包括企事业单位、个体经营者等。

（4）计税依据。以污染物的实际排放量为计税依据，以促进企业改进技术，优化生产工艺和流程，减少污染物排放，鼓励企业选择合适的治污技术及设备。

（5）税率。确定税率的依据主要是污染物的治理成本。税率高低直接影响对环境污染的调节力度，同时也应考虑环境污染的程度、治理和恢复的难度以及纳税人的承受能力。最优环境税税率水平应当等同于社会治理污染和保护环境的边际成本。要考虑污染程度及治污成本采用差别定额税率，不宜设计全国统一的单一税率，应设计幅度税率，并赋予各省、自治区、直辖市人大根据本地实际情况灵活选择适宜税率的权限，并同时报全国人大备案。

关于企业所得税的改革：

一种方案是改变企业所得税在中央与地方政府间的分享方式，由收入分成改为按税率分成，同时赋予地方一定的税政管理权限，这一改革方案相当于给予地方一个相对独立的税种，使企业所得税有望成为地方政府可以依赖的主要税种之一。

企业所得税分率征收改革震动小，既不涉及税法的重大调整，也无需改变征税范围、计税依据和税率设计，纳税人的税收负担也不会因此而增加，推广难度小，地方财力还可得以小幅提升。

此外，企业所得税改革还可解决目前广泛存在的国地税在征管范围、政策执行、新老企业认定等方面长期存在的纷争与矛盾，使企业所得税摆脱目前混乱的征管关系，成为一个设计优良、管理有序的良好税种。

另一种思路则是企业所得税仍作为中央与地方共享税，按一定比例分享。

关于分步实施个人所得税改革，推进《个人所得税法》的修订与完善：

要抓紧推进综合与分类相结合的个人所得税改革有关工作：合并部分税目、完善税前扣除、适时引入家庭支出申报制度、优化税率结构。

（1）将分类税制改革为综合与分类相结合的个人所得税制。近期，可考虑将工资薪金所得、生产经营所得、劳务报酬所得、财产租赁所得等有较强连续性或经常性的收入列入综合所得的征收项目，制定统一适用的累进税率；对财产转让、利息、股息等其他所得，在一段时期内仍按比例税率实行分项征收。

（2）优化税制要素，拓宽个人所得税税基。建立、完善个人所得税“税基”操作机制。同时建立免征额定期调整制度。

（3）完善个人所得税技术支持和技术设计。采取超额累进税率，适当降低边际税率，保持税负公平。在个人所得税的费用扣除上，应考虑家庭老人赡养、子女教育以及夫妇一方工作单独负担家庭等费用情况。除基本扣除外，应按具体情况来增加附加扣除、特殊扣除。

建议将个人所得税更多地作为地方税收收入的重要来源之一。

关于城乡维护建设税：

应将城市维护建设税、教育费附加和地方教育附加合并为城乡维护建设税。其原因在于：城市维护建设税是地方除营业税外的第二大税种，若再加上教育费附加以及地方教育附加，改革后的城乡维护建设税税基宽泛，税源充足，占地方税收的比重可上升到17%以上，是地方税体系构建中一个良好而现实的税种选择。

参考文献

［1］《中共中央关于全面深化改革若干重大问题的决定》，2013 年 11 月。

［2］郝昭成：“精准发挥税收在供给侧结构改革中的作用”，《国际税收》2016 年第 6 期。

［3］刘剑文：《追寻财税法的真谛》，法律出版社 2009

年版。

［4］ 汤贡亮：《中国财税改革与法治研究（第二版）》，中国税务出版社 2014 年版。

（摘自 2016 年 9 月 24 日在西南政法大学由中国财税法学研究会主办的中国财税法学研究会 2016 年年会上的发言）

十一、房地产税改革应遵循税收法定与税收公平原则

党的十七届五中全会关于“十二五”规划的建议提出“研究推进房地产税改革”，这是深化经济体制改革，完善税收制度，调节收入分配，缩小贫富差距，促进社会公平正义的重要措施。据近日报道，重庆、上海房地产税征收试点已进入倒计时，我们认为，此项改革试点的推出意义重大，势在必行，应严格遵循税收法定原则和税收公平原则，使改革方案更加科学和代表民意，切实保障纳税人权益，有效推进改革。

（一）房地产税制改革意义重大、势在必行

房地产税属于财产税，是对社会财富存量的课税，具有调节财富差距的功能。各国的房地产税都是地方税收，并且在多数国家是地方的主体税种，是地方财政收入的主要来源之一。

我国现行房产税制度的基本法规是 1986 年 9 月 15 日国务院发布的《房产税暂行条例》，至今已 30 多年了，期间既没有进行修订，也没有通过全国人大上升为法律。特别是现行房产税对个人居住房屋免税，按照房产原值减除一定比例后的余值计税，

不符合财产税的基本特征。这不仅使现行房产税筹集财政收入的规模有限，难以成为地方的主体税种，也使我国房地产保有环节缺乏税收调节，不能发挥税收对社会财富的分配职能。

为了进一步理顺中央地方财政关系，完善地方税收体系，发挥税收对收入差距和财富悬殊的调节功能，解决土地财政的困局，推进我国税制结构的优化，促进服务型政府建设，改革我国现行房地产税制势在必行。

（二）改革应广泛征求意见走法定程序

税收法定原则是税法至为重要的基本原则，是政府行使征税权和纳税人承担纳税义务的依据所在。房地产税是对私人财产的无偿分割，是税收法律体系中的一个重要税种，必须由立法机关通过制定法律的形式开征，才能使其税制要素的确定合法化和规范化，使房地产税的征收管理更加公平、有效、严密和有序。

按照税收法定原则和国际上的惯例，税种开征和税制要素的确定一般是由宪法、税收基本法（税法通则）、各税种法、地方税法等法律加以规定。由于房地产税属于地方税收，不少国家在中央立法确定的税制框架内，由地方立法机关对其税制要素予以具体化，并根据地方财政的需要进行适当调整。

按照我国《立法法》的规定，有关税收基本制度方面的事项属于法律保留的范围，只能制定法律，而法律的制定权限在全国人大及其常委会。为改变我国绝大多数税种由国务院制定税收条例的状况，目前全国人大正在有计划地逐步将税收条例上升为税收法律。

我国现行税收立法体制的另一个重要特点，是所有税种的立法和政策制定权限都在中央，地方几乎没有税政管理权，仅在城市维护建设税、房产税、车船税等少数地方税中，规定了省级政府可以制定实施细则。因此，尽管房地产税属于地方税，但在目前的税收管理体制下，即使地方试点开征，也必须由中央出台改革方案或由中央予以授权。

2003 年 10 月，党的十六届三中全会通过的《决定》明确指出："在统一税政的前提下，赋予地方适当的税政管理权"。2010 年 10 月，党的十七届五中全会关于制定"十二五"规划的建议中再一次提出"赋予地方适当税政管理权限"。为了落实中央关于赋予地方税政管理权限的意见，改革和完善分税制财政体制，正确处理中央与地方税收关系，从法理上说，最理想的是由全国人大制定《税收基本法》（《税法通则》），明确和合理划分各税种的开征、调整和废止权限，赋予省级地方政权适当的税政管理权限，使中央地方税收关系法律化和规范化。

考虑到在现行条件下，很快制定《税收基本法》（《税法通则》）尚有困难，为使房地产税改革符合法治要求，并以此为契机，有效推动我国税收立法体制的改革和完善，我们建议可采取如下两种方案：

第一种方案是由全国人大常委会作出授权地方试点开征房地产税的决定。因为即使通过修改现行房产税条例的形式，但由于试点开征的房地产税在征税范围、计税依据等税制要素是对现行房产税的根本性改造，实质上是开征了一个新的税种。为使房地产税试点具有足够的合法性，由全国人大常委会作出授权决定是必要的，也是最为合适的途径。

第二种方案是由国务院作出授权地方试点开征的决定。如果目前尚不能由全国人大常委会作出授权决定，考虑到房地产税改革采取修改现行房产税条例并由部分地方试点的形式，为使房地产税改革具有一定的灵活性，也可以由国务院作出授权决定。

无论采取上述哪种方案，房地产税试点开征的授权决定都应当是正式的，都应当由全国人大常委会或国务院直接发布，不能由国务院财税主管部门或试点地方的人大或政府来发布，后者只能就征收管理中操作层面的问题予以细化。授权决定应当对房地产税的征税范围、计税依据、税率、减免税等作出原则性规定，不能采取空白授权的形式，将税制要素的确定权交给省级人大，以利于房地产税改革的统一性、公平性和稳妥性。

房地产税改革涉及千家万户的利益，必须保障纳税人的知情权、参与权和表达权。为此，我们建议无论是中央制定授权决定还是地方制定具体实施方案，都应当通过召开座谈会、听证会、公示法规草案等形式，广泛征求社会各界意见，以使房地产税开征更加符合民意，改革方案更加科学、公平、透明和合理。

（三）科学确定房地产税的税制要素

房地产税的开征不仅需要遵照法律程序，其税制要素的设计也应当科学、公平和严密，这样才能更好地发挥其筹集财政收入和调节财富分配的功能，才能便于其征收管理，提高征纳双方的遵从度，真正体现社会公平。

按照税收公平原则，在起草房地产税改革的相关法规中，应当全面、科学、规范地设计房地产税各税制要素。房地产税是向房屋土地产权所有人征收的一种财产税，是以纳税人一定时期内的静态房地产为课税对象而征收的一种静态财产税，为体现课税公平，应当对“存量”与“增量”房地产统一征税。由于目前对房地产的产权信息尚未完全掌握，房地产的评估力量有限，当前开征房地产税也需要发挥其一定的抑制房地产投机的功能，征税对象宜限制在居住房地产总量的10%以内，主要是对别墅等高档房屋、多套房屋、人均居住面积超过一定标准的房地产征收，应当明确规定一套住房或人均面积一定限额以下的房屋免税。

在税率的确定上，目前应限制在1%以内。房地产评估应当由具备法定资质的评估机构实施，评估方法应当科学可行，要保证纳税人对评估决定的异议权和救济权。

房地产税改革是一个系统工程，应当在整个税制改革的总体框架中予以定位。我国目前的法定税负和实际税负已经不低，而房地产税改革会在一定程度上加重纳税人税收负担。为保持我国宏观税负的合理性，体现结构性减税的要求，房地产税改革需要统筹考虑相关税种的改革，特别是与城镇土地使用税、土地增值税、耕地占用税的整合和归并，以进一步优化税制。由于我国现行对房地产征收的财产税分别设置了房产税和城镇土地使用税两个税种，考虑到房地产作为不动产的统一性，在改革时应当将两个税种合并为统一的房地产税。与此同时，应当加快个人所得税改革步伐，适当降低中低收入者工薪所得税负担，适当控制土地出让金的收入规模，清理相关收费，以保证纳税人税收负担总体上不增加。

目前，社会上对房地产税改革议论颇多，为正确引导公众意见，房地产税改革也宜有一个路线图，给纳税人以科学的指引和较好的预期。

房地产税改革是我国经济社会发展中的一件大事，对于推进民主法制建设具有重要意义。为了把好事办好，当前在改革中尤其应当广泛征求社会意见，遵循税收法定原则和税收公平原则，积极稳妥地推进房地产税改革。

（刊于2011年1月26日《中国证券报》，与施正文合作）

十二、关于加快房地产税立法并适时推进改革的若干思考

（一）我国加快房地产税立法并适时推进改革的意义

加快房地产税立法是完善中国税制，完善地方税收法律体系的需要。

改革房地产税制度是提高直接税比重的重要途径。

改革房地产税制度是优化财产税收入结构的必要手段。

改革房产税制度具有广泛的社会经济意义。

（二）房地产税的国际比较与借鉴及我国台湾地区开征地价税和房屋税简介

1. 房地产税的国际比较与借鉴

房地产税制属于财产税制，和货物税制、所得税制共同构成各国税收体系的主体部分。在发达地区国家的税收体系中，房地产税已经基本形成了成熟的体系。从其实施情况看，一个结构完备、运行良好的房地产市场离不开一个能同市场经济相吻合，并将国家的宏观经济政策及其意图渗透于市场的完善的房地产税收制度。房地产税制的有效运行，不仅可以增加财政收入，而且可以调整土地等资源的配置，通过对房地产市场的干预，调节城市经济运行及收入分配。

关于房地产税收基本要素的国际比较：

（1）征税对象。房地产税的征收对象主要是土地和房屋，绝大多数国家对房屋和土地都征税，如美国、加拿大、英国、日

本等；少数国家只对房屋征税，对土地不征税，如坦桑尼亚的地方建筑税；少数国家只对土地征税，如澳大利亚部分州及乌克兰等。

（2）纳税人。大多数国家如美国、澳大利亚、新加坡等规定：房地产税纳税人为房地产所有人；少数国家如英国、法国、芬兰和新西兰等规定，房地产税纳税人为房地产使用人。

（3）税种设计。各国税种设计相对复杂，发达国家如美国、加拿大设置财产税，德国设置土地税，日本设置市政特种土地持有税、城市规划税和固定财产税，一些发展中国家如印度、南非、智利等设置财产税。土地税属地方直接税，是由土地所有者缴纳。征税对象为所有的土地，包括农村生产用地和建筑用地。

（4）征税范围。绝大多数国家对坐落于本国境内的所有房地产都征税，但通常对农村及农业用地实行税收优惠，只有少数国家（如挪威、瑞典、巴西等）对农村不征收房地产税。

（5）计税依据。计税依据主要包括三种形式：从价计税、从租计税和从量计税。各国以及同一国家不同地区在计税依据和确定上都不完全相同，大体上说，大多数国家如美国、加拿大等都采用从价计税方式。美国房地产税以房地产价值为计税依据，且计税价值的评估与房地产税收的征管分开。由于美国实行联邦与州之间完全的分税制，而且房地产税作为地方税，故各州对房地产税核定价值的计算标准不尽相同。

（6）税率。税率主要有比例税率、累进税率和定额税率三种形式，多数经济发达国家如美国、德国、加拿大、日本等采用比例税率。

目前，美国的 50 个州都征收该税，各州和地方政府的不动产税率不同（约 1%—3%）。由于房地产税与地方经济关系密切，除马里兰州已将征税权上收外，其他 49 个州均归地方政府征收。

(7) 税收优惠。各国政府对房地产税的税收优惠不尽相同。很多国家的地方政府都有设置税收优惠的权力，因此，税收优惠的项目和办法在不同的地区也有所不同，大多数发达国家都针对用途而非所有权进行税收优惠，如美国、加拿大等。

收入归属：

从各国的税收实践看，凡是实行中央与地方分享税制的国家，房地产税收基本划归地方，构成地方税收的主体税种，而且其主体税源的地位也比较稳定。

2. 我国台湾地区设置地价税和房屋税简介

中国台湾地区在房地产保有环节对土地和房屋分别设置了地价税和房屋税。

(1) 地价税。该税种的征税对象是所有已经规定了地价的土地。纳税人是土地所有权人或实际管理者。

地价税的税基为每一土地所有权人在每一个直辖市或县辖区内所拥有土地的地价总额。

税率方面，地价总额未超过土地所在地累进起征点地价的，基本税率为1%，超过土地所在地累进地价起征点的，按照5级超额累进税率征收，税率分别为1.5%、2.5%、3.5%、4.5%、5.5%。

税收优惠层面，对于自用住宅用地，在都市区不超过3公亩或在非都市区未超过7公亩的，采用0.2%的优惠税率；对于工矿用地、动物园和体育场所用地、教堂寺庙用地、政府指定的名胜古迹用地、公共停车场用地等，不实行累进税率，按基本税率1%征税。

同时，为了避免土地闲置，促进土地及时开发，台湾地区设置了空地税。对逾期未建筑或增建的，按该宗土地应纳地价税的基本税额加征 10 倍的空地税，加征满 3 年仍不建筑的则要照价收买。

（2）房屋税。该税种的课征对象为房屋及可增加该房屋使用价值的附属物、违章房屋及房屋周围的围墙等。

纳税人是房屋持有人，具体分为：房屋所有权人、典权人、使用人或承租人。税基为房屋现值，由税务机关根据各直辖市、县市的不动产评价委员会评定额标准核定，并通知纳税人。不动产评价委员会每三年会对房屋进行重新评估，并公示标准价格。房屋现值是由房屋标准价格减除折旧，再按房屋所在街路等级系数调整后确定。税率依据房屋性质设置为四类，实施幅度比例税率。其中住宅房屋税率为 1.2%—2%，自住住宅房屋税率为 1.2%。

台湾地区现行的房地产税为：地价税、房屋税、土地增值税、契税、遗产税、赠与税等六种（由于农业发展的需要，台湾地区在 1987 年停征田赋税）。房地产税既是一种直接税，也是一种地方税。

3. 几点启示

（1）现代房地产税制的建立与改革完善，都需经过立法程序。1787 年美国宪法会议赋予了联邦政府征收进口关税、货物税和财产税的权力。1798 年，面对与法国开战的风险，美国国会立法对土地、房屋和奴隶课直接税。1929—1933 年大危机期间有 16 个州通过财产税税收限制法案对财产税设置税率上限和优惠政策。

英国于 1662 年立法按家中炉灶数目开征“灶税”、1696 年用“窗税”取代了詹姆斯二世统治期间开征的“壁炉税”、1851 年正式废除窗税并开征了对民用住房和营业用房征税的房屋税都经过了议会立法。

1873 年 7 月，日本明治政府公布了《地租修改条例》；1931

年，日本制定了《地租法》，为日本房地产税制的建立奠定了法律制度基础。

（2）征收房地产税主要以筹集地方财政收入为目的。英国于1662年开征“灶税”的直接目的是为筹措英荷战争经费需要。在美国和日本，房地产税经历了由中央（联邦）税到地方税的演变。美国联邦政府曾在1798—1801年、1814—1816年和1861—1863年征收过国家财产税都与战争以及因战争产生的财政困难有关。日本在明治初期，地租税作为当时的主要税种。进入大正时期地租附加税超过了地租税。1940年，为了充实地方财政，日本建立了地方税制，地租税在1947年变成了完全的地方税。

（3）遵循公平和效率原则设计房地产税制。英国房地产税的历史表明，灶税、壁炉税、窗税，这些税虽不叫房产税，但都与房产有一定的关系，尤其是窗税，确确实实就是房产税。所以，在房产价值评估还比较落后，税收征管也比较原始的时候，数窗户征房产税就不失为一种符合公平与效率的选择。窗税后来被现代房产税所取代。

（4）必须准确评估房地产的真实价值。需要有公正无私的中立的房产评估机构及一大批训练有素的房产评估师。

房地产税收收入占GDP和地方政府财政收入的比重经历了逐渐提高然后降低并趋于稳定的发展轨迹。据有关专家估算，20世纪70年代以来，各国房产税收入占GDP的比重逐渐上升，在20世纪90年代，经济合作与发展组织国家房产税收入占GDP和地方政府财政收入的比重平均分别为1.44%和17.9%。

（三）推进房地产税制改革的具体政策建议和构想

1. 房地产税改革的基本思路

根据党的十六届三中全会以来中央制定颁布的一系列纲领性

文件确定的税制改革方向，针对现行房产税和城镇土地使用税制度存在的缺陷，应按照“公平税负、拓宽税基、简化与完善税制”的原则，以简并、整合房产税与城镇土地使用税为基础，重构我国的房地产税制度。将房产税与城镇土地使用税简并整合成一个统一的新税种——“房地产税”，在此基础消除现行房产税和城镇土地使用税制度存在的弊端，实现税制优化，使之满足经济社会发展的需要。

2. 房地产税改革的具体建议

税制要素设计：

（1）征收范围和纳税人。新的房地产税应以房屋、土地以及与房屋相关的其他构筑物为课征对象，将静态财产税的税基由房屋、土地拓展至其他不动产，以利于增加财产税的税源，拓宽其调节范围。

房地产税的纳税人应包括在我国大陆境内拥有不动产的内资、外资、中外合资、港澳台资企业、其他企业、团体及组织以及中国大陆公民、华侨、港澳台同胞和外籍人士。

（2）计税依据。计税依据改革是我国房地产税改革的核心内容。自党的十六届三中全会提出开征物业税的主张后，论及计税依据，多主张采用不动产评估价值。

建议作为未来房地产税计税依据的不动产评估价值应由地方政府组建权威性、公益性的“房地产评估委员会”，采用简约、合理的方法确定。在此应着重加以说明的是：鉴于目前对出租房屋的个人同时课征房产税、营业税、城市维护建设税、教育费附加和个人所得税等多种税费，税种繁复，手续繁杂，征收阻力较大，税收流失严重，建议简化对个人出租房屋的课税制度。具体设想是借鉴香港特别行政区的经验，对个人出租房屋只征房地产税（相当于香港的物业税，属于财产收益税性质），不再征收其他税种。

（3）税率。建议低税起步。全国人大统一立法，规定税率幅度，具体由各省、自治区、直辖市人大确定。

（4）优惠政策。未来的房地产税应保留现行房产税和城镇土地使用税等税种的优惠政策中的合理内容：一是对国家机关、军队和非营利组织自用的不动产免税，这是各国财产税通行的做法。二是对个人拥有的非营业用不动产即对私人住宅确定合理的人均免税面积，设置基础豁免，以利于减轻民负。三是在将房地产税的征收范围扩展到农村之后，为减轻农民负担，支持农业发展，对农、牧、渔业生产用的不动产应给予免征房地产税的优惠政策。

3. 房地产税征收管理模式改革的构想

建议我国未来的房地产税采取以纳税申报为基础，以信息化手段为依托，主要借助财产评估方法确定税基的征管模式。为此，应采取以下措施：（1）建立健全不动产登记制度。（2）完善税收征管信息平台。（3）建立房地产价格“公估机构”。（4）建立房地产税申报缴纳和委托代征制度。

应构建起纳税人自行申报缴纳和委托房管部门、物业管理公司等单位代征代缴相结合的房地产税征收模式。

（四）改革难点与可能的风险

1. 房地产税改革与立法的法理基础问题

从国际实践看，土地所有制并不构成对个人征收房地产税的法理障碍，保有环节的房产税覆盖有的国家或地区土地上的全部不动产，并不因土地所有权不同，而把部分房产排除在征税范围之外。如在部分土地属于国有的波兰，对在国有土地上的房屋也征收房产税。在大部分土地属于国有的新加坡，也对国有土地上的房屋征收房产税。在土地归政府所有的我国香港地区，政府向拥有或占有物业或土地的个人和组织征收具有房产税性质的差饷税。

2. 关于课税对象的三种方案

（1）以第二套及以上住房为课税对象。

（2）确定不征税的人均住房面积。有人建议每人都有 60 平方米（或 80 平方米等）的面积免税。可是问题在于，市场经济社会中，不同地段的 60 平方米价格差距太大，应根据实际情况研究制定相应的处理办法。

（3）将前两套方案结合起来。确定一个合理的人均住房面积标准作为课税对象的限制条件较为公平、简单。

3. 特殊类型个人住房如何纳入课税对象

例如房改房。房地产税开征不能不考虑到许多人是在不具备商品房购买力的前提下拥有商品房的国情，这主要是福利分房，几万元就买了一套现在可能价值千万的住房，而收入维持在每月数千元的水平上，这样，如何能缴得起哪怕是 1% 的房地产税呢？对这类房需要研究制定相应的政策。

4. 房地产税税款用途与可能有的风险

房地产税收入用于提供地方公共服务，这对地方治理提出了很高的要求。地方政府征税后，需要告诉当地人民钱用在何处。地方政府没有太多的国家机密，信息的公开透明是必须的。地方政府能否经受得住监督，也不能不加以考虑。从好的方面说，加快房地产税改革步伐，可以促进地方治理的改善。但是，这也可能有风险，这是必须考虑的公共风险问题。

此外要处理好房地产税改革与个人所得税等改革的整体配套问题与顶层设计问题。在进行房地产税制度设计时，还必须考虑国家已收取土地出让金并通过开发商的销售定价转嫁到房产所有者身上的事实，为此，在房地产税改革的同时要进行土地出让金制度的改革，在税负稳定的前提下为房地产税制改革提供空间。

希望具有推进改革的勇气、专业的智慧，把握好时机选择，加强宣传，更多凝聚共识，积极推进房地产税立法。

（摘自2015年11月14日在中国税务学会学术研究委员会第一研究部“完善房地产税立法研究课题研讨会”上的发言）

十三、中国大陆开征遗产税的探讨
——兼论海峡两岸遗产税“设想”与“税制”的比较

开征遗产税对于完善税收制度、调节社会财富分配、平衡公众心理具有积极意义，随着税制改革的深入发展，中国大陆《遗产税法》的立法工作应考虑尽早列入全国人大的立法规划。本文阐述了当前关注遗产税研究的理由，就中国大陆拟议中的遗产税制有关设想与台湾地区遗产税制课征条文进行了比较分析，对中国大陆遗产税的税制设计、税制模式、免税额、各项扣除额、税率、财产估价、征收管理、相关配套法律制度的建立等进行了探讨，提出了相应的政策建议。

遗产税是以被继承人去世以后所遗留的财产为征税物件，向遗产的继承人和受遗赠人征收的税，属于财产转移税。开征遗产税对于完善税收制度，适当调节社会成员的财富分配，平衡公众心理，增加政府社会公益事业的财力，维护国家权益，具有积极意义，是人类社会文明、进步、法制健全的表现，因而成为当今世界许多国家和地区征收的一个税种。根据对世界上127个有税收制度的国家和地区征收遗产和赠与税的情况所作的检索，2003年正在征收遗产和赠与税的国家和地区有74个，占58.3%，而没有开征或者曾经开征、目前已经停止开征该税种的国家和地区有53个，占41.7%①。

（一）当前关注遗产税研究的理由

鉴于税收的调节功能，在国民收入初次分配后，政府能够通过适当的税收手段来达到调节收入分配的目的，而征收遗产税就是其中的重要手段之一。政府开征遗产税可缓解社会财富分配不均的现象，同时有利于国家控制社会财富流向，维护国家主权和经济利益，与国际税制保持同步，并可协调中国大陆与台湾地区、香港地区、澳门地区税收和财产继承关系。开征遗赠税可协调大陆与台湾税收和财产继承或赠与关系的客观要求，台湾地区目前有较完备的遗赠税法和健全的遗赠税操作运作机制，而大陆在此领域尚未开征该税种，为此，随着两岸交流的不断扩展，遗赠税制和继承法应尽早加以增改和完善。

（二）海峡两岸遗产税“设想”与“税制”的比较分析

中国大陆曾多次提出开征遗产税的税收方案，如1993年11月十四届三中全会《关于建立社会主义市场经济体制若干问题的决定》提出：“适时开征遗产税和赠与税”；2001年3月15日，第九届全国人民代表大会第四次会议批准《中华人民共和国国民经济和社会发展第十个五年计划纲要》，其中提出“要适时开征遗产税”。台湾地区于1973年2月6日颁布《遗产及赠与税法》开征遗产税及赠与税迄今期间迭经多次增修条文，先后

① 刘佐：《遗产税制度研究》，中国财政经济出版社2003年版。

于1981年6月、1995年1月、1998年6月、1999年7月、2000年1月、2001年6月、2006年1月，配合物价变动、《税捐稽征法》的实施、《农业发展条例》的修正、《信托法》的施行而多次进行修订。中国大陆遗产税法虽尚未出台，但如依拟议中的有关设想（2001年5月21日至2001年5月23日“中国遗产税法立法国际研讨会会议材料”，下同）来看，两岸有关遗产税的设想和课征条文内容大致相同，台湾地区有关遗产及赠与税法的施行情况和一些处理方法可供借鉴参考。下面就海峡两岸遗产税有关“设想”与“税制”作一简要的比较分析：

1. 关于属人主义或属地主义的税收管辖权原则

（1）台湾地区遗产及赠与税系采取属人兼属地主义。

（2）在大陆依其所拟遗产税制设想“在中国境内有住所的中国公民，死亡（含宣告死亡，以下同）时在中国境内、境外的全部遗产，依照本法规定缴纳遗产税。外国人和在中国境内无住所的中国公民，死亡时在中国境内的遗产，依照本法规定缴纳遗产税”，大陆亦采取属人兼属地主义，但大陆尚未订定生前利用放弃国籍或居住者身份，以规避遗产税或赠与税之规定，则死亡人生前利用放弃身份关系（由居住者变更为非居住者）规避遗产税或赠与税则相对容易，这是值得注意的一个问题。

（3）海峡两岸开放探亲后，并依中华人民共和国继承法与台湾地区民法之规定，两岸人民在可相互继承遗产及涉及赠与税下，重复课税在所难免，因此为避免重复课税，究应采取租税扣抵或其他租税协议可通过日后两岸举行租税研商决定。

2. 关于征税范围

（1）中国大陆关于遗产税的有关设想拟规定。遗产范围为被继承人死亡时遗留的全部个人财产，包括被继承人死亡前五年内赠与之财产，视同应缴遗产税之遗产。此为概括性方式之应计遗产，但亦有以正列举方式列明几种财产应缴纳遗产税之遗产，即应征税的遗产包括被继承人的房地产、土地使用权、机动工具、生产资料、银行存款、有价证券、债权、知识产权中的财产权利、被继承人因死亡而获得的经济权益。

（2）台湾地区之规定。依“遗产及赠与税法”第十四条规定，遗产总额应包括被继承人死亡时依第一条规定之全部财产及依第十条规定计算之价值，但第十六条规定不计入遗产总额之财产，不包括在内。

另第十五条则规定，被继承人死亡前 2 年内赠与下列个人之财产，应于被继承人死亡时，视为被继承人之遗产，并入其遗产总额：

①被继承人之配偶。

②被继承人依民法规定之各顺序继承人。

③前款各顺序继承人之配偶。

（3）海峡两岸课税范围之异同：

①相同：以列举方式将动产、不动产计入课税。

②相异：台湾地区对动产、不动产以外之财产以概括方式统称一切有财产价权之权利并入课税范围；大陆地区如以正列举方式计入遗产则较细，概括方式范围较宽，另对于死亡前之赠与并入遗产课税者，大陆规定为 5 年，台湾地区规定 2 年。

3. 纳税义务人

（1）中国大陆有关设想拟规定。遗产税的纳税义务人为继承人、受遗赠人、受赠与人及依法接受遗产的单位或组织。遗产税的纳税义务人为无民事行为能力人，或者限制民事行为能力人的纳税义务人，由其法定代理人代理履行。

有遗嘱执行人处理遗产者，遗嘱执行人为遗产税之扣缴义务人（草案第二条）。

无人继承且无人受遗赠的遗产，归国家所有，死者生前是集体所有制组织成员的，归所在地集体所有制组织所有（继承法第三十二条）。

（2）台湾地区之规定（遗产及赠与税法第六条）。

①有遗嘱执行人者，为遗嘱执行人。

②无遗嘱执行人者，为继承人及受遗赠人。

③无遗嘱执行人及继承人者，为依法选定之遗产管理人，其应选定遗产管理人，于死亡发生之日起6个月内未经选定呈报法院者，或因特定原因不能选定者，稽征机关得依非讼事件法之规定申请法院指定遗产管理人。

④无人承认继承及无人受遗赠的遗产依法归国库。

（3）海峡两岸纳税义务人之异同：

①相同：两岸地区对于遗产税纳税义务人之规定大致相同，且对于无人继承且无人受遗赠的遗产均依法归政府所有。

②相异：有遗嘱执行人时，纳税义务人由遗嘱执行人（大陆则规定执行人为扣缴义务人）为之并无不同，唯无遗嘱执行人时由继承人或受遗赠人为纳税义务人时，因两岸遗产继承人之继承顺序并不尽相同，故其以继承人身份为纳税义务人时，其顺序亦有不同，例如：

A. 中国大陆：

中华人民共和国继承法第十条规定遗产按照下列顺序继承：

第一顺序：配偶、子女、父母。

第二顺序：兄弟姐妹、祖父母、外祖父母。

继承开始后，由第一顺序继承人继承、第二顺序继承人不继承。

没有第一顺序继承人继承的，由第二顺序继承人继承。

另第十二条规定，丧偶儿媳对公婆，丧偶女婿对岳父、岳母，尽了主要赡养义务的作为第一顺序继承人。

B. 台湾地区：

依台湾地区民法第一千一百三十八条规定之继承人除配偶外，依下列顺序继承之：

第一顺序：直系血亲卑亲属。

第二顺序：父母。

第三顺序：兄弟姐妹。

第四顺序：祖父母。

相同：两岸继承顺序将配偶、子女均列为第一顺序，第一顺序有人继承时，第二顺序继承人不继承，以此类推。

相异：大陆将父母列为第一顺序继承人，台湾地区将父母列为第二顺序；另大陆继承法第十二条规定丧偶之儿媳女婿对公婆、岳父母尽了主要赡养义务的可作为第一顺序继承，此站在中国人孝道立场，对于尽了主要赡养义务之媳婿给予继承第一顺序之回馈颇富人情味与公平正义，此亦为台湾地区民法继承编所无。

4. 税率结构

（1）大陆遗产税设想税率拟采用 6 级超额累进税率，依其应纳税遗产额税率分别为 5%、10%、20%、30%、40%、50% 六级。

（2）台湾地区之遗产税课税系就被继承人死亡时所遗留之财产经减除免税额及各项扣除额后之遗产净额，依其适用之税率以超额累进方式课征，计分 10 个级距。

（3）海峡两岸税率结构异同：

①相同：均为多级超额累进税率，且与国际惯例一般是遗产税率略高于个人所得税税率，最高税率都较个人所得税最高税率为高。

②相异：大陆拟采用6级超额累进税率（5%、10%、20%、30%、40%、50%）或采用10级超额累进税率（5%、10%、15%、20%、25%、30%、35%、40%、45%、50%），简单明了，管理上较方便，稽征成本较低；台湾地区虽采用十级超额累进税率，但非属等差级数，管理人员须就遗产净额查表计算税额，较为复杂。

5. 课征管理

（1）个人财产之登记、管理及分割。

①大陆设想私人财产之房屋、机动工具（生产资料）、银行存款、有价证券及其他财产权利等，其中前3项现在分别由房屋管理部门、交通管理部门、工商管理部门负责登记、管理已较健全，惟继承法并未相应规定被继承人死亡后，继承人应于缴清遗产税后方能分割继承登记。

②台湾地区对财产之定义为动产、不动产及其他一切有财产价值之权利，动产包括现金、银行存款、黄金、珠宝、古董、有价证券等，大部分动产不须经登记即能移转，故较易逃漏，惟遗产及赠与税法第四十一条则规定“遗产税或赠与税纳税义务人缴清税款……后，主管稽征机关应发给税款缴清证明书；其经核定无应纳税款者，应发给核定免税证明书。”第四十一条之一则规定“……在全部应纳款项未缴清前，不得办理遗产分割……权利为处分、变更及设定负担登记。”

（2）不计入遗产总额之项目。

①大陆设想：

A. 由被继承人、继承人、受遗赠人及受赠与人捐赠政府和教育、科学、文化、卫生、社会福利及其他社会公益事业的财产。

B. 中国政府缔结或者参加的国际条约、签订的协定中规定的免征遗产税的财产及法律规定的其他财产。

②台湾地区：遗产及赠与税法第十六条亦有各款不计入遗产总额之规定。

③两岸异同：大陆“设想”拟遗产税不计入遗产总额之项目仅有三项，包括公益、慈善等捐赠，文化艺术品及专利著作权等项目，可说相当简化，尤其大陆对于私人日常用品、职业上之工具等专案均未规定。另外，中国政府缔结或者参加的国际条约，签订的协定中规定的免征遗产税之财产不计入遗产总额，为台湾地区遗产税课征免计入遗产专案之所无。

（3）遗产扣除额。大陆设想拟可以从遗产总额中扣除的项目，主要为被继承人基本免税额、丧葬费用、扶养亲属、依法应纳各项税款、罚款、滞纳金、未偿债务具有确实证明者，与台湾地区规定可自遗产总额扣除项目大致相同，均属较符人性化之法条设计。

（4）纳税期限。

①大陆设想：纳税义务人或遗产管理人自被继承人死亡之日起 60 日内，向遗产所在地的地方税务机关办理纳税申报。地方税务机关自收到遗产税申报表之日起 60 日内对遗产情况进行调查核实，向纳税人或遗产管理人发出纳税通知书，纳税义务人或遗产管理人自税务机关送达纳税通知书之日起 60 日内缴清税款。

②台湾地区规定：

A. 应纳税额应于稽征机关送达核定纳税通知书之日起 2 个月内缴清，必要时，得于限期内，申请稽征机关核准延期 2 个月。

B. 遗产税额在 30 万元以上，纳税人一次缴纳现金确有困难者，得于纳税期限内向该管稽征机关申请分 12 期以内缴纳，每期以不超过 2 个月为限。

③两岸异同：

相同：纳税义务人对一次缴清税款确有困难者，均可提出分期缴纳，经核准后即可分期缴纳，以减轻纳税义务人之负担。

相异：台湾地区须限制遗产税额在 30 万（含）元以上一次缴纳现金确有困难者，始可向该管稽征机关申请分期缴纳可分 12 期缴纳，每期以不超过 2 个月为限，而大陆地区未有金额限制，且分期缴纳期限为 15 年。

（三）对中国大陆遗产税制设计的探讨

1. 遗产税税制模式

遗产税制有总遗产税制、分遗产税制、混合遗产税制三种模式，综合考虑公民纳税意识、相关法律制度和管理办法及公民家庭财产分割复杂等各方面因素，为实行源头控制和方便征管在中国大陆宜实施总遗产税制，一来世界各国或地区实施总遗产税制的较多，可资借鉴长处亦多，二来台湾地区亦实施总遗产税制，中国大陆实施总遗产税制就能更好地体现税制的完整划一。

2. 课税对象和纳税义务人

遗产税系就被继承人死亡时遗留的全部个人财产所课征的税，笔者主张其财产应包括被继承人死亡前 5 年内赠与之财产、视同赠与之财产，即在开征遗产税的同时配合开征赠与税。至于捐赠给政府、教育、文化、卫生、社会福利、公益事业之财产，中国政府缔结或者参加的国际条约、签订的协定中规定的免征遗产税的财产可排除在外。

遗产税的纳税义务人为继承人、受遗赠人、受赠与人及依法接受遗产的单位和组织。遗产税的纳税义务人如为无行为能力人或是限制行为能力人时，其纳税义务人由其法定代理人代理履行。有遗嘱执行人处理遗产的，其纳税义务人为遗嘱执行人。

3. 免税额

世界上大多数国家和地区对遗产税都规定了相应的减免扣除，包括基础扣除、特殊扣除、和免税额等。

目前国家相关部门对公民拥有财产的实际数量并未全部掌握，如何确定起征点是遗产税制起草过程中的一个难点问题。如果涉及纳税人太多，就与征税目的不符：因为征收遗产税只是国家的一个公平机制并非主要在增加国家财政收入，因此为贯彻对少数富人征税的原则，起征点就不宜定得太低。

4. 各项扣除额

在计算遗产税应纳税遗产净额时，应从遗产总额中扣除各项扣除额以符实际，其扣除项目主要是有关的必要费用及基本扣除，其细项大致为：

（1）基本扣除额。主要为继承人（配偶、子女、父母、家属、残障人等之赡养等）之基本生活需求。

（2）被继承人的丧葬费。

（3）遗产税的执行费用、管理费等。

（4）各项公益性捐赠或对各级政府之捐赠。

（5）税款扣除。主要是被继承人生前应纳未纳税款。

（6）被继承人生前之债务具有确实证明者。

5. 财产估价

应税财产价值的评估是遗产与赠与税计征税额及征收管理中十分重要，也是最为复杂的工作，要建立个人资产档案管理和价值评估制度，需要健全交易中心的票据管理制度包括评估资格、评估物件、评估周期、价值认定等内容的一套个人财产评估办法。

6. 税率

中国大陆开征遗产税可参照有关国家和地区的立法经验及中

国大陆的实际情况，遗产税是为了体现量能负担的原则，达到调节巨额财富的目的，可以考虑实行10级以内的超额累进税率。

7. 申报及缴纳

纳税人应于被继承人死亡之日起6个月内向主管税务机关申报应纳遗产税额以利征收管理，而税务机关应在接到上述申报2个月内对申报内容进行调查核实，然后向扣缴义务人、纳税人发出缴税通知。此与台湾地区遗产税法有关申报规定相同。

中国大陆地区人口众多，遗产税若采全部申报时，申报件数、审理人员必定很多，而遗产税之课征对象原则上应以富人为物件，对于有税案件当然须责由继承人申报，而缴纳税款方面，原则上境内人士以人民币缴纳较无疑议，境外税款之汇率以何时为准及分期缴纳之利息率如何计算，均须于制定税法时一并考量。

8. 征收管理

中国大陆对于遗产税的开征一般认为由被继承人住所地的地方税务机关负责征收。在中国境内无住所的中国公民及外国人，死亡时在中国境内有遗产者，遗产税由主要遗产所在地的地方税务机关征收，而遗产税税款缴清前，不得分割、接受或处分遗产。

9. 罚则

纳税义务人未依规定期限内申报、缴纳税款者或有申报不实而致短漏报遗产税者，稽征机关将依税法规定予以处罚，轻则补征税款、加征滞纳金和利息，重者处倍数罚款，甚至追究法律责任。

10. 推进相关配套法律制度的建立

目前，开征遗产税的一些国家和地区实行全民收入的阳光法，公职人员都须依阳光法案申报财产，因此，应积极推动，制定和健全个人收入的申报与个人财产登记制度，健全个人财产评估制度，尽快确立完善的遗产继承法律制度，建立、完善个人财产公证制度，并健全公民的死亡报告制度等，以积极推动中国大陆《遗产税法》的立法进程。

根据世界各国和地区开征遗产税的经验，我国应同时开征赠与税以杜绝逃漏并维护税法的完整性。此外，还要积极推动民法和继承法明确规定公民或个人缴纳遗产及赠与税，推动有关配套法律制度的修订和制定，为遗产税的立法创造必要的条件。

参考文献

［1］ 刘佐:《遗产税制度研究》，中国财政经济出版社 2003 年版。

［2］ 曹诗权、刘闻生：“中国遗产税法前瞻”，《法商研究》1994 第 4 期。

［3］ 陈合发：“遗产及赠与税制度研究——兼论海峡两岸遗产及赠与税制度比较”，2006（台湾）。

（本文初稿为 2001 年 5 月在全国人大常委会预算工作委员会主持召开的“遗产税法国际研讨会”上的发言，后经修改为“2006 年海峡两岸租税研讨会”演讲稿，刊于《2006 年海峡两岸租税研讨会论文集》，2006 年 9 月，济南山东大学，有删节）

第五章
国际税改趋势

一、关于国际税改趋势与国际税收治理规则
——对廖体忠、龚辉文主题发言的点评

非常感谢有这个机会就第一个主题国际税改趋势与国际税收治理规则的发言做一简要的点评。我觉得这个题目非常好，因为国际税改的趋势，决定了国际税收治理的规则，而国际税改趋势和国际税收治理规则，又对国内进行的税制改革有很大的影响，这就涉及国际税改与国内税改两个方面，刚才廖体忠司长和龚辉文主任的主题发言，也正好切中了这个主题的要求。

廖司长的演讲，全面生动地描述了 G20

杭州峰会税收议题，非常有高度，全方位、全景式地勾画了全球经济金融治理背景下国际税收的发展，中国如何应对、中国需要做什么，对于在经济全球化这个态势下国际税收合作的趋势，同时对经济全球化背景下国际税收的发展做了很好的分析。通过廖司长的分析，我们对整个 G20 峰会的意义有了全方位的了解。

（1）加快完善现代增值税制度。

（2）继续深化国际税收改革。

（3）不断加强国际税收合作。

这三点恰好就是刚才廖司长和龚主任讲的内容所在，我试着归纳了一下廖司长的发言，以及他引用的习主席在 G20 杭州峰会上的讲话，其中的一些关键词：经济全球化，良政与法治原则，完善全球价值链，创新增长方式，增长需要国际税收合作，要实施更为增长友好型的税收和公共支出政策，要有效落实国际公认的税收透明度和确定性原则，国际税收不应该成为零和游戏，必须加强协调，开展健康型合作，国际税收合作削弱保护主义倾向，强调提出深化国际税收合作是化解经济全球化与税收法律本地化矛盾的必然选择，等等，都是很有新意的。

归纳起来，是两个内容：一是国际税改趋势，二是国际税收治理规则。

（一）关于国际税改趋势

关于国际税改趋势，可以从对国际税收形势的基本判断、国际税改的基本趋向和 BEPS 行动计划所推进的税改项目几方面论述，并注意其对国际税收治理规则与中国税改的影响。

1. 20 世纪 80 年代以来国际税改的一般趋势

（1）经济全球化趋势、开放的世界、各国经济相互渗透、竞争和融合。

（2）各国所得税税率在持续下降过程中趋于平稳，重视个人所得税的收入再分配功能与对中小企业、科技创新的税收激励。

（3）更多的国家开征并继续完善增值税制度。

（4）重视消费税、环境税、财产税，形成趋同性税制改革大势。

（5）金融危机下，减轻纳税人负担与增加政府财政收入并存，结构性调整成为税改的主线。

（6）税收区域化的合作发展，国际税收协调的步伐加快，国家间税收关系的协调和规范是一个基本发展趋势。

（7）独立的多边税收协定文件——税收征管互助公约的制定，在维护纳税人权益的同时促进国际税收合作，更好地运用各国税收法律法规。

（8）OECD 经 G20 授权制定和发布《金融账户涉税信息自动交换标准》迎来国际税收合作的新时代，世界进入税收情报交换与税收透明度时代。

2. 特别是 BEPS 行动计划的推进、G20 税改的影响

（1）BEPS 行动计划是由二十国集团（G20）领导人背书并委托 OECD 推动的一项一揽子国际税改项目，旨在通过协调各国税制，打击国际逃避税，共同建立有利于全球经济增长的国际税收规则体系。

（2）BEPS 行动计划包括五大类 15 项行动，协调各国企业所得税制，重塑现行税收协定和转让定价国际规则，提高税收透明度和确定性，开发多边工具，促进行动计划实施。

（3）BEPS 行动计划逐步落地，税收信息交换成为必然要求，多国主动修订完善国内反避税法规体系。

以上这些发展反映出税收区域化的合作发展，国际税收协同发展，呈现一种基本趋势。另外，税收征管互助共约制定，更好

地运用了各国税收体系法律法规。

（二）关于国际税收治理规则

国际税改的趋势，尤其是突出了 G20 的影响，这对我们如何正确理解国际经济税收规则非常有帮助。国际税收规则是国际经济规则的重要组成部分，G20 税改的结果将产生三个层次的规则协调：

第一是对各国国内税收立法的建议；

第二是修订所得税领域的国际规则，主要是 OECD 税收协定范本及其注释和 OECD 转让定价指南；

第三是形成多边法律工具。

尤其是 BEPS 行动计划的实施将从税收国际规则和国内法两个层面改变现行跨境交易税收规则。

从国际税收规则的角度看，BEPS 行动计划将完善和发展现行税收协定和转让定价国际规则。

从国内法的角度看，BEPS 行动计划将推动建设与现代市场经济相适应的所得税制并完善间接税制度安排，促使各国相应修改国内税法，在全球范围内营造公平的税收环境和秩序。

国际社会必须携手改革现有的国际税收规则体系，适应快速发展的经济全球化趋势。

（三）讨论国际税改趋势与国际税收治理规则对中国国内税改的意义

以上国际税改的趋势和国际税收治理规则对中国国内税改有什么意义？这是我们设置这个主题的意义所在。

1. 积极参与国际税收治理规则

（1）我国的角色转化。习主席在 2014 年 12 月 5 日强调加快实施自由贸易区战略时指出，中国应积极参与国际经贸规则制定，争取全球经济治理制度性权利，不能只当旁观者、跟随者，而是要做参与者、引领者。习主席指示，面对当前挑战，我们应该完善全球经济治理，夯实机制保障，加强在金融监管、国际税收、反腐败领域合作，提高世界经济抗风险能力。

近年来，我国税务机关积极参与 BEPS 行动计划，向 OECD 提交我国立场声明和意见建议 1000 多条，得到了国际同行的认可，并在 BEPS 行动计划的成果中得以体现，为国际税改做出了重要贡献。要继续参与 BEPS 行动计划的后续研究，代表发展中国家的国际税收利益发声。

（2）多边合作。要进一步适应经济全球化不可逆转的趋势，积极完善多边税收合作法律框架。我国已积极参与到国际反避税合作，未来将进一步增加在转让定价、自动情报交换等领域的合作。我国已承诺实施金融账户涉税信息自动交换标准，将于 2018 年完成第一次信息交换。

中国需要做的工作包括实行增长友好型的税收政策，通过税收促进公平，迎接全球税收透明度时代的到来，结合我国对外开放实际加强国际税收合作，打击国际逃避税的同时注意促进国际经济合作，参与国际税收规则的制定，帮助发展中国家提高税收征管能力，促进包容性发展，从加强全球经济治理的战略高度构建中国国际税收新体系。

全球经济发展格局与世界税制变革趋势深刻地影响着各国国际税收发展的战略设计，2012 年国家税务总局发布了《关于加强国际税收管理体系建设的意见》，提出了清晰而完整的中国国际税收发展战略，要求着力加强国际税收管理的总体部署，提出了加强国际税收管理体系建设的总体思路、基本原则和主要目标，要求制定或参与制定国际税收法律制度，完善反避税工作机制，完善“走出去”税收服务与管理机制，推进国际税收管理科学发展。这个思路到现在，又有了新的发展。

2. 构建现代化税收制度

（1）重视当前国际税改趋向与国际税收环境的新形势。逐步适应国家对外开放与参与经济全球化进程的基本要求，公平税负、开放税制、加强税收法治，完善国际税收法律法规，加强国际税收征管。促进企业“走出去”，服务“一带一路”建设等。

（2）构建具有国际竞争力的现代化税收制度。要依据现代市场经济的规则，不断改革与完善我国税制，优化税制结构，增强税收法治建设，进一步完善增值税制度、消费税制度、个人所得税制度、房地产税制度、环境保护税制度，推进《税收基本法》（税法通则）《财政基本法》的立法。

廖司长和龚主任的主题发言，对宏观上国际税改趋势、国际税收治理规则，都有很中肯的分析。这种分析对我们进一步深入开展中国国内税制改革，同时更好地开展国际税收合作，从国内、国际两个方面来推进税制改革是很有意义的。

（摘自2017年4月22日在“中国财政学会第21次全国财政理论研讨会税制改革分论坛”上的发言）

二、反避税立法、管理与前景展望

2016年20国集团（G20）杭州峰会从经济增长的角度，提出全球税收治理的重要性。峰会公报提出，20国集团领导人将继续支持国际税收合作以建立一个全球公平和现代化的国际税收体系并促进增长，包括推进正在开展的税基侵蚀和利润转移合作、税收情报交换、发展中国家税收能力建设和税收政策等，以促进增长，提高税收确定性。公报指出，将积极推进建立税基侵蚀和利润转移包容性框架，广泛落实税基侵蚀和利润转移一揽子项目，有效和广泛落实国际公认的税收透明度标准，实施自动情报交换标准，签署并批准多边税收行政互动公约。公报还点明帮助发展中国家进行税收能力建设、充分发挥税收政策的工具效应，积极推动促进增长的税收政策和税收确定性方面的工作。中国大陆特别提出，要成立一个旨在开展国际税收政策设计和研究的国际税收政策研究中心，表现出积极参与全球税收治理的决心。应对跨国公司税基侵蚀与利润转移行为的行动计划（以下简称 BEPS 行动计划），正式启动了全球反避税的共同合作，成为全球税收治理的重要组成部分，国际税收规则进入百年重塑的历史性阶段。

与美国奥巴马竞选团队税务总顾问、美国密歇根大学国际税法硕士项目主任 **Reuven S. Avi - Yonah** 教授一行举行“世界税收政策发展趋势座谈会”（**2012** 年 **11** 月）

（一）国际反避税立法的新动向

1. 国际反避税的新背景——BEPS 行动计划

当前国际税收形势呈现出新的特征和发展态势，所得税的国际协调除了明确国家的征税权以避免双重征税之外，开始将重心放在避免双重不征税、打击跨国公司的税基侵蚀与利润转移行为方面。2015 年 10 月经合组织发布 BEPS 行动计划的最终报告，该报告不仅包含了对现行国际税收规则的多处修改，而且针对如何遏制跨国企业规避全球纳税义务、侵蚀各国税基的行为提出了具体的行动方案。BEPS 行动计划已经成为当前及未来国际税收领域的核心议题。

OECD 提出的 BEPS 项目共包括 15 项行动计划和 1 份解释性声明，表 5－1 列出了 BEPS 最终报告的行动计划的基本主题。

表 5－1　BEPS 最终报告所列 15 项行动计划的基本主题

编号	主　题
行动计划 1	应对数字经济的税收挑战
行动计划 2	消除混合错配安排的影响
行动计划 3	制定有效受控外国公司规则
行动计划 4	对利用利息扣除和其他款项支付实现的税基侵蚀予以限制
行动计划 5	考虑透明度和实质性因素，有效打击有害税收实践
行动计划 6	防止税收协定优惠的不当授予
行动计划 7	防止人为规避构成常设机构
行动计划 8－10	无形资产转让定价指引
行动计划 11	衡量和监控 BEPS
行动计划 12	强制披露规则
行动计划 13	转让定价文档和国别报告
行动计划 14	使争议解决机制更有效
行动计划 15	制定用于修订双边税收协定的多边协议

资料来源：根据国家税务总局网站相关内容①整理。

① http：//www.chinatax.gov.cn/n810219/n810724/c1836574/content.html。

从内容来看，BEPS 行动计划涵盖了当前国际税收的新问题，针对当前跨国公司的常用避税方法，从国内税法、国际税收协定、多边税收征管合作等角度提出具体的应对 BEPS 问题的行动方向。从国际反避税的角度而言，最为核心的问题即为对税收协定范本的修订，以及对转让定价问题的规定。

2. 国际反避税的新趋势

除了 OECD 和 20 国集团围绕 BEPS 提出的各项理论与实践工具，很多国家对国内税法进行了修订，甚至开征了新税种。

目前已出台或正在讨论的反避税法规主要集中在以下领域：利息抵扣规则；转让定价法规；一般反避税规则；受控外国公司规则；打击混合错配的框架等。从反避税管理实践来看，目前最为突出的进展在于不少国家都有效地推进了国别报告的实施。

（1）基于国内税法的国际反避税举措。英国于 2015 年 4 月 1 日起征收转移利润税（diverted profits tax），旨在抑制跨国公司滥用税收筹划将利润转移出英国，该税是英国应对跨国公司税基侵蚀与利润转移行为所采取的举措，对转移与英国活动相关的利润所征收的税种。

德国财政部于 2016 年 12 月 19 日发布一项立法草案，旨在防止跨国公司通过利用特定知识产权税制，如专利盒子，向海外税收管辖地转移利润，从而避免在德国缴税。

澳大利亚政府引入立法，计划自 2017 年 7 月 1 日起推行转移利润税。这一税种针对那些通过税收筹划将在澳大利亚获取的利润转移到海外关联方以达到避税目的的跨国公司。[①]

新西兰财政部于 2017 年宣布决定采取新措施以解决税基侵蚀和利润转移问题，确保跨国公司按照其在新西兰活动的经济实

① 资料来源：威科先行财税信息库。

质缴税。这些新措施将在 2017 年底前推出，以便在 2018 年 7 月之前正式颁布。[①]

除了上述国家之外，还有很多国家例如瑞典、新加坡、冰岛、波兰、希腊、比利时等正在通过国内立法过程参与到国际反避税行动。中国大陆也对国内税法进行了修订或补充，以积极响应 BEPS 行动计划最终报告的相关建议。

（2）国际组织的反避税集体行动。除了 OECD 和 20 国集团积极推动 BEPS 行动计划落地之外，欧盟、联合国、国际货币基金组织、世界银行等国际组织也共同参与国际反避税的集体行动。

2016 年 1 月 28 日，欧盟委员会颁布反避税一揽子协议，主要包括如下四个方面内容：（1）反避税指令的提议；（2）税收条例的修改建议；（3）推行 OECD 国别报告指令的提议；（4）保障有效征税的对外战略。2016 年 7 月 12 日，欧盟理事会正式采纳反避税指令。2017 年 2 月 21 日，针对如何解决欧盟税收系统和非欧盟国家间的混合错配问题，欧盟委员达成一项妥协。欧盟内部的政策差异已经被 2016 年 7 月通过的反避税指令所涵盖，其中提出的措施将自 2019 年起在整个欧盟地区生效。欧盟反避税的集体行动积极回应了 BEPS 行动计划的具体内容，并通过“法律化”的途径在欧盟的层面对成员国之间的反避税行动进行立法协调。

2017 年 4 月，联合国正式发布了 2017 年版《发展中国家转让定价操作手册》。

（二）中国大陆反避税立法概况与两岸反避税合作现状

在国际反避税行动的背景下，中国大陆也紧随国际税收改革

① 同上。

进程，深入修订完善反避税法规，积极参加到双边、多边税收征管与合作进程中。中国大陆与台湾地区之间的税收合作也开始建立，预期在 BEPS 国际反避税行动的影响下，两岸反避税合作关系将得到进一步深入增强。

1. 中国大陆国际税收立法的基本情况

随着中国大陆经济实力的增强，国际经济活动日益密切，国际资本流动规模逐年增长，中国大陆在国际经济中的地位显著提升，由此带来的税收问题与税收矛盾也更加凸显。2009 年《特别纳税调整实施办法（试行）》（简称〔2009〕2 号文）的出台，标志着中国大陆在国际反避税立法与管理方面的重要进步，正式拉开了大陆国际反避税法规系统建设的序幕。尤其是 2013 年之后，中国大陆国家税务总局围绕国际税收管理需求出台了系列文件，初步构建起国际税收管理法规体系的雏形。

中国大陆紧跟国际行动步伐，自 2014 年以来极大地丰富了国内反避税法规。尤其是在 2015 年 BEPS 最终报告出台之后，2016 年至 2017 年间出台的系列法规文件，不仅构筑了中国大陆国际税收法规体系基础，而且引领了国际反避税政策前沿，引发了国内外普遍关注，被认为是中国大陆国际税收法律建设的重要进展。具体来说，国家税务总局公告 2016 年第 42 号、第 64 号、2017 年第 6 号在充分借鉴 BEPS 成果的基础上，对之前的反避税重要法规〔2009〕2 号文进行了系统修订。《非居民金融账户涉税信息尽职调查管理办法》的颁布，为中国大陆按约定于 2018 年 9 月进行第一次信息交换提供了国内税法支持，这一举措预期能够有效获取纳税人的海外涉税信息，从而有效地打击国际偷逃税与避税行为。

2. 双边与多边国际税收法规概况

截至 2017 年 7 月，中国大陆已对外签署 102 个避免所得和财产双重征税的双边税收协定，其中 99 个协定已经生效。并且对与法国、英国、比利时、德国、丹麦、新加坡、芬兰、荷兰、瑞士、罗马尼亚、马耳他、俄罗斯等国签署的双边税收协定进行了修订。

中国大陆与台湾地区于 2015 年 8 月 25 日签订了避免双重征税协议，暂未生效。内地还分别与香港特别行政区、澳门特别行政区签订避免双重征税安排，均已生效。中国大陆还与巴哈马、英属维尔京、马恩岛、根西、泽西等 10 个国家或地区签订了税收情报交换协定。中国大陆的税收协定签署数量在国际上已位于前列，丰富的税收协定网络为中国大陆的对外经贸关系提供了更加有利的税收保障。

在多边税收条约方面，中国大陆于 2013 年 8 月 27 日签署《多边税收征管互助公约》，该《公约》已于 2017 年 1 月 1 日生效；已于 2015 年 12 月 16 日签署《金融账户涉税信息自动交换多边主管当局间协议》；已于 2017 年 6 月 7 日签署《实施税收协定相关措施以防止税基侵蚀和利润转移的多边公约》。BEPS 行动计划提出以来，中国大陆在国际反避税的集体行动中表现出负责任的大国态度。不仅较为系统地完善了国内反避税相关税法，而且积极参与国际反避税规则的制定过程，积极代表发展中国家发声。

3. 两岸反避税管理与合作

2010 年 6 月《海峡两岸经济合作架构协议》（ECFA）的签署标志着两岸经贸发展进入了法制化轨道，是两岸关系在承先启后上的里程碑，进一步增进了双方的贸易和投资，建立了有利于两岸经济繁荣和发展的合作机制。当前，《海峡两岸经济合作架构协议》的内容需要进一步具体化，其中两岸避免双重征税协议就是 ECFA 的一个重要内容，两岸有关方面期望能够有税制协调的适当配合，使其产生圆满的结果。

两岸经济往来表现为贸易和投资的往来，贸易和投资的过程或结果往往被选为所得税等税种的税捐客体，跨越课税区的贸易或投资就产生了税收管辖权的归属及跨境重复课税问题，两岸之间为避免重复征税，必须采取与之匹配的税制协调。

中国大陆与台湾地区之间的经贸往来密切，两岸反避税管理与合作方面仍有待进一步深化。两岸避免双重征税协议的签署，为两岸税收合作搭建了重要平台。

（1）避免双重征税协议的签署。两岸避免双重征税协议已于 2015 年签署，仍有待通过中国大陆的立法程序，从而正式进入实施阶段。可以预期，这一协议的落地，将极大地增进两岸的税收关系，为纳税人的两岸经贸活动提供更为确定的税务处理，并且有助于加强两岸的反避税合作。

协议条款中对营业利润、海运及空运收入、投资所得及财产收益、个人劳务所得等征税事宜进行了规定，并明确将抵免法作为消除双重征税的方法，“双方同意当一方居民（居住者）在另一方取得所得并依本协议规定在另一方缴税时，该一方应依有关规定消除双重课税。”在营业利润征税权认定方面，采用通用的常设机构标准。在投资所得征税方面，则采用双方共享税收利益的原则。这两项条款与两岸经贸投资活动关系最为密切，直接决定了纳税人在两岸的税收负担。利用两岸之间的税收协议，预期可以促进两岸经贸活动的增长。协议还包括非歧视待遇、相互协商、资讯交换、协助征税等条款，以确定双方的税收协调与合作机制，并且在反避税方面进行信息交换和征管合作。协议规定，“一方居民（居住者）或与该居民（居住者）有关的人，以取得本协议的利益为主要目的或主要目的之一者，该居民（居住者）不可以享受本协议规定的减税或免税。”这一条款被认为是反协议滥用条款。协议还规定，双方同意通过人员互访、培训或工作会议等形式，加强两岸税务方面的交流与合作。

（2）两岸国际反避税合作的机遇。从当前两岸之间的国际税收关系现状来看，双边协议暂未生效，未来协议执行过程中如何防范协议条款被滥用、如何利用协议机制增进两岸的国际税收合作，仍面临一定的不确定性。与此同时，BEPS 行动计划下的集体行动，也为两岸增强国际反避税合作提供了时代机遇。主要体现在以下三方面：

第一，在全球反避税的背景下，以 OECD 和 20 国集团积极推动落地的多项 BEPS 成果，为各国反避税实践提供了理论指导与政策工具支持，也为增进两岸反避税合作、参与国际反避税共同行动提供了现实路径与实践工具。第二，BEPS 成果中关于修订税收协定的相关内容，可以为完善两岸避税双重征税协议提供借鉴思路，从而更好地发挥协议的双重效应，一方面积极促进两岸经济活动，另一方面抑制反避税活动、保护两岸税基不受侵蚀。第三，两岸税收协议中关于反协议滥用、资讯交换、协助征税等条款的规定，在实践过程中仍有待详细协商确定，积极借鉴融入 BEPS 行动计划下的反避税举措，不仅有助于从反避税的角度增强两岸的国际税收协调与合作，也有助于提升两岸各自的反避税管理水平。

（三）BEPS 行动计划背景下国际反避税的前景展望

BEPS 行动计划为国际反避税合作带来了前所未有的机遇与挑战，在国际社会的共同努力与积极参与下，国际反避税行动进入盛况空前的多边合作阶段，将多元化国家主体凝聚在反避税的共同行动上，预期将有效实现维护税基不受侵蚀的行动目标。在此背景下，两岸反避税合作与“一带一路”倡议的国际税收协调迎来新的发展前景，预期能够取得双赢与多赢效应。

1. 国际反避税合作凝聚多元利益主体

从国际反避税行动的参与主体来看，BEPS 行动计划凝聚了不同类型的经济体，而且越来越多的经济体正在加入国际反避税的共同行动。从整体来说，一方面集中于加强国际反避税立法建设，另一方面通过税收信息披露与交换推动国际税收透明度建设。反避税目标的一致性，将多元利益主体凝聚在多边税收征管合作机制上。

2. 两岸反避税合作预期取得双赢效应

伴随经济活动的深入，两岸税收合作关系也需得到进一步深入发展。在 BEPS 行动计划的背景下，两岸反避税合作迎来良好的发展机遇。通过增强两岸反避税合作，从而进一步深化两岸国际税收征管合作，有助于取得经济与税收利益的双赢效应。增强两岸反避税合作既是现实需求，又是国际税收发展与改革趋势。基于当前已经签署的两岸避免双重征税协议，要积极协商细节操作问题，并推动协议的尽快落地实施，充分发挥协议在增进两岸经济与税收关系中的重要作用。

3. 国际多边税收合作关系进入新阶段

伴随《多边税收征管互助公约》签约国的不断扩展，全球进入国际税收征管多边共同行动合作的新阶段，多项多边税收合作机制逐步建立，将引领国际税收发展的新趋势。

基于 BEPS 第 13 项行动计划的成果之一——《金融账户信息自动情报交换标准》(Standard for Automatic Exchange of Financial Account Information，简称“AEOI”）开启了深化多边税收合作关系的前提信息基础，国际税收情报将进入到自动、批量交换的新阶段。截至 2017 年 8 月，已有超过 100 个辖区承诺实施上述标准，94 个辖区已经签署《金融账户涉税信息交换多边主管当局间协议》。从现实情况来看，很多国家立足国内税法的角度，为推动上述协议的落地做好前期准备，预期 2017 年第一次信息交换将带来国际税收领域的全新变革。

2017年6月，包括中国大陆在内的67个国家和地区在法国巴黎签署《实施税收协定相关措施以防止税基侵蚀和利润转移（BEPS）的多边公约》。BEPS多边公约旨在将国际税改BEPS项目的成果应用于全球3000多个税收协定中。BEPS多边公约将在为具体税收协定政策提供灵活性的同时，执行最低标准防止协定滥用，并改进争议解决机制。

基于多边平台的国际税收协调与合作是当前国际税收发展的重要特征，同时可以预见，未来的多边国际反避税合作将更加有效，体现出共同行动的利益导向，也将更广范围地凝聚各国参与国际反避税合作的意愿和力量。

参考文献

[1] 汤贡亮主编：《2012中国税收发展报告——中国国际税收发展战略研究》，中国税务出版社2013年版。

[2] 王文静：“‘一带一路’”倡议下的跨境税收问题初探——基于公司所得税法和国际税收协定的比较”，《财经法学》，2016年第2期。

[3] 中央财经大学财政税务学院编《2016/2017中国税收发展报告：全面营改增试点——大变局、大格局》，中国税务出版社2017年版。

[4] IBFD数据库，https://online.ibfd.org/kbase/。

[5] OECD数据库，http://www.oecd.org/tax/。

[6] 威科先行信息库，http://law.wkinfo.com.cn/。

（本文摘自作者在中国税务学会与台湾“中国租税研究会”于2017年10月在台北共同举办的“第32次海峡两岸税收学术交流会”上的发言稿，与王文静合作）

第二部分

人文情怀篇

一、财税天地中的深耕者

王敏（中国税务杂志社）

初识汤贡亮教授是在10多年前中国税务学会主办的一次学术研讨会上。那次大会上，汤教授从税收法定原则角度对财税改革热点问题做了精彩论述，引发了与会者们的热烈讨论。当时的汤教授已名满财税学界，我则是一名入行并不太久的年轻编辑，会议间隙壮了胆子去跟汤教授攀谈讨教，大大出乎意料的是，汤老师谦和热情地与我交谈良久，毫无半点知名学者的架子。“谦谦君子，温润如玉”，是汤贡亮教授给我留下的深刻印象。

自强达观的人生态度

汤贡亮教授祖籍浙江诸暨，在他打上深深时代印记的成长经历中，多个城市的名字被勾连在一起。

抗战期间，汤父作为浙江大学的“流亡学生”毕业后来到赣州，在这里与朋友们一起创办了赣州联中，后来这所中学的优秀毕业生分布国内外，最有名气的当属李政道院士。抗战胜利不久的1945年12月，汤贡亮诞生于江西赣州，赣州得名于章水、贡水“章贡合流”于此汇成赣江。就这样，“赣”作为出生地，铭记在了汤贡亮的名字中，他和姐姐的名字当中分别有“章”“贡”二字。

汤贡亮高中就读于上海位育中学，该校由陶行知的学生、我国著名教育家李楚材先生于1943年创办。在这片培育了一批中科院和工程院院士、著名大学校长的沃土上，品学皆优的汤贡亮也有属于自己的一片天空。到红楼图书馆看书，制作班级墙报……得益于高中时期这种与素质教育理念相通的教学方式，在多年后从事学术研究的时候，汤贡亮具备了更为宽广的学术视角，他长于融经济学、管理学、政治学、法学等多角度于一体，从更高维度、更多角度分析探究税收问题。

时间的指针到了1964年。这一年，汤贡亮参加高考，取得了优异的成绩，在那个暑假，踌躇满志的青年等待着名校的一纸通知。然而，由于父亲曾在蒋经国主政的赣州任职这一历史原因，高出分数线近20分的他与北大历史系失之交臂。在当时大部分上海人不愿离开上海、经济学不受重视的背景下，得益于校长和老师的热心帮助，汤贡亮最后被中央财政金融学院（今中央财经大学）财政系录取。

失之东隅，收之桑榆。或许我国史学界因此而少了一位功底深厚的专家，却在改革开放更需要经济学人才的时代背景下多了一位勇立潮头的知名财税学者。当时的中财院名师荟萃、学风严谨，在大学四年，崔敬伯、姜维壮、叶振鹏、何盛明、王子英等名师先后指导教学、言传身教，让求知欲强烈的青年汤贡亮打开了财税学科的知识宝库。对汤贡亮来说，充实的大学生活让他受益匪浅、终身难忘，这段求学时光培养了他对财经类学科的浓厚兴趣。

1968年大学毕业后，汤贡亮被分配至内蒙古丰镇县银行工作。江南出生长大的汤贡亮就这样来到了广袤寒冷的塞外，在贫瘠的县城一干就是9年。那时候，有一批国内一流的人才奋战在内蒙古的教育战线上。内蒙古师范学院的著名经济学教授陈良璧先生便是其中一位。陈先生20世纪40年代在英国剑桥大学留学，翻译了马歇尔的《经济学原理》和罗宾逊夫人的《不完全竞争经济学》，是我国极少既精通西方经济学，又精通马克思主义经济学的经济学大家。

1977 年，高考制度恢复的喜讯传来，汤贡亮的夫人李淑湘考入内蒙古师范学院中文系，经她介绍，汤贡亮得知陈良璧先生的大名，1978 年，汤贡亮终于拜在陈良璧先生门下。此后两年间，汤贡亮顺利完成了研究生学业，得到陈先生的真传。陈良璧对《资本论》和《经济学原理》熟悉到许多段落能一字不漏地讲出来，这种学习精神深深地感染了汤贡亮。他完成了自己第一篇真正意义上的学术论文——《马克思的再生产理论与财政收支平衡》，并完成近二十万字的社会主义政治经济学讲义，1987 年教材出版后被陈良璧认为达到副教授水平，并主动推荐其任副教授。

还是在塞北，汤贡亮研究生在读期间，1980 年 6 月内蒙古师范学院党委批准他加入中国共产党。其时，汤父的历史问题尚未平反，学院领导实事求是的精神品格让汤贡亮感触良多。在内蒙古师院读研的这段经历，汤贡亮称其为自己“学术生命和政治生命的起点”，这是一段难以忘怀的记忆。

1988 年，汤贡亮调往浙江财经学院任教，回到当年父亲读大学和工作过的城市——杭州。次年，他作为常务副主编担任《税收大辞典》的全书总纂。辞典出版于 1991 年，成为我国出版较早、收录较为全面的一本税收辞典。正是通过啃下这块硬骨头，汤贡亮对整个税收理论、政策、制度有了更为全面系统的深刻认识，这也为他日后迎着财税改革大潮，将这些理论知识与财税改革实践结合在一起做足了准备。

1992 年是改革开放以来不寻常的一年，这年秋天召开的十四大首次明确了建立社会主义市场经济体制的改革目标。也是在这一年，临近知天命之年的汤贡亮回到了母校中央财经大学，在致力于传道授业解惑的同时，亲历并参与了随后浓墨重彩登上历史舞台的一系列重大财税体制改革。

2010年，汤贡亮担任税务学院院长一职，这一年，汤贡亮已经64岁了，在这个年龄，很多人已经退休在家享清福，但为了自己热爱的税收教学科研事业，被学生们亲切称为“汤爷爷”的他却惜时如金，每一天都在朝乾夕惕、奋发有为。

在时代洪流面前，没人能够脱离大形势的影响。从青年到中年最宝贵的年华，背负着父辈历史问题包袱的汤贡亮分数过线却不能念北大，中财院毕业却在荒凉的塞外县城参加工作，当峰回路转，终于回到魂牵梦萦的母校，却已经站在离50岁门槛不远的地方，唯有带着淡淡江南味道的口音，隐约述说着在杭州和上海生长的往事。

面对命运的摔打，汤贡亮达观待之而自强不息。在任何时候见到汤贡亮，他总是带着和善的笑容，总是在锲而不舍地钻研学术。在专著自序里，他着墨最重的词汇是“幸运”和“感恩”，豁达的人生态度和坦荡的胸怀跃然纸上。

融入财税改革大潮

1994年的税制改革，是改革开放以来也是新中国成立以来涉及范围最大、调整力度最强、影响最为深远的一次财税改革。汤贡亮调回北京，适逢财税改革大潮兴起，在圆满完成教学工作的同时，他积极投身于税制改革的火热战场之中，成为最早参与财税改革的课题组成员之一。

汤贡亮参加了由国务院研究室主持的“财税改革研究”课题组的研究工作，课题组成果《财税改革研究》一书1993年由中国财政经济出版社出版发行，该书全面系统地研究了财税改革问题，为即将开启的财税改革重头戏提供了富有价值的决策参考。这个课题组成员的阵容之豪华，可谓空前绝后。顾问是彼时就已声名雷动的袁木、王梦奎、项怀诚、金鑫。课题组成员中更是不乏如今或在财税部门身居要职或在财税学界享有盛誉的知名学者，如谢旭人、许善达、肖捷、丁学东、陈共、何振一、安体富、张忠诚、窦汝广、李万甫等等。这次近距离参与财税改革前沿政策的研究，更加激发了汤贡亮对于我国深化财税改革的研究热忱。

汤贡亮不知疲倦地从事着一个又一个重要的课题研究。完成了“积极财政政策跟踪研究”“中国增值税分项目实施方案”“加入 WTO 后中国税收法制体系的改革和完善研究”“公共财政覆盖农村研究”“个人所得税费用扣除项目及标准问题研究”“中国税收基本法研究”“完善中国地方税制的研究”“加快企业所得税两法合并的研究”等多项课题。

多年来，沿着税制改革之路，他以推进税收法治化与国际化为着力点，一直在为我国财税体制改革贡献力量。从增值税转型、扩围，到取消农业税、个人所得税改革、企业所得税“两法合并”，再到资源税改革、环境保护税的立法，乃至全面“营改增”之后地方税体系的完善，汤贡亮的学术研究视角聚焦于我国推进税制改革的每一步历程，用学术成果见证和推动着中国税收制度的不断优化。

在汤贡亮的主要研究方向财税理论与政策、财税法，多年来他出版著作 50 余部，发表学术论文 150 余篇，多次荣获全国税收学术研究优秀成果一等奖。一手科研，一手育人，截至目前，汤贡亮培育了 10 余位博士后，38 位博士，70 余位硕士，听过他授课的访问学者和学生更是数不胜数，为税收事业输送了一大批优秀人才。

在中央财经大学税务学院院长任上，汤贡亮与老中青几代人共同努力，把税务专业打造成为国家级特色专业，税收学科建设取得累累硕果。该院在全国率先举办税务专业硕士点，试验国际税收复合硕士培养，2013 年开始自主设置了二级学科税收学专业博士点。

在学术科研方面，他积极参与搭建中国税收教育研究会、中央财经大学国际税务研究中心、税收教育研究所、税法研究中心等学术研究平台。特别是2011年以来每年发布的《中国税收发展报告》，先后围绕“经济与社会转型中的税收改革”“‘十二五’时期中国税收改革展望”“中国国际税收发展战略研究”等主题，记录我国税收改革与发展的进程，广受学界好评，成为该院学术成果中的一大特色亮点。

在汤贡亮的大力推进下，税务学院成立了国际税务研究中心，与奥地利维也纳经济大学、荷兰莱顿大学、美国密西根大学等国外高校建立起教研合作关系，不断推动税务研究与国际同行接轨。他还兼任了中央财经大学台湾经济研究所的所长，十余年来不遗余力地致力于两岸税收学术交流。

联结“税”“法”两个关键字

早在浙江财经学院任教期间，汤贡亮就接触到了财税法学科并产生浓厚兴趣，从那时起他就围绕税收法定原则等方向开展学术研究，为推进我国税收法治建设献言献策。

2004年，汤贡亮主编的财政部规划教材、全国高等院校财经类专业教材《税法》出版发行，被国内多所财经类院校采用，“税收法定原则”作为重要内容写入了这本教材，启蒙广大学子在认识财税体制的时候首先树立起法治观念。

在税制改革进程中，《税收基本法》（或称《税收通则》）立法的准备工作是全面深化税制改革、推进税收立法进程的一个亮点，这也是汤贡亮倾注较多精力的一个研究方向。从1994年《税收基本法》研究起步，及连续列入第八、九、十届全国人大立法规划到现在，22个年头过去了。2013年，党的十八届三中全会通过的《中共中央关于全面深化改革若干重大问题的决定》提出“落实税收法定原则”。党的十八届四中全会通过的《中共中央关于全面依法治国若干重大问题的决定》提出“加强重点领域立法”。随着税制改革实践的不断深化，时代呼唤着《税收基本法》的早日出台。汤贡亮2006年担任副组长参与起草的《中华人民共和国税收基本法（税法通则）》专家稿是目前最有代表性的两个文本之一。

2013年“两会”期间，人大代表赵冬苓“税收立法权回归全国人大”的提案引发热议。就此话题，汤贡亮在《中国新闻周刊》撰文《税收授权立法亟须调整》，对如何从理论与实践上正确认识税收立法权的重大问题进行了论述，文章在回顾现有税收立法体制形成历史的基础上，理据兼备地提出税收授权立法的调整思路，他并积极参与2015年初《立法法》的修订工作，为税收法定原则的准确表述作出了努力。

在汤贡亮看来，新一轮财税体制改革是一场关系国家治理体系和治理能力现代化的深刻变革，多年来参与财税体制改革的经历，让他日益感觉到法治的重要性。他认为，财政的收入要法定，支出要监督，这是财税法治的基本思路。诸如认真实施贯彻新预算法、修订税收征管法、推进增值税立法、环境保护税立法、房地产税立法和财政法立法等多项工作，都是财税法治的重要方面。

提到财政的收入要法定，汤贡亮做了一个形象的比喻。他说，税制改革与税收法治犹如车之两轮、鸟之两翼，只有并行不悖地推进税收改革与立法进程，落实好税收法定原则，才能推动财税体制改革在更高层面上取得新的进展，真正发挥好财政作为“国家治理的基础和重要支柱”的职能作用。

（刊于《广东地方税务》2016年第12期）

二、融入财税改革的时代浪潮

——访中央财经大学税务学院院长汤贡亮教授

尹情（财政监督杂志社）

采访汤贡亮教授时，正值校园毕业之际。作为博士生导师、院长的他，在忙于与毕业生送别和学院事务之间，抽空接受了记者的采访。这位在90后学生眼中谦和可爱的“汤爷爷”，不仅课堂上深受学生尊敬，课间路上也不断有学生迎上来与他打招呼。在记者眼里，67岁的汤贡亮亦是一位十分谦和的教授，每次通完电话必定要说句“谢谢”，采访中谈到学院建设一再申明要突出团队之力，采访结束后他坚持将我送至学校门口，感动之余有一种感叹：“大智者必谦和，大善者必宽容。”

与许多经济、财税理论工作者一样，汤贡亮属于“静不下来的群体中的一员”，面对经济改革、财税改革的良机，他密切关注财税改革与财税法治建设的一系列实践问题，承担了一个接一个的研究课题，以自己不懈的努力，积极投身财税改革的时代浪潮之中。

师从陈良璧

在汤贡亮的记忆里，内蒙古师范学院（现内蒙古师范大学）的陈良璧先生嗓音洪亮、相貌堂堂、一双大眼炯炯有神，讲起课来声情并茂，又颇有绅士风度。这位被学生公认酷似英国电影《简·爱》的男主角罗切斯特的陈先生，在20世纪40年代与《基督山伯爵》的译者蒋学模一同在英国剑桥大学留学，并翻译了马歇尔的《经济学原理》和罗宾逊夫人的《不完全竞争经济学》。他也是我国国内极少既精通西方经济学，又精通马克思主义经济学的经济学大家。

汤贡亮与之结缘得益于夫人李淑湘的引荐。1968 年大学毕业后，汤贡亮被分配至内蒙古丰镇县银行工作，并认识同样在内蒙古插队的北京知青李淑湘。1977 年高考制度恢复后，李淑湘考入内蒙古师范学院中文系，受她引荐，汤贡亮得知内蒙古师院有一位著名经济学教授——陈良璧，并于第二年顺利成为其门下研究生。

在 1978 年至 1980 年期间，他不仅顺利完成了研究生学业，而且得到经济学大师陈良璧先生的真传。据他本人回忆，研究生入学之初，陈良璧就指导他读《资本论》，研究当时经济学热点问题，通常陈老师讲半天课，然后留一部分时间给学生自学、做读书笔记、讨论。令他记忆犹新的是，陈老师详细地讲解了“价值形态的发展”“货币的职能”“货币转化为资本”“社会再生产理论”“货币交换在两大部类交换中的作用”“剩余价值形态”“利润、利息、地租”等专题。

陈良璧对《资本论》和《经济学原理》熟悉到许多段落能一字不漏地讲出来，这种学习精神深深地感染了汤贡亮。研究生的两年时间里，他研读了几遍《资本论》和《经济学原理》，做了厚厚的读书笔记，并多次到陈良璧先生家里受其直接教诲。

令汤贡亮叹服的是，早在 1979 年，陈良璧就积极鼓励他在深入研究《资本论》和《经济学原理》的基础上努力探讨社会主义经济理论和我国财政理论。并多次单独指导他如何理解社会主义生产目的及如何把社会主义财政分配与整个社会两大部类的交换，与社会再生产总商品资本的循环有机联系起来，把财政纳入社会再生产的总过程去考察。得益于陈良璧先生指导，他完成了自己第一篇真正意义上的学术论文——《马克思的再生产理论与财政收支平衡》，并完成近 20 万字的社会主义政治经济学讲义，教材出版后被陈良璧认为达到副教授水平，并主动推荐其任副教授。

回忆起在内蒙古师院读研的这段经历，汤贡亮将其称为“自己学术生命和政治生命的起点”，并当作人生经历的珍宝。

分税制改革的早期参与者

1992 年，汤贡亮回到母校中央财经大学任教。适逢 1993 年开启的财税改革大潮兴起，受同班同学推荐，他积极投身于分税制改革之中，成为最早参与财税改革的课题组成员之一。

而在此之前，作为我国比较早、较为全面的《税收大辞典》（王美涵主编，时任国务委员、财政部部长王丙乾 1990 年 7 月为该辞典题词，辽宁人民出版社 1991 年版）的常务副主编，他担任全书总纂的经历，为其参与财税体制改革奠定了坚实的理论基础。

1989 年，在浙江财经学院任教的汤贡亮被安排具体负责编写《税收大辞典》。为编写好这本辞典，他搜集了各种资料及教科书，从国内到海外，从古代到现代，凡是所能找到与税收相关的资料尽可能都收集起来；为构建完善而全面的框架体系，他与同伴们的讨论不下十次。两年废寝忘食的编写历程，加上大量的精力投入，使他的眼睛、身体都出了问题，直到现在他的视力仍然不太好。辞典最后收集了近 5000 个词目，兼顾古今中外词目，力求能反映国内外税收理论与实务的历史与现状的概貌。正是这样系统地梳理编写资料，使他对整个税收理论、政策、制度有了全面而清晰的认识，迎着财税改革的大潮，有机会将这些理论知识与财税改革实践相结合。

在他看来，1994 年实行的分税制改革，关键在于如何处理中央与地方之间的关系。而增值税改革作为我国市场经济改革的一个标志性成果，是分税制改革的重头戏，标志着我国逐步走向市场经济的税制改革。改革期间，他参加了由国务院研究室主持的“财税改革研究”课题组的研究工作，随后又直接参加了中国社会科学院“积极财政政策跟踪研究”，世界银行“中国增值税分项目实施方案”“加入 WTO 后中国税收法制体系的改革和完善研究”，财政部/世界银行“公共财政覆盖农村研究”，财政部“个人所得税费用扣除项目及标准问题研究”，国家税务总局/联合国开发计划署项目“中国税收基本法研究”“完善中国地方税制的研究”，中国税务学会学术研究委员会“加快企业所得税两法合并的研究”，中国法学会“财税宏观调控立法研究”等多项课题的研究。

在汤贡亮后来所著的《中国财税改革与法治研究》一书中，他写道：“我们这代人是幸运的，在我 1992 年回到母校中央财经大学后，恰逢财税改革大潮的蓬勃兴起和发展，使我有机会参与财税改革的各项课题研究……我们为自己的研究成果可能对中国的改革与法治尽绵薄之力而感到兴奋，同时更深深感到我国财税改革与法制建设任重而道远。为了继续推进财税立法民主化、科学化的进程，完善财税法制体系，作为经济理论工作者和教育工作者，我们理应不懈努力，积极投入这波澜壮阔的时代进程！”

正如他发自肺腑的感言，多年来，沿着税制改革之路，他以推进税收法治化与国际化为着力点，积极为我国财税体制改革持续贡献力量。

敢为排头兵

2013 年是汤贡亮回到中央财经大学的第 21 个年头，作为税务学院院长，他并没有很长时间的经验，但是自 1986 年税务系成立以来前几届领导与同仁们为学院建设所付出的努力，他都一一记在心里。

从中央财经大学 1986 年在全国高校中首创税务系税务专业，到 2006 年在全国重点高校中率先建立税务学院，中央财经大学税务专业成为国家级特色专业，并在全国首先举办税务专业硕士，试验国际税收复合硕士培养，凝结了税务学院几代人的共同努力。这些年来，中央财经大学税务学院的发展一直在突破创新，也进一步激发了汤贡亮对学院建设的遐想。

自 2010 年担任税务学院院长职务以来，他时时铭记“办好国家级特色专业，争做中国税务专业教育科研的排头兵”的目标。在谋划学院发展中，他提出“以国家税收事业的发展为背景，以税务总局的指导为支撑，以学校的发展战略作为基本出发点”来推动学科建设和科研教学的发展。

以实践和创新为突破口，在他的带领下，税务学院无论是在学科建设，还是教学科研方面都取得了较大的发展。继 2009 年该校税务专业获批国家级特色专业之后，2011 年学院又被学校确定为教育部“本科生财经应用型创新人才培养模式改革”试点专业院系单位，并分别建设《中国税制》《税收管理》《国际税收》《税收筹划》等八门课程的案例库，同时建设完成十余个校外实践基地供学生实习。2010 年在全国高校中第一家招收税收专业硕士，并实施教育部中财特色项目，大力开展中外联合培养专业硕士，2013 年开始学院又自主设置了二级学科税收学专业博士点，推动了税收学科建设的发展。

在学术科研方面，他积极参与搭建中国税收教育研究会、中央财经大学国际税务研究中心、税收教育研究所、税收与公共政策研究中心、税法研究中心等学术研究平台。而《中国税收发展报告》作为该院学术成果中的一大特色和标志性成果，自

2011 年发布以来，先后围绕“经济与社会转型中的税收改革”“‘十二五’时期中国税收改革展望”“中国国际税收发展战略研究”等主题，记录我国税收改革与发展的进程，以期建设成税务理论与实务界共同的学术家园。同时，学院还组织了“中国加入 WTO 十周年纪念”系列学术活动，连续举办年度税收宣传月活动，积极组织中国税收教育研究会和参与组织中国财税法学研究会等学术活动。与此同时，“税务学院学者文库”收录了该院 2009 年以来各位学者的研究成果。

作为院长的汤贡亮，在致力于学院发展的同时，仍不遗余力地推进税收教育研究和税收研究的国际化。在学校领导的大力支持下，税务学院成立了中央财经大学国际税务研究中心，与奥地利维也纳经济大学、荷兰莱顿大学、美国密歇根大学、西北大学等国外高校建立教研合作，积极参与国际税务学术交流，举办“中美国际税务论坛”、与美国奥巴马竞选团队税务总顾问举办“世界税收政策发展趋势”座谈会、“中欧税收协定”国际研讨会等，协办中国国际税收研究会《世界税收信息》，与北京大学、维也纳经济大学联合研究并在欧洲出版《EUROPE - CHINA TAX TREATIES》等，以此推动中国税务研究与国际接轨。

此外，他个人还兼任中央财经大学台湾经济研究所所长，十余年来不遗余力地致力于两岸税收学术交流。不仅学院主办了教育部两岸交流项目“促进海峡两岸经贸发展的税收合作”学术研讨会，他还亲自组织老师们积极参与海峡两岸租税研讨会、两岸财税法研讨会等学术活动，以带动两岸税收学术交流。

对话汤贡亮：以时代精神关注财税体制改革

记者：当前财税体制改革正在深入推进，以您多年来参与财税改革经验，您认为应该重点关注哪些方面？

汤教授：从多年来的改革历程看，财税改革是整个国家改革中非常重要的一个方面。参与财税体制改革的经历，让我更加感觉到法治的重要性。实现中国梦必须以整个法治建设作为保障，而财税法治又是法治建设中非常重要的一个方面。财政的收入要法定，支出要监督，这是财税法治的基本思路。如预算法修订、税收征管法、增值税立法、转移支付法，还有资源税、房产税立法等都是财税法治的重要方面。《预算法》的修订宗旨是规范政府财政预算收支行为，这其中就涉及监督，包括《预算法》本身就是一个带有监督性质的法律。我觉得财政监督在财税工作中非常重要，也是我们需要重点关注的方向。

记者："营改增"作为我国财税体制改革的重点，也是分税制改革的历史遗留问题，您作为 1994 年分税制改革参与者，如何看待这项改革？

汤教授：增值税在 1954 年最早从法国开始征收，随后，很多国家开始实行增值税。1994 年我国分税制改革的关键是如何处理中央与地方关系，增值税的税收收入按中央分享 75%、地方分享 25% 的比例入库，增值税改革是 1994 年我国税制改革的一部重头戏，标志着我国逐步走向市场经济的税制改革。虽然当时我国实行的是生产型增值税，但是毕竟是一个良好的起步。这几年，我国增值税改革从生产型转向消费型，又从转型发展到扩围，这是很大的进步。

当前"营改增"应该算是 1994 年分税制改革的延续，它绝不是简单的结构性减税，而是关系整个税制改革的突破口。1994 年分税种有中央税、地方税、中央与地方共享税，而共享税这一块，尤其以增值税作为标志，以此为基础演化到各项税制改革的推进，从增值税、营业税到消费税的推进，从流转税到所得税，从个人所得税到企业所得税"两法合并"，包括后来的资源税，以及现在对房产税的争论，这些都应该算是分税制改革的继续。因此，财税体制改革要整体对增值税立法及地方税体制进行完善的顶层设计，通过立法来推动财税体制改革取得更大进展。

记者：结合您参与财税体制改革的经历和多年来开展学术研究的经验，对青年经济学者有哪些建议？

汤教授：我的建议是：一是必须看一些经典原著。不看经典原著就没有文化底蕴和对中外学术研究的底蕴。我要求我的学生一定要读《资本论》《国富论》《经济学原理》，并结合我国国情和财税改革的实践加以借鉴。二是必须联系改革实践来讨论财政税收问题。只有将理论知识与中国财税改革实际相结合、与中国改革的实际进程相结合才有意义。因为经济学是一门应用型学科，这个性质决定了其必须与改革实践相结合。三是注重发挥团队力量。随着世界不断发展，新生事物层出不穷，信息越来越多，社会改革越来越复杂，财税改革涉及经济学、社会学、法学、管理学、政治学等多学科知识。既要有学术思想又要积极参加调研，仅仅依靠一个人的力量远远不够，因此，必须进行团队合作。所以，一方面要开阔视野，借助学术研究平台开展研究；另一方面还要善于团队合作，不断提高自己的研究能力和水平。

（原载《财政监督》2013 年第 14 期）

三、建立现代财政制度，深化财税改革

——对十八届三中全会公报有关内容的解读

孙晓璇（人民日版海外网）

孙晓璇：关注时事报道，聚焦热点话题。大家好，欢迎大家

收看今天的海外网《焦点对话》栏目，我是主持人孙晓璇。今天做客我们现场的嘉宾是中央财经大学税务学院教授、中国财税法学研究会副会长汤贡亮，汤教授您好。

汤贡亮：你好，大家好。

孙晓璇：11 月 12 日晚发布的中国共产党第十八届三中全会公报阐述财税体制改革的 140 多字中，主要内容是财税体制改革的方向和原则，对此，您是怎样理解的？

汤贡亮：十八届三中全会的公报，将财税问题单独形成一段，就是把财税体制改革放在重要的位置并与国家治理体系相联系，我个人觉得，超过了以往历届全会，有很多的新意。我是多年搞财政的，我觉得专门在党的权威公报当中，有这么一大段集中描述财政税收问题，意义非常大。第一点，觉得这次把财政税收改革作为推进国家治理体系和治理能力现代化这样一个目标，从国家治理体系和治理能力现代化这个角度理解，从治理国家的高度，把财政作为治理国家一个重要手段来提出。公报提出，财政是国家治理的基础和重要支柱，也就是把它提到非常高的位置上，它不但赋予财税改革重大历史责任，也体现了诸多百姓的期盼，因为它是基础和支柱。第二点，科学的财税体制是优化资源配置，维护市场统一，促进社会公平，实现国家长治久安的制度保障，把它作为达到这么多目标的重要保证，其中也涉及要更好地处理公平效率的关系，作为促进国家长治久安的重要保障，非常重要。第三点，这段话专门提到了，就是要建立一个现代财政制度，而现代财政制度，包括改进预算制度、完善税收制度、完善财政体制及完善立法等几方面。讲到稳定税负，稳定税负的提出就是给老百姓一个定心丸，就是这次改革不会增加老百姓负担，我们不片面追求多少税收收入，要把财政收入、税收收入增长和国民经济的增长保持一定的比例，一个平稳的发展，符合中国的实际。再就是改革专门提到要完善立法，要推进法制，这里面涉及税收要法定，预算要监督，还要处理好中央和地方的财政关系，全方位的给予财税非常重要的历史责任，我觉得这里把财税改革提到非常高的高度，都与国家治理相联系。

孙晓璇：中国行政体制改革研究会副会长汪玉凯认为，这次公告，总论里没有提金融改革，但把财税放进去了，说明财税改革也到了不得不解决的时候，您认为，此次财税改革具有怎样的意义？

汤贡亮：大家有一个疑问，这次公告对金融有一句话，叫作完善金融市场体系，而对财政专门有一大段。我的理解，因为金融和财政都是国家宏观调控的重要手段，财政政策、货币政策都是宏观调控的手段，缺一不可，都很重要。公报当中还提到完善金融市场体系，而且近期银行利率市场化的改革也在进行，所以中央对金融这块很关注，并没有不关注。但是相对来讲，财政可能有它更重要的特点。

孙晓璇：财税部财政科学研究所所长贾康指出，稳定税负指的是稳定宏观税负，由于经济总量的增加，要稳定宏观税负就需要继续进行结构性减税。周为民认为，财税体制改革需要着眼于长期，作为宏观调控的一种政策工具，减税是最有效的促进民间经济成长的一种方式，而这些年我们财税政策几乎没有减税这一条。对此，您怎样看待？

汤贡亮：实际上我们这些年来，尤其金融危机几年以来，中央对于结构性减税还是提得很高的，采取了很多措施，比如说我们的企业所得税对小型微利企业税率的下调，个人所得税改革，工资薪金费用扣除额的提高等方面也都在进行结构性的减税，结构性减税是有增有减的。这次公报专门提出要稳定税负，这个稳定的意思我理解，一个就是说，我们改革过程当中，当前在金融危机阶段，凡是要增加税收的措施要比较谨慎，通过法律程序推出。减税的措施也在积极推进过程中，也就说下一步的改革，我个人觉得总体上来讲，就是稳定税负。稳定税负的理解，理论上讲，它是指总体上我们宏观税负的稳定。大家知道宏观税负有几种口径，一个是小口径的，是指征税收入占国民生产总值的比重，还有中口径就是加上非税收入，还有大口径就是整个政府的收入，包括各种收费都在里头的。我们总体上讲稳定税负，我理解，理论上讲是总体宏观税负的稳定。这个与贾康所长讲的观点是一致的。同时改革会涉及调整税负，因此为了保证改革顺利进行，比如在“营改增”过程中，对好多企业、现代服务业是减税的，因为抵扣链条连接起来了，有的税就可以抵扣了。那么“营改增”以后呢，总体是减税的，但是像交通运输业的某些企业，由于历史原因或本身的原因特点，它税负反而增加了，我们在“营改增”过程当中专门提出，为了保证税负的稳定，原来税收归中央的归中央，原来归地方的还归地方，保持税负的整体稳定，也为了改革顺利推进，所以要稳定税负。另外税负稳定是给老百姓一个信号，说我们经济再发展，我们不准备更多的增税，不是说税收越多越好，而且是根据经济增长，根据人民生活的发展水平，根据国家的现实状况，客观地比较准确的来把握经济增长和我们税收财政上的比例关系，给老百姓一个定心丸，我们是讲稳定税负的，取稳中求进这样一个思路。

孙晓璇：您提到的稳定税负是公报中一个原则一个亮点。其中还涉及第二项原则是“建立事权和支出责任相适应的制度”。有学者指出，要想更规范、制度化地处理好中央与地方的关系，就要靠事权和财权，或者说支出责任要相适应相匹配的制度，这是财税体制改革的一个重点。那么，您是如何理解“建立事权和支出责任相适应的制度”这句话的？

汤贡亮：我们要正确理解，我们讲事权、财权、税权如何合理分配。事权有一个决策权和一个支出责任，讲事权就是搞清楚中央政府、地方政府各自的事权，我国地方政府分为省政府，还有省以下的地市县。我们有几个层级，应该讲政府承担提供公共产品，满足公共服务，改善民生发展的需要，有的需要中央政府来做全国性的公共产品，有的需要地方政府安排。这种情况按照理论要求就是使有事权就要有相对应的财权。目前的情况下，我们还有需要调整的地方，目前事权支出责任好多在地方，由于各种体制的原因，分税制体制要求做好转移支付，也就是说事权、财权、税权，要能够及时与地方支出责任相配套。

孙晓璇：这次十八届三中全会公报当中提到了财税好几个重点，讲到现代财政制度的建立，其中有几个要点，包括改进预算制度、完善税收制度等几个方面，您如何理解，怎么实现？

汤贡亮：这个问题非常重要，因为这次公报专门提出要把财政作为国家治理的手段，专门提出是要建立科学的财税体系，这个提得很高，称为现代财政制度。所谓现代财政制度，我理解就是公报当中提到的 24 个字，叫作“完善立法、明确事权、改革税制、稳定税负、透明预算、提高效率”，这 24 个字就能解读现代财政制度。这里，财政的核心是预算，收入主要靠税收，公报专门提出改进预算制度，完善税收制度。我觉得预算和税收这两块非常重要，这里把财政作为适应现代市场经济发展的国家治理的基础和重要支柱，需要解读一下。我们一般来讲，市场作为资源配置的基础，起均衡作用，这次公报特别强调，市场是资源配置的基础，起决定性作用。同时，政府也要改善宏观调控。这里头因为市场经济不能完全解决政府提供公共产品这样一个东西，也就产生了财政需要运用它的手段，来做好资源配置，就是市场做资源配置的手段，财政作为政府治理也要资源配置。那么这里头就赋予财政，要它和现代市场经济相适应。在这样一个背景下，怎么适应？我们说现在市场经济是法制经济，需要立法，完善财税法制。财税法制里面有两个要点，一个是预算的法制，一个是税收法制。这两者结合起来，就能推进我们整个现代财政的建立。目前来讲，这几年来我们预算改革也在升级推进。大家知道当前修订预算法，因为预算法太重要了，为了更好地实施，当前正在修订预算法。这里面临什么问题呢？需要进一步改革和完善的，一个是涉及预算的审批程序怎么完善，怎么更好发挥人民代表大会在审查预算当中的作用。另外预算的调整和超收收入安排、管理和监督力度还要进一步加强，有财政资金的节余，这块怎么纳入预算，怎么来加强管理。还有预算监督还要进一步加强预算的透明度。现在报上披露了一些东西，如三公消费等，它的透明度还有待进一步提高。加上财政预算信息公开制度，怎么更好地接受人大监督、审计监督和社会监督，这些方面结合起来，问题集中在当前的预算法的修订中。全国人大正在积极地通过各种程序和渠道征求意见，修订预算法。为了推进现代市场经济的发展，适应整个国家治理的要求，作为现代财政制度要求建立完整、透明、高效、有监督的政府预算，当前我国《预算法》正在修订之中。我相信，通过预算法的修订，预算法立法宗旨、原则内容、操作程序都会有所调整，包括预算法当中涉及的中央债和地方债的表述怎么样更进一步准确，怎样真正体现预算是整个财政的核心。预算法修订好了，预算透明了，监督加强了，预算的收入法定了，预算的支出接受监督了，加上一个好的财政体制，那么一个现代的、科学发展的现代财政制度就基本建立起来了，这对于整个公共产品的提供，改善政府职能的转换，以及更好的为民生服务，都有非常重要的意义，这是一项。第二项叫作完善税收制度。税制改革的推进和税收立法的推进是相辅相成的，公报提出完善立法，因为只有改革推进了，改革到位了才能加强立法，反过来，只有立法引领，立法加强了，才能进一步推进税制改革的完善，因为税收制度，税收法律制度就是税法的问题，当然还有财政法，财政法主要是预算法，还包括转移支付法，包括政府采购法、国债法。税收来讲，我们现在有它的实体法，在目前18个税种当中，只有企业所得税、个人所得税和车船税三个税种是全国人大立法的，其余十多个税种，都是国务院行政法规暂行条例，有的暂行条例还好多年了，包括我们主体税种增值税，还是暂行条例，包括我们房产税，现在重庆、上海正在试点，实际上原来房产税对居民住宅是不征税的，现在推进了，所以这里感到这么几个问题。一个我们看到改革开放以来，税改的发展有了很大的成绩，我们的税制有了很大的进步，现在需要进一步改革，进一步完善，从税制来讲，公报提出完善税制，哪些方面不够完善，我觉得有这么几个方面。一个是税种不够齐全，结构上还不够完全，比如说财产税。财产税主要由房产税、遗产税等组成，我们现在的房产税是不到位的，因为现在的房产税暂行条例是居民住宅不征税的，现在提出对居民住宅在一定条件下要征税，作为税收来讲，需要有法制的规范，所以我们主张积极推进房产税暂行条例的修订，积极推进房产税立法，也就是说把房产税的税制要素，它的计税依据，怎么评估，税率多少，哪些免征等具体地加以规定，比如说我们把人均多少平方米可以免掉，几套房之上可以征税都要加以明确，因为房产是地方的税收来源，作为完善税制一个重要方面，财产税是我们国家税收制度的一个重要方面，是应该开征的。当然开征需要公平合理，使老百姓能接受，而且要考虑一个适当的时机，我们设计好了，公平合理了，税率也低点，让有财产比较多的要征一些，尤其是存量和增量都要征一些，这个符合完善税制的要求，就是讲的某些税种不到位。另外还有一个问题，我们现在的立法，实际上讲，因为只有三个税种是全国人大正式立法的，好多税种还是国务院行政法规暂行条例，而且是主体税种增值税还没有立法，那么这次“十二五”规划当中，以及我们十二届全国人大，把增值税立法列进去了，我们希望在几年内，通过税制改革的推进，推进我国主体税种——增值税的立法。这里涉及“营改增”的推进，我的看法是“营改增”推进了、发展了，那么立法才能跟进。这里有一个问题，当前改革的需要，为了推进营改增的发展，我们保持了原来的一些做法，为了保持税负的稳定，这样税率就有几个档次，有13%、有11%、有6%，等等，这样税率不太统一，这就要求适当简化税率，推进增值税的改革和立法。

孙晓璇：刚才您提到房产税和遗产税的问题，这个从大陆税收立法进程上看，遗产税很早就被提上了议程，但是当时正式赶上世界范围内废除遗产税的浪潮，中国开征遗产税的进程跟着停滞了，在此之前相关研究也沉积了很多年，现在中国的遗产税问题再次被推到前台，这个原因是什么？您怎么看？

汤贡亮：刚才我们讲到，因为公报当中提到，我们要完善税收制度，税收制度完善当中，就有一个财产税，财产税当中主要涉及房产税还有遗产和赠与税，这是相联系的，应该讲遗产税和房产税同时在1994年税制改革的总体框架当中就已经列进去了。记得十多年以前，全国人大有关部门，还有一个征询意见稿，就是我们开征遗产税的一些设想供讨论，也就因为1994年改革列进去了，怎么推进改革，有一个供大家讨论的草案，民间也有流传，真的是这样一个情况，因为遗产税、房产税是财产税当中的重要方面，那么尽管有的国家地区，它原来征现在可能不征了。但是总体来讲，我了解的情况，全世界凡是有税收制度的国家或地区，大概有一半以上，50%多现在仍然开征遗产税。但是有的国家经济发展阶段，它在上升阶段过程当中同时开征房产税、遗产税，可能也是因某些原因停征了，现在也不开征了，也有这样的情况。但是从平衡公众心理，调节贫富差距，作为社会的一种调节，就是平衡公众的心理，另外鼓励富人在他生前还要捐赠慈善事业的发展。因此据我了解，世界上很多地区和国家是开征遗产税的，包括我国台湾地区，它1973年以后到目前，虽然税率可能下调了，但是仍然在开征。之所以现在我们遗产税没有推出来，跟房产税也有关系，因为首先要把房产税搞出来，房产搞清楚了，遗产很大一块是房产，当然还有其他动产不动产，也就是说财产的明确化，大家能不能知道，能不能公布财产。现在有一个问题，条件成熟以后要把遗产税提到日程上来，要有一个遗产、赠与税这么一个税法，那么有一个前提，就是我们要完善配套，首先就是财产如何公开，现在人大代表也有公布，财产房产公开，几栋房产，所以有关部门要了解每个人有多少房产，有几套房产，面积多大，实际上房产管理部门下功夫搞一搞，技术上还是可以处理好的。他们了解哪个地段，有什么样的房产，房产主是谁的，还是可以搞清楚的，作为税务部门，怎么了解到房产，怎么进一步了解，就是房产的登记、申报、评估，这块要把它建立起来。以这个为基础，就为下一步开征遗产税打了基础，包括动产不动产打了基础，那么这里头就有一个需要在理论上要解决的，就是说遗产税、房产税，是财产税的一个重要方面，它和赠与税相结合有一定的作用，是平衡公众心理的要求，是调节贫富差距的一个手段工具，就完善税制来讲，作为调整手段来讲都是有它的作用，我个人是主张开征的。但是我们说要创造条件，如征管的力量还要加强，我们的征管的前提条件，房产的登记评估要进一步完善。在这个基础上，我们下决心，因为房产、遗产，实际上是可以逐渐透明的，比如说不动产房子放在那儿，还是容易征收的，看得到的，不动产、房产放在那了，正因为我们通过对个人收入的各种办法加强管理，尤其工薪收入是很明显的，那么其他收入也逐步地通过各种手段，将税务上全员全额管理、档案管理，各种制度结合进来，对于各种收入明晰化，个人财产也逐渐地到一定程度上明晰化。国外其实好多开征遗产税国家，好多富人们要主张开征遗产税，这块搞清楚了，税负是多少很明朗，很明显，他也很舒服，这是一种理念，因为税收涉及社会各方面，各阶层都绕不过去的，如果不征税，不交税还是一个污点。我们在整体上对税收的意识要加强宣传，使税制更加完善。我们想财产税、税制改革的深入，一些措施到位，一些规章制度到位，相联系的一些配套制度也到位，在三中全会的基础上总结经验，现在到了要加快推进立法的时候。本来重庆、上海房产税开征过程中，因为法律法规没有相应完善，由于原来的房产税暂行条例规定住宅不能征，现在征了，所以我们应加快推进立法，也正如当年，政府工作报告宣布取消农业税后，很快全国人大常委会开会把 1958 年的农业税条例废除了。我们房产税试点了，我们紧跟着把房产税暂行条例加快修订，加快推进房地产税立法，加强完善税制，尽快把税制要素明确化、合法化，加紧工作，同时设计好遗产和赠与税的方案，找一个合理时机把它推出来，我想这对于完善税制，调节贫富差距是有益的。

孙晓璇：感谢汤教授对十八届三中全会关于财税方面有关内容所做的深入解读，非常的权威。再次感谢您来做客我们的演播室，也感谢广大网友收看。那我们下期再见！

（见 2013 年 11 月 16 日人民日报海外网）

四、学而不厌　诲人不倦

——访中央财经大学税务学院院长汤贡亮教授

时茗　王洋（06 税务）

初见他，真诚的笑容，满脸的亲切，和蔼的话语，我们不禁暗地感叹：“原来汤教授是如此的平易近人，温良谦逊。”

他，就是中央财经大学税务学院院长、博士生导师汤贡亮教授，一位年已六旬但仍孜孜不倦、勤勤恳恳、严谨治学的老师，一位与中央财经大学有着多年不解情缘的学者。

悠悠中财情　勤恳治学风

汤贡亮教授 1964—1968 年就读于中央财经金融学院财政系财政专业。谈起母校，汤教授兴致十分高昂。虽然四十多年已经过去了，但他对当时学校的布局及学校周围的环境仍记忆犹新，甚至是学校的一棵松树汤教授仍能明确的记得其所在的位置。

汤教授说到，那时的中财学习风气十分浓厚，同学们艰苦朴素，刻苦认真，勤奋努力，团结有爱，学校“勤能、忠诚、朴实、廉洁”的校训他们至今都铭记于心，在这种学习风气下，中财走出了多位著名学者和政府高官。从汤教授的话语间我们能真切感受到，大学时代学风校风的熏陶对他勤恳、不懈的治学态度的形成有着多么深远的影响！

大学和研究生时代的老师和同学是一生巨大的财富。汤教授说到，他们对自己治学态度、方法和理念的形成有着巨大的帮助。汤教授说：“当时教我们国家预算的叶振鹏教授研究学问最大的特点是将理论与实际紧密结合，叶教授经常会将财政部预算司的最新资料、表格和实际方案用于教学之中，这给了我很大启发”；汤教授的研究生导师、内蒙古师范大学陈良壁先生，曾到英国剑桥大学学习，“他学贯中西，理论造诣非常高，曾翻译过马歇尔的《经济学原理》，在他的影响下，我深深体会到理论修养的重要性。”汤教授在研究生期间对《资本论》《国富论》《政治经济学及赋税原理》《经济学原理》等学术名著进行了无数遍的学习研究，大量吸收了人类先进思想的文明成果，使自己的理论功力不断加深，同时，他也高度关注理论前沿，将研究调查与中国实际国情联系起来。

熠熠税法光　闪亮治学路

众所周知，财政税收工作的开展必须以财政法和税法为前提，而当时，财政法、税法的空白领域非常多，远远不能满足财税工作发展的需要。汤教授在财政税收学的科研教学中，也深刻感到财政税收的很多问题并不是仅仅依靠经济学就能解决，而是需要政治、社会、行政管理制度、法学等多个领域形成合力，共同作用。就是在这种情形下，汤教授选择了从事财政税收制度和财税法这一领域的研究，于是从此走上了充满艰辛与挑战的治学之路。

通过多年的勤勉钻研、深入探究，汤教授对这一领域的发展做出了突出贡献。他著有《中国财税改革与法治研究》《中国税法监督基本问题》《走向市场经济的中国税制改革研究》《中国税收制度与管理》；主编普通高校“十一五”国家级规划教材《税收应用基础》、财政部规划教材《税法》《税收理论研究》等多本著作；1988—1992 年作为常务副主编完成了《税收大辞典》；汤教授在 2006 年 9 月担任了受全国人大财政经济委员会成立的《中华人民共和国税收基本法（专家稿）起草组》的副组长，作为主要编写人员完成了《领导干部税收法律知识读本》

（此书作为全国“五五”普法丛书送给全国县以上领导干部参阅）；汤教授还担任中国法学会财税法学研究会副会长，将教学工作和全国的立法工作结合起来，积极参与全国人大常委会预算工作委员会召开增值税转型与立法国际研讨会的研讨，撰写了《我国增值税转型试点经验与转型方案选择》的研究报告，并积极参与推动企业所得税“两法合并”和个人所得税改革的工作。

汤教授积极承担有关部门的科研课题，适应国家经济建设与改革发展，为财税改革献计献策。2006 年以来，汤教授主持、承担和完成了财政部课题《公共财政覆盖农村》；联合国计划开发署（UNDP）、国家税务总局《中国地方税制研究》；世界银行、国家税务总局《WTO 与国家税收法治研究》；财政部、UNDP 课题《中国税收基本法研究》《中国涉农税制研究》项目及课题等。汤教授的论文“进一步改革与完善我国税制的背景分析”，专著《走向市场经济的中国税制改革研究》等五项成果分获国家税务总局、中国税务学会等省部级一等奖。

治学严谨的老师：兴趣 + 坚持不懈

汤教授认为治学最重要的是要培养兴趣、要有抱负、有理想，有坚强的毅力和责任感。“兴趣是可以培养的。”中学时代广场汤教授十分喜欢历史，可最终还是选择了“经邦治世”的财税学和经济学，并逐渐培养兴趣，致力于这一领域的研究，成为了一位著名的财税专家。

汤教授治学的座右铭是马克思所说过的一句话：科学是没有平坦道路可走的，只有在崎岖小路的攀登上不畏劳苦的人才有希望到达光辉的顶峰。正是浓厚兴趣加上长期的坚持不懈成就了我们眼前这位治学严谨的好老师。

汤教授博览全书，所读书的种类不仅包括经济学，财政税收学，而且还包括文学、历史等多方面。最后，汤教授还专门针对本科生的实际情况给我们介绍了一些适合我们读的书目、报刊杂志和权威的税收网站。

一个多小时过去了，采访就这样在愉快的气氛中走进了尾声。

（摘自《中财校友》2010·夏季刊）

五、传承与希望

——致青年税收学人

（在首届全国中青年税收学术研讨会上的致辞）

汤贡亮

传　承

记得1985年第一届全国财政中青年理论研讨会，在开幕式讲话的叶振鹏教授时年52岁，当年参加研讨会的刘溶沧、袁振宇、吴俊培、李俊生教授则更年轻得多。

记得1995年我受长春税务学院的邀请，参加全国中青年税收理论研讨会时，也正好50岁，而当时参会的程永昌教授、李万甫教授、杨斌教授正是风华正茂的青年学者。令人痛惜的是当时倡导会议的中国税务学会常务副会长兼秘书长王平武先生现已作古，我国财税学者一定会记住平武先生对税制改革与人才培养的卓越贡献。

长江后浪推前浪，青年财税学者的成长和贡献是我国财税改革、发展的希望所在。

以今天莅临会议的学者为例：

1991 年，马国强教授出版《税收学原理》时年仅 37 岁，王绍飞先生在为本书作序时特别指出了他在税收理论方面的重要突破和深化。马国强教授 2004 年出版的《转轨时期的税收理论研究》及后来的《中国税收》等著作以他对税收思想的深刻理解和对税制结构优化的积极探索，备受学界关注。

几年前，正是由于马国强教授的努力和坚持，使税收学专业成为教育部目录内的本科、硕士、博士的专业目录名称。

1994 年，李俊生教授出版《财政效率论》时年仅 34 岁，他的许多论著（包括《税收学》《财政学》、《外国财政理论与实践》等）和论文、报告，以严密的逻辑和创新精神，从国际化的大视角对我国财政税收学、国际税收学的研究与改革产生了重要的学术影响。

1995 年，高培勇教授出版《当代西方财政经济理论》时年仅 36 岁，他的许多论著（包括 2014 年出版的《财税体制改革与国家治理现代化》等）与研究报告，以其理论造诣的深刻性和前瞻性，对我国经济、财税改革的发展与国家财经战略的制定具有重要的学术意义。

1989 年，刘尚希教授作为财政部科研所学术带头人之一入选当时的《中国当代经济科学学者辞典》时年仅 25 岁。刘尚希教授是公共领域的思想家和探索者，擅长用不确定性思维和公共风险方法来观察人类文明的进步和经济社会发展。他 1997 年 33 岁时发表《财政风险：我们的看法与建议》，开创了我国公共风险与财政风险研究的先河。

1998 年，李万甫教授出版《商品课税经济分析》时年仅 34 岁，又于 1999 年、2008 年分别出版了《中国经济转型期的税制建设》《转型经济中的税收—理论分析与政策选择》，这都是他多年来亲历经济转轨进程而对税收分配规律执着追求的思想结晶。从政策法规司到税收科研所，李万甫教授一直在勤奋耕耘。

1995 年，郭庆旺教授出版《税收与经济发展》时年仅 31 岁，该书系统地研究政府的税收行为和税收政策对经济发展诸要素的影响，研究角度具有开创性和前沿性。1999 年，郭庆旺教授和赵志耘教授出版《财政理论与政策》时年仅 35 岁，本书早已由教育部确定为高校经济类研究生的推荐教材。

孟春教授、庞凤喜教授、刘怡教授等对宏观经济理论、财政税收理论的研究以及对经济和财税改革的推动有许多重要建树和贡献，就不一一列举了。

以上财税学者，都是我国经济界、财税界的大家，由于他们的才气和努力，“穿梭于税收理论、立法、实践、教学的多维空间，且都做出了出类拔萃的业绩。”他们是广大青年财税学人、研究生、博士生和青年教师们的楷模。

希　望

自古英雄出少年。今天，距离 1985 年第一届全国财政中青年理论研讨会和 1995 年全国中青年税收理论研讨会已分别过去 30 年和 20 年了。几十年后的今天，这么多青年学生、年轻的财税学人汇聚中财，让我们看到了财税学术研究和改革发展的希望。

财政、税收学作为经国之大业，需要接力传承。尊敬的刘克崮先生的讲话激励鼓舞着我们，各位专家学者的演讲和道德学问给予我们很多启示。

我们正处于一个改革、开放、推进社会主义市场经济体制和建设法治国家的伟大时代。十八届三中全会的《决定》提出要“构建开放型经济新体制”“财政是国家治理的基础和重要支柱”、要“落实税收法定原则”“完善立法”“改革税制”——

这是赋予我们税收学人的历史责任。

站在历史的新起点，中国的财税改革和法治建设都已提到了一个前所未有的高度。我国当前正在进行的深化财税改革、加强财税法治、建设现代财政制度的努力，正是在打通经由法治财税走向法治中国的圆梦之路上的探索，在中国的财税事业和社会发展史上具有里程碑意义和价值。

希望出席会议的青年税收学人志存高远，学习先进，独立思考，博采众长，吸取财税理论前沿成果，了解财税改革最新动向，以法治化和国际化的视野参与改革实践，积极探索财税改革新问题，在全方位地构建税收经济学、税收管理学、税收法学、税收政治学、税收社会学、国际税收学和税收史学，落实税收法定原则，深化税制改革中不懈努力创新，多出学术精品，为我国税收教育和税收改革事业的发展贡献我们的青春才华！

祝全国中青年税收学术研讨会取得圆满成功！

2015 年 10 月 17 日

与家人在一起（2015 年 12 月）

附录　学术概览

一、著作年表（1989 年—2017 年 5 月）

年代	著　　作
1989 年	《税收大辞典》，常务副主编，（王美涵主编），辽宁人民出版社 1989 年版
1990 年	《货币银行经济学》，主编，中国财政经济出版社 1990 年版
1991 年	《社会主义初级阶段财政学（新版）》，参编，（王美涵主编），中国财政经济出版社 1991 年版
1993 年	《财税改革研究》，参编，（沈柏年、窦汝广主编），中国财政经济出版社 1993 年版
1994 年	《中国税制新论》，编著（1），航空工业出版社 1994 年版
	《税收与市场经济》，编著（2），江西人民出版社 1994 年版
	《企业纳税实务》，主编，企业管理出版社 1994 年版
	《中国新税制的原理及运作——最新中国税制通示》，主编，企业管理出版社 1994 年版
	《新税制实务指南》，副主编，（董庆铮主编），中央广播电视大学出版社 1994 年版
1997 年	《党的十五大报告经济词语解释》，副主编，中国财政经济出版社 1997 年版
	《中国分税制的决策与实践》，参著，（姜维壮、梅阳等著），中国财政经济出版社 1997 年版
	《新税务大辞海》，副主编，九州出版社 1997 年版

续表

年代	著　作
1998年	《邓小平财经理论专题读本》，总纂（2），中国财政经济出版社1998年版
	高等财经院校系列教材《现代政府理财学》，主编（3）（梁尚敏、李俊生、汤贡亮、梅阳主编），中国财政经济出版社1998年版
1999年	《走向市场经济的中国税制改革研究》，独著，中国财政经济出版社1999年版
	《中国财政工作知识手册》，税收篇主编，中国财政经济出版社1999年版
2000年	《迈入21世纪的中国经济 第一辑》，参编，中国财政经济出版社2000年版 《反腐败治本措施知识读本》，总纂，中国财政经济出版社2000年版
2001年	国家级教材 教育部统编教材《税收应用基础》，主编（1），中国财政经济出版社2001年版
	财政部统编教材、高等财经院校研究生教材《税收理论研究》，编著（2），中国财政经济出版社2001年版
	《中国财政原理》，参著，（项怀诚等著），中国财政经济出版社2001年版
	《邓小平理论问题研究》，参著，中央民族大学出版社2001年版
2002年	《中国地方税研究》，副主编，中国财政经济出版社2002年版
	《财政税收专业知识与实务（初级）》（全国经济专业技术资格参考用书），主编，中国人事出版社2002年版
2003年	《积极财政政策与宏观经济调控》，参著，（戴园晨等著），人民出版社2003年版
	《财政税收专业知识与实务（初级）》（全国经济专业技术资格参考用书），主编，中国人事出版社2003年版

续表

年代	著　作
2004 年	财政部"十五"规划教材、全国高等院校财经类专业教材《税法》，主编，经济科学出版社 2004 年版
	《财政税收专业知识与实务（初级）》（全国经济专业技术资格参考用书），主编，中国人事出版社 2004 年版
	《邓小平财经理论与中国财政改革》，副主编，（李保仁、贾杰主编），中国财政经济出版社 2004 年版
2005 年	《中国税收制度与原理》，编著（1），与梁俊娇合作，清华大学出版社 2005 年版
2006 年	普通高等教育"十一五"国家级规划教材《税收应用基础》（第二版），主编（1），中国财政经济出版社 2006 年版
	《中国税法监督基本问题》，主编，中国税务出版社 2006 年版
2008 年	《中国财税改革与法治研究》，独著，中国税务出版社 2008 年版
	《领导干部税收法律知识读本》，主要执笔人，中国税务出版社 2008 年版
2009 年	财政部规划教材、全国高等院校财经类教材《税法》，主编，经济科学出版社 2009 年版
2010 年	《企业税务管理》，主编（1），经济科学出版社 2010 年版
2011 年	《中国税收发展报告 2009/2010——经济与社会转型中的税收改革》，主编，中国税务出版社 2011 年版
	《两岸纳税人权利保护之立法潮流》，主编（2），（葛克昌 汤贡亮 吴德丰主编），（台湾）财团法人资诚教育基金会 2011 年版
2012 年	《中国税收发展报告 2010/2011——"十二五"时期中国税收改革展望》，主编，中国税务出版社 2012 年版
	21 世纪高等院校研究生精品教材《税收理论与政策》，主编，经济科学出版社 2012 年版

续表

年代	著　　作
2013 年	《中国税收发展报告 2012——中国国际税收发展战略研究》，主编，中国税务出版社 2013 年版
	《中国税务教育发展报告（1949 - 2012）》，副主编，（李俊生主编），中国税务出版社 2013 年版
2014 年	《中国财税改革与法治研究（第二版）》，独著，中国税务出版社 2014 年版
	《核实课征、实价课税与推计课税暨台湾 2013 最佳税法判决》，主编（2），（葛克昌、汤贡亮、吴德丰主编）（台湾）元照出版社 2014 年版
	《创新税收体制，实现历史使命：促进深圳前海深港现代服务业合作区发展的税收研究》，主编（2），中国财政经济出版社 2014 年版
	《企业税务管理（第二版）》，主编（1），经济科学出版社 2014 年版
2015 年	《中国税务教育发展报告（2013 - 2014）》，副主编，（李俊生主编），中国税务出版社 2015 年版
	《邓小平财经理论与现代财政制度》，副主编，（李保仁、贾杰主编），中国财政经济出版社 2015 年版
2016 年	《税法教育改革与现代法治国家暨 2016 台湾最佳税法判决》，参编，（葛克昌、刘剑文、吴德丰主编），财团法人资诚教育基金会 2016 年版
2017 年	《中国税务教育发展报告（2015 - 2016）》，副主编，（李俊生主编），中国税务出版社 2017 年版

二、论文简表（1993 年—2017 年 5 月）

1993 年	中国财政体制的沿革与若干经验，本文系国务院研究室财税改革研究课题研究报告之一，1993 年 3 月至 9 月，原载沈柏年，窦汝广主编《财税改革研究》，中国财政经济出版社 1993 年版
1995 年	关于开征遗产税若干问题的探讨，《税务研究》1995 年第 1 期
	关于我国开征证券交易税若干问题的探讨，《中国财政金融学院学报》1995 年第 3 期
1996 年	1996 中国关税制度改革展望，《涉外税务》1996 年第 1 期
	关税制度改革，刊于《中国经济大趋势 1996》，商务印书馆（香港）1996 年版
1997 年	税收中性与税收调控若干问题研究，《税务研究》1997 年 4 月，与张晓霞合作
	加强税收立法，完善税收制度，《中国改革报》1997 年 4 月
	关于推进税收立法完善税法体系的思考，《中央财经大学学报》1997 年 5 月
	税收中性与税收改革，《四川税务》1997 年 6 月
	试论我国增值税类型转换过程中的若干问题，《财贸经济》1997 年 7 月
	论我国增值税类型的选择与转换，《经济研究参考》1997 年 11 月
	推进税收立法，深化税制改革，《税务研究》1997 年 12 月
1998 年	中国税收立法评析与构想，《湖北税务》1998 年 2 月
	推进税收立法，加强税收法治，《中国税务报》1998 年 4 月
	走向市场经济的中国税制建设，《中央财经大学学报》1998 年 11 月
	法治兴则国运昌，《中国税务报》1998 年 12 月

续表

1999年	完善增值税问题的研究报告，《税务研究》1999年1月
	经济增长是税收增长的基础，《中国税务报》1999年1月
	知情权与监督权是纳税人的重要权利，《中国税务报》1999年3月
	税收法治与税收改革，刊于《高举伟大旗帜推进宏伟事业——党改革领导干部理论宣传工作者文选》，中共中央党校出版社1999年5月
	中国增值税类型转换的措施与途径，《中国税务报》1999年6月
	我国增值税类型的选择，《税务研究》1999年6月
	中国实施增值税转型问题研究，刊于《中国会计与财务发展：回顾与前瞻》，英国牛津大学出版社1999年11月版，后刊于财政部税政司编《流转税的改革与政策选择》，中国财政经济出版社2002年版
	论中国增值税由生产型向消费型的转换，刊于《献给新世纪》，中国财政经济出版社1999年版
	跨入新世纪：进一步完善我国税制的总体思路，《中央财经大学学报》1999年10月
	建立面向21世纪的新税制，《中国税务报》1999年12月23日
2000年	税收制度要适应加入WTO和经济全球化的要求，《中国税务报》2000年1月13日
	对统一企业所得税法的具体构想（上），《中国税务》2000年2月23日
	对统一企业所得税法的具体构想（下），《中国税务》2000年2月25日
	中国增值税类型转换问题研究，刊于《1999年国际税收理论研讨会论文集》，中国税务出版社2000年版
	着眼入世 调整税制，刊于《地方税务》2000年6月
	关于实现税收与经济良性循环的几个问题，刊于《1999年全国税收理论研讨会论文集》，中国税务出版社2000年版
	积极迎接入世挑战，加快完善税收法制，《中国税务报》2000年8月25日
	加入WTO与我国税收法律制度的调整，刊于《中央财经大学学报》2000年8月
	加入WTO与深化税制改革，刊于《中国税务报》2000年9月18日
	建立和完善我国证券税制的构想，刊于《上海财税》2000年10月
	消费税需要立法，刊于《中国经营报》2000年10月11日

续表

2001年	我国税制的进一步改革和完善，《瞭望新闻周刊》2001年1月15日
	关于税权划分问题的研究报告，刊于《财贸经济》2001年1月
	关税降低不会影响财政收入，《中国财经报》2001年1月6日
	大陆与台湾增值税制比较研究，刊于《海峡两岸财税研讨会论文集》2001年4月19日
	我国遗产税的税制研究，刊于《全国人大常委会预算工作委员会遗产税法国际研讨会论文集》，2001年5月21日
	邓小平税收政策的主要思想，刊于《邓小平理论问题研究》，中国财政经济出版社2001年1版
	近期我国积极财政政策的选择与税收政策的调整《税务研究》2001年1月15日
2002年	市场经济条件下的中国税收法制建设，《财经论丛》2002年第3期，刊于《中国税收理论前沿》，中国税务出版社2003年版
	入世后的农业保护：农民收入与税收政策，《中国税务报》2002年6月7日
	出口退税政策的经济效应：理论分析和实证研究，《税务研究》2002年第12期
2003年	加入WTO后的中国农业保护与税收政策，《涉外税务》2003年第3期，与李淑湘合作
	关于入世后加强农业保护和推进农业税收制度改革的思想，刊于《中国个人收入分配的现状与对策》，中国财政经济出版社2003年版
	《税收基本法》应体现依宪治税精神——对制定我国《税法通则》的思考，《中央财经大学学报》，2003年第3期
	完善农业税法建立农村小康，《法制日报》2003年4月10日
	财税宏观调控及其立法，《法制日报》200年9月4日
	让出口退税成为调节外贸的杠杆，《中国改革报》2003年4月11日
	推进税收立法完善税收制度，刊于《中国财经法律论坛》，中国财政经济出版社2003年版

续表

2003 年	财税宏观调控立法的回顾与发展趋向，《财政与经济评论》，中国财政经济出版社 2003 年 10 月版，并刊于《法制日报》2003 年 9 月 4 日
	坚持出口退税中性原则：出口退税率不宜下调，《涉外税务》2003 年第 9 期
2004 年	进一步改革与完善我国税制的背景分析，《税务研究》2004 年第 1 期
	近期我国推进税收立法与深化税制改革的构想，刊于《当代财税法基础理论与热点问题》北京大学出版社 2004 年版
	推进税收立法分步实施税制改革，《税务研究》2004 年第 2 期
	税制改革的重要一环：改革与完善个人所得税，中国税务 2004 年第 4 期
	关于加快取消农业税的建议，《北京社科信息》，2004 年第 10 期
	对制定我国《税收基本法》的几点思考，刊于《2004 年财税法论坛——中国法学会财税法学研究会学术年会论文选编》，北京大学出版社 2004 年版
	关于税收立法权与税收管理权的思考，刊于上海财经大学公共经济与管理学院《2004 年国际税收与中国税制研讨会论文集》，2004 年 12 月
	论世界性税制改革背景下的中国现行税制的改革与完善，刊于《2004 中国税务年鉴》，中国税务出版社 2004 年版
2005 年	适当下放税权有利于区域经济发展，《中国税务报》2005 年 3 月 2 日
	合理划分税收立法权与税收管理权，《法学杂志》2005 年第 3 期
	关于我国税制改革的几个问题，《税务研究》2005 年第 8 期
	个人所得税费用和扣除标准调整的具体测算，《税务研究》2005 年第 9 期，与陈守中、杨虹等合作
	市场经济条件下的中国税收法治建设与税制改革——兼论“十一五”时期中国税制改革问题，刊于《科学发展观与财政制度创新》，中国财政经济出版社 2005 年版
	个人所得税管理制度、手段、方法“三位一体”创新——评《个人所得税管理办法》，《中国税务》2005 年第 12 期

续表

2006 年	《税收基本法》的缺失给税收执法造成的困难及现实处理方法，刊于《UNDP 中国促进减贫的财税能力建设项目：2005 年度国家税务总局 UNDP 项目成果集》国家税务总局 UNDP 办公室编，中国税务出版社，2006 年版，与李淑湘合作
	论我国农村公共财政法制体系建设，《财政研究》，2006 年 7 月
	我国农村公共财政法制体制建设研究，刊于《2005 财税法论坛》——《中国法学会财税法研究会 2005 年年会暨第四届全国财税法学学术研讨会论文选编》中国税务出版社 2006 年版
	论财税政策与法制对新农村建设的支持，刊于《2005：财税法论坛——中国法学会财税法学研究会 2005 年年会 暨第四届全国财税法学学术研讨会论文选编》中国税务出版社 2006 年年版，与李淑湘合作
	中国大陆开征遗产税的探讨——兼论海峡两岸遗产税“设想”与“税制”的比较，刊于《2006 年海峡两岸租税研讨会论文集》，2006 年 9 月
	加快企业所得税“两法合并”立法进程需要的解决的主要政策问题，刊于中国税务学会学术研究委员会编《统一内外资企业所得税制研究》，中国税务出版社，2006 年版
	关于开征遗产税的探讨，刊于《财产税理论与制度构建——财产税理论与制度国际研讨会论文集》，中国财政经济出版社 2006 年版
	企业所得税制改革中的几个重要问题研究，刊于《中华人民共和国企业所得税制度改革与立法实用指南》，中国财政经济出版社 2006 年版
	关于完善我国税收立法监督机制的探讨，刊于《中国税法监督基本问题》，中国税务出版社 2006 年版
	关于完善我国税收执法监督机制的探讨，刊于《中国税法监督基本问题》，中国税务出版社 2006 年版，与梁俊娇合作
	关于完善我国税收司法监督机制的探讨，刊于《中国税法监督基本问题》，中国税务出版社 2006 年版，与周仕雅合作
	关于我国地方税收立法权问题的探讨，刊于国家税务总局税收科研所《“地方税制度及改革经验”国际研讨会论文集》，2006 年 6 月，中国．哈尔滨，后刊于《中国财税改革与法制研究（第二版）》，中国税务出版社 2004 年版

续表

2007 年	新企业所得税法：中国市场经济体制迈向成熟和规范的标志，《中国税务报》2007 年 3 月 21 日
	新企业所得税法：对流通业的影响有多大？《中国商界》2007 年 6 月
2008 年	《税收基本法》研究评述，刊于中国财政金融研究哲学社会科学创新基地，郭庆旺主编《公共经济学评论》，中国财政经济出版社 2008 年版，与刘爽合作
	中国税制改革迈向国际化与法治化的趋势，《中央财经大学学报》2008 年第 10 期
2009 年	中国企业所得税管理存在的问题与对策，本文系 2009 年 11 月在韩国首尔"中韩税法"学术研讨会上的发言，刊于《中国财税改革与法治研究（第二版）》，中国税务出版社 2014 年版
2010 年	国际上地方税制建设经验借鉴及完善我国地方税制的思路与建议，刊于《中欧税收协定研究与中欧税制比较》，中国税务出版社 2010 年版
	继续积极推进中国税收法治进程：理念与制度安排，刊于中国税收教育研究会编：《中国税收教育研究（2009）》，中国税务出版社 2010 年版
2011 年	房地产税改革应遵循税收法定原则与税收公平原则，刊于《中国证券报》2011 年 1 月 26 日，与施正文合作
	纳税人权利保护与《税收征管法》的修订，刊于葛克昌、汤贡亮、吴德丰主编《两岸纳税人权利保护之立法潮流》，台湾财团法人资诚教育基金会 2011 年版
	准确地把握经济转型的时代定位，积极推进税收体制的全面改革，刊于《中国税收教育研究（2010）》，中国税务出版社 2011 年版，与曹明星合作
	赋予省政府（人大）适当的税政管理权与完善地方税体系——兼论推进《税收基本法》立法的必要性，刊于《中国财税改革与法治研究（第二版）》中国税务出版社 2014 年版

续表

2011 年	“十二五”时期税制改革的战略构想，刊于《税务研究》2011 年第 10 期，载汤贡亮主编：《2010/2011 中国税收发展报告——十二五时期中国税收改革展望》，中国税务出版社 2011 年版
	“十二五”中央地方税权划分与地方税体系建设，与何杨，李俊英合作，载汤贡亮主编：《2010/2011 中国税收发展报告——十二五时期中国税收改革展望》，中国税务出版社 2011 年版
	正确认识税收的调节职能与作用——读何振一老师《理论财政学》有感，刊于李俊生、王雍君等著《社会共同需要：财政活动的起点与归宿》中国财政经济出版社 2011 年版
2012 年	借鉴 OECD 成员经验，完善我国地方税权划分，刊于《涉外税务》2012 年第一期，与何杨，李俊英合作
	论中国大陆个人所得税制的进一步完善——兼及两岸个人所得税制的比较与借鉴，本文系作者 2012 年 4 月在中央财经大学税务学院与国务院参事室共同举办的“结构性减税与民生问题学术研讨会”上的发言，刊于《中国财税改革与法治研究（第二版）》，中国税务出版社 2014 年版
	大陆税制改革背景下涉税犯罪态势分析及对策建议，本文系作者 2012 年 5 月 8 日在台湾朝阳科技大学“2012 两岸税务犯罪防治学术研讨会”上的演讲，载朝阳科技大学管理学院《朝阳商管评论》2012 年 5 月特刊
	房地产税的若干问题思考——从重庆、上海改革说起，刊于中国税收教育研究会编《中国税收教育研究 2011》，中国税务出版社 2012 年版，与汪昊合作
2013 年	核定征税在大陆税制中的应用及对策研究，刊于葛克昌、汤贡亮、吴德丰主编《核实课征、实价课税与推计课税暨台湾 2013 最佳税法判决》台湾财团法人资诚教育基金会 2014 年版，与李淑湘等合作
	税收授权立法亟待调整，《中国新闻周刊》，2013 年 3 月 18 日（署名为特约评论员/汤贡亮）

续表

2013 年	关于税务专业本科应用型创新人才培养模式改革的艺术构想，刊于《中国税收教育研究（2012）》，中国税务出版社 2013 年版，与樊勇合作
	税收法定原则的时代张力与实现路径，《中国税务报》2013 年 12 月 18 日
2014 年	“营改增”前瞻性研究，本文系作者 2013 年 10 月 26 日在厦门大学召开的“2013 海峡两岸财税学术研讨会”上的演讲，刊于《中国财税改革与法治研究（第二版）》，中国税务出版社 2014 年版
	关于“有限营改增”与完善地方税体系的思考，本文系作者 2014 年 6 月 24 日在北京召开的“第一届中欧税收发展国际学术研讨会”上的发言，刊于《中国财税改革与法治研究（第二版）》，中国税务出版社 2014 年版
	试论深圳前海税收立法试点改革设想，本文系深圳前海税收研究课题组“促进深圳前海深港现代服务业合作区发展的税收研究”总结报告第二章的部分内容，课题组组长程法光，副组长 贾绍华、汤贡亮、谷志杰，载于贾绍华、汤贡亮、谷志杰主编《创新税收体制实现历史使命——促进深圳前海深港现代服务业合作区发展的税收研究》，中国财政经济出版社 2014 年 4 月版
	回顾与希冀，提升中国税务学历教育水平——读《中国税务教育发展报告（1949－2012）》，刊于《中国税收教育研究（2013）》，中国税务出版社 2014 年版
2015 年	地方税体系完善与“营改增”前瞻分析，刊于中国国际税收研究会编《中国国际税收走向现代化的回顾与展望——纪念 1994 年税制改革 20 周年》，中国税务出版社 2015 年版
	税制改革呼唤税收基本法，刊于《中国税收教育研究（2014）》，并刊于《中国税务学会纪念 1994 年税制改革 20 周年文集》，中国税务出版社 2015 年版

续表

2016 年	中国大陆税法教育的现状与发展趋向——从税务教育的视野，刊于葛克昌、刘剑文、吴德丰《税法教育改革与现代法治国家暨 2016 年台湾最佳税法判决》，财团法人资成教育基金会 2016 年版
	读葛克昌教授“税法教育之法治国要求”乙文回应——与谈稿，刊于《税法教育改革与现代法治国家暨 2016 台湾最佳法治判决》，财团法人资诚教育基金会 2016 年版
2017 年	从消费税职能定位看营改增全面实施后的消费税改革，《税务研究》2017 年第 1 期，与郑涵合作

三、主要社会活动、科研课题、获奖情况

（一）为“税收法定”明确写入《立法法》作出努力

党的十八届三中全会通过的《中共中央关于全面深化改革若干重大问题的决定》将“落实税收法定原则”在党的文件中第一次公开表述，全国人大常委会此后多次明确表示要将税制改革纳入法治轨道。2015 年 3 月 11 日参加“财政法立法学术研讨会”，作为中国财税法学研究会副会长与会长刘剑文、副会长朱大旗、施正文、常务理事李炜光教授等一起就“税收法定”明确写入《立法法》发言（全国人大常委会预算工作委员会原主任高强、全国人大代表赵冬苓等参加），参与和推动修法活动，为促成《立法法修正案（草案）》在表决之前完成修改作努力。2015 年 3 月 15 日，全国人大修改《立法法》，对税收法定原则做了清晰、细化的规定。

2015 年 3 月 29 日参加由中国财税法学研究会、北京大学财

经法研究中心主办，辽宁大学法学院承办的“第七届中国财税法前沿高端论坛”（沈阳辽宁大学）并发言，论坛主题为“新立法法与全面落实税收法定原则”。

（二）持续致力于《税收基本法》（《税法通则》）的立法研究

2002年6月20日至22日，参加由全国人大财政经济委员会主办的《税收基本法》小型国际研讨会（北京），提交论文“制定《税收基本法》（或称《税法通则》）的研究”。

2003年10月参加由全国人大财政经济委员会主办的《税收基本法》研讨会（北京），提交论文“对制定我国《税法通则》的思考”。

2005年12月19日参加由国家税务总局政策法规司主办、深圳市国家税务局承办的“税收基本法问题国际研讨会”，作题为“《税收基本法》的缺失给税收执法造成的困难及现实处理方法”的发言。

2006年11月1日，中央财经大学税务学院全体教师与法学院从事《税法》教学的老师聚集税务学院会议室，讨论、研究全国人大财政经济委员会委托起草的《税收基本法》（专家稿）部分章节、条款的起草工作。作为《税收基本法》（专家稿）起草组副组长，向老师们介绍了《税收基本法》（专家稿）的立法框架、具体设想和编写要求（时任中央财经大学校长助理兼税务学院院长的计金标教授和法学院院长甘功仁教授参加）就我校承担的“税收确定”“税源管理”“税务登记”“税收核定”“税务检查”“纳税时效”等章节、条款的起草进行了分工。

2006年以来，在中国财税法学研究会历年年会和全国人大常委会预算工委组织召开的有关会议上多次建议加快推进《税收基本法》（《税法通则》）的立法工作。

2014 年 7 月在纪念中国税务学会成立二十周年之际，发表“税制改革呼唤税收基本法”的学术论文，利于《中国税务学会纪念 1994 年税制改革 20 周年文集》。

（三）致力于《预算法》的修订和《财政基本法》的立法研究

2012 年 8 月 3 日，参加由中国法学会研究部、中国财税法学研究会主办、北京大学财经法研究中心协办的“预算法修改学术研讨会”，作“关于预算法修改的几点建议”的发言。来自中国法学会、全国人大常委会法工委、预算工委、国务院法制办的领导和来自全国各高校的专家学者 50 余人与会，深入探讨预算法的修改。

2014 年 11 月受聘上海财经大学中国公共财政研究院兼职研究员（研究院院长、全国人大常委会预算工委原主任高强发聘书），2014 年 11 月、2015 年、2016 年三次在上海财经大学参加《财政基本法》立法研讨会，并发言。

（四）参与增值税转型、扩围和“营改增”试点的研究

1999 年 8 月参加“中国会计与财务研究第一届国际学术研讨会”（香港），作题为“中国增值税转型问题研究”的学术演讲。

2000 年 6 与参加由财政部主办的中国增值税分项目实施方案（世界银行技援项目）中、外方专家研讨会（北京长安俱乐部），提交论文“中国增值税的进一步完善与增值税的类型转换问题”。

2000 年 12 月参加由财政部主办的商品与劳务税国际研讨会（上海），作题为“中国实施增值税转型问题研究”的演讲。

2001 年 12 月 7 日至 9 日参加台湾逢甲大学、政治大学、台北大学主办的“2001 海峡两岸租税研讨会（台中逢甲大学）”，提交论文“大陆与台湾增值税的比较研究”并发言。

2004 年 5 月参加由财政部流转税司、沈阳市国税局主办的“东北地区增值税转型学术研讨会”（沈阳），发表论文“关于东北地区增值税转型的建议”。

2007 年 11 月 26 日参加全国人大常委会预算工作委员会主办的“中国增值税转型与立法国际研讨会”（重庆），作题为“我国增值税转型试点经验与转型方案选择”的学术演讲。

2013 年 10 月 26 日参加“2013 海峡两岸财税学术研讨会”（厦门大学），作题为“‘营改增’前瞻性研究”的发言。

2014 年 6 月 24 日参加在北京召开的“第一届中欧税收发展国际学术研讨会”上作题为“关于‘营改增’与完善地方税体系的思考”的发言。

2014 年 7 月参加由中国国际税收研究会主办的“中国国际税收走向现代化的回顾与展望——纪念 1994 年税制改革 20 周年”座谈会，作题为“地方税体系完善与‘营改增’前瞻分析”的发言。

（五）参与《个人所得税法》立法的研究

2001 年 2 月参加由全国人大常委会预算工作委员会主办的修订个人所得税法专家研讨会（北京全国人大常委会会议中心），提交论文“完善个人所得税法的意见”并发言。

主持财政部 2004 年科研课题“个人所得税费用扣除项目及标准问题研究”，向财政部提交研究报告，提出了改革调整以及个人所得税费用扣除标准具体测算的政策建议。

2011 年在《个人所得税法》修改前夕，参加全国人大财政经济委员会、全国人大常委会预算工作委员会召开的《个人所得税法》工资薪金所得费用扣除额与税率调整座谈会并发言。

2011 年在《个人所得税法》修改前夕，参加财政部（税政司）召开的《个人所得税法》修订座谈会并发言。

2012 年 4 月参加中央财经大学税务学院与国务院参事室共同举办的“结构性减税与民生问题学术研讨会”，作题为“论中国大陆个人所得税制的进一步完善”的发言。

（六）参与《企业所得税法》立法的研究

2003 年 11 月 4 日参加全国人大常委会预算工作委员会主持召开的“企业所得税法国际研讨会”，作题为“企业所得税改革中的几个主要问题研究”的发言。

2006 年 7 月 18 日参加全国人大常委会预算工作委员会主持召开的“统一企业所得税法座谈会”，作题为“企业所得税‘两法合并’立法进程需要解决的主要政策问题”的发言。

2009 年 11 月参加“中韩税法学术研讨会”（韩国首尔），作题为“中国企业所得税管理存在的问题与对策”的发言。

（七）参与遗产税立法的研究

2001 年 5 月 21 日参加由全国人大常委会预算工作委员会主办的“遗产税法国际研讨会”（北京亚太会议中心），提交论文“我国遗产税的税制设计”并发言。

2006 年 9 月，参加“2006 海峡两岸租税研讨会”（济南山东大学），作题为“中国大陆开征遗产税的探讨——兼论海峡两岸遗产税‘设想’与‘税制’的比较”的发言。

（八）参与《环境保护税法》的立法研究

2015 年 6 月 25 日，参加中国法学会研究部、中国财税法学研究会、中国环境资源法学研究会共同举办召开的“《环境保护税法（征求意见稿）》专家座谈会”并发言。

2016 年 7 月 8 日参加由中国政法大学承办的“第二届‘中国财税法治 30 人论坛’”（主题为环境保护税立法与《税收征管法》的修订）并发言。

2016 年 9 月 8 日参加在中国法学会召开的“《环境保护税法（征求意见稿）》专家座谈会暨中国法学会 2016 年第 26 期立法专家咨询会”并发言。

（九）参与《税收征收管理法》的修订研讨

2010 年 4 月 26 日参加在台湾大学召开的“纳税人权益保护与第十二届两岸税捐行政法制改革研讨会暨新书发布会”，作题为“纳税人权利保护与《税收征管法》的修订”的演讲。

2013 年 6 月 30 日参加由中国法学会主办，中国财税法学研究会和中国行政法学会联合承办的“《税收征管法》修改专家研讨会暨第五届中国财税法前沿问题高端论坛”。

在 2015 年之前，几次参加由中国财税法学研究会召开的以修订《税收征管法》为主题的专家研讨会。

2015 年 1 月 23 日参加中国法学会、中国财税法学研究会在北京举办的“《税收征收管理法修订草案（送审稿）》专家研讨会”并发言。

2016 年 7 月 8 日参加由中国政法大学承办的“第二届‘中国财税法治 30 人论坛’”，研讨《税收征管法》的修订。

（十）参加中国财税法学研究会每年年会和财税法学术研讨会

2013 年 3 月 30 日至 31 日，作为中国财税法学研究会副会长主持中国财税法学研究会 2013 年年会暨第 18 届海峡两岸财税法学术研讨会（在中央财经大学学术会堂召开）开幕式，中国法学会周成奎副会长、国家税务总局原副局长郝昭成、中央财经大学李俊生副校长、中国财税法学研究会刘剑文会长参加本届年会。

2014 年 10 月 25 日至 26 日，参加在武汉大学召开的中国财税法学研究会 2014 年年会暨第 21 届海峡两岸财税法学术研讨会。

2015 年 12 月 5 日至 6 日，2016 年 9 月 24 日至 25 日，分别参加在华南理工大学、西南政法大学召开的中国财税法学研究会 2015 年年会、2016 年年会，并发言。

2012 年 10 月 17 日，参加全国人大常委会预算工作委员会在全国人大新办公楼召开的听取对拟列入十二届全国人大常委会立法规划的财税立法项目和加强财税立法工作的意见和建议的座谈会，就十二届全国人大常委会立法规划财税立法项目，进一步加强财政预算立法工作、进一步规范授权立法、推动税收暂行条例上升为法律。全国人大常委会预算工委副主任姚胜主持座谈会。

2012 年 12 月 1 日，参加由北京大学财经法研究中心主办的“第三届中国财税法前沿问题高端论坛”，主题为“财税法学科发展与理论创新。”

2013 年 10 月 11 日，参加由中国财税法学研究会、韩国税法学会主办，山西财经大学承办的“第四届中韩财税法国际学术研讨会”，就“中韩房产税法比较研究”发言。

2013 年 11 月 23 日，参加由中国财税法学研究会主办，北京大学财经法研究中心承办的“国家治理现代化与深化财税体制改革”座谈会——暨国家社会科学基金重大项目“促进收入公平分配的财税法制创新研究”开题报告会，主持学术研讨并发言。

2014 年 1 月 10 日，参加由国家税务总局政策法规司、中国财税法学研究会主办，北京大学财经法研究中心承办的“落实税收法定原则论坛”（北京大学）并发言。

2014 年 2 月 22 日参加由北京卓亚经济社会发展研究中心、中国财税法学研究会主办的“第二届卓亚法治论坛‘法治视野下的财税改革与国家治理’”座谈会并发言。

2014 年 5 月 17 日至 18 日参加由北京大学财经法研究中心、浙江工商大学法学院联合主办的“第六届中国财税法前沿问题高端论坛”并就财税法总论等议题发言。

2015 年 6 月 12 日参加中国财税法学研究会在北京举办的“第九届中国财税法前沿问题高端论坛”，就“司法改革背景下跨行政区域税务法院的设立”发言。

（十一）参加历年的中国税务学会、中国国际税收研究会的年会及学术活动

作为中国税务学会常务理事、学术研究委员，中国国际税收研究会常务理事、学术研究委员参加了历年的中国税务学会年会和中国国际税收研究会年会及学术活动。

例如：1998 年 8 月参加国家税务总局、中国税务学会“一九九八年税收与经济座谈会”（宽沟会议），作题为“依法治税，实现税收与经济的良性循环”的发言。

2000 年 5 月参加由国家税务总局、中国国际税收研究会主办的“中国加入 WTO 与税收改革国际研讨会”（深圳），提交论文“加入 WTO 与我国税制的调整与完善”。

2003 年 11 月参加中国税务学会学术研究委员会会议，作题为“世界性税制改革相关理论评析与进一步改革、完善中国税

制的背景分析”的发言。

2004年8月参加由中国税务学会主办的深化税制改革研讨会（北戴河），提交论文“深化税制改革与完善税法体系”。

2007年4月5日至10日，参与承担完成由中央政策研究室布置要求，中国国际税收研究会组织的“完善我国地方税制研究”课题研究，作为执笔人之一完成“积极借鉴国外地方税制建设经验，加快完善优化我国地方税收体系”的研究报告，上报中央政策研究室（2007年4月16日收到了中国国际税收研究会为完成该项课题研究发来的感谢信）。

2014年9月参加中国国际税收研究会“中国国际税收走向现代化的回顾与展望——纪念1994年税制改革20周年”座谈会，作题为“地方税体系完善与‘营改增’前瞻分析”的发言。

2015年11月14日参加由中国税务学会学术研究委员会第一研究部召开的“完善房地产税立法研究课题研讨会”（西南财经大学），并发言。

2017年4月27日参加由中国国际税收研究会、国家税务总局国际税务司、中国税务出版社联合举办的“国际税收发展40周年‘国际税收发展历程回顾及展望’座谈会”，并发言。

（十二）参加中国税收教育研究会历年年会活动

作为中国税收教育研究会副会长，参与组织中国税收教育研究会历年年会活动，参与组织编写《中国税收教育研究》（2007、2008、2009、2010、2011、2012、2013、2014、2015、2016各期，中国税务出版社出版）。

例如：2010年9月参加在广州召开的“中国税收教育研究会2010年年会暨学术研讨会”，并发言（研究会名誉会长宋兰、安体富，顾问郝昭成，会长李俊生教授等出席会议）。

2011 年 9 月参加内蒙古财经大学召开的“中国税收教育研究会 2011 年年会”并发言。

2012 年 9 月，参加在浙江财经大学召开的“中国税收教育研究会 2012 年年会”并发言。

2013 年 9 月，参加在安徽财经大学召开的“中国税收教育研究会 2013 年年会”并发言。

2014 年 9 月，参加在贵州财经大学召开的“中国税收教育研究会 2014 年年会”并作会议总结发言。

2015 年 9 月，参加在河北经贸大学召开的“中国税收教育研究会 2015 年年会”并作会议总结发言。

2016 年 9 月在广州广东财经大学召开的“中国税收教育研究会 2016 年年会”并作会议总结发言。

（十三）参加历年“税收宣传月”活动

作为中国税收教育研究会副会长和中国财税法学研究会副会长，每年都参加“税收宣传月”活动。

例如：2011 年 4 月参加由中央财经大学税务学院举办的第 20 个全国税收宣传月学术研讨会；2012 年 4 月到济南参加由中共山东省委宣传部、山东省社会科学界联合会主办，山东省国家税务局、山东省地方税务局和中央财经大学承办的税收宣传月与税收大讲堂演讲活动。